전남 서남해지역의 해상교류와 고대문화

전남 서남해지역의
해상교류와 고대문화

(재)전남문화예술재단 전남문화재연구소 엮음

혜안

전남의 서남해지역은 한·중·일 삼국을 연결하는 해양 관문으로서 예로부터 중요한 지정학적 의미를 지녀왔습니다. 21세기 新해양시대를 맞이하여 2천여 개의 섬과 해안선, 갯벌 등 천혜의 자연환경과 풍부한 유·무형의 문화유산은 전남 발전의 새로운 동력이 되고 있습니다.

누구나 알고 있듯이 전남은 세계에서 가장 많은 고인돌 유적, 대형 옹관묘, 천년비색 고려청자 등 다양하고 찬란한 문화유산을 가지고 있습니다. 전남은 해양을 활용하여 중국과 일본을 비롯하여 세계 여러 나라와 다양한 교섭활동을 전개한 전진기지 역할을 담당했습니다.

장보고대사가 청해진에 거점을 두고 한·중·일을 잇는 해상무역의 중심축 역할을 했던 역사 사실이 잘 증명하고 있습니다. 이렇듯 전남 서남해지역은 동아시아 해상교류의 중심지였으며, 사람과 물자 이동 통로 역할을 하였습니다. 남도 사람들은 바다를 활용하여 다양한 집단과 활발한 접촉을 할 때 한반도 역사문화 발전의 중추적 역할을 담당했습니다.

전남이 정체와 후진을 딛고 새롭게 부상하고 있습니다. 그 중심에 해양활동이 있습니다. 우리 전남이 바다를 활용하여 동아시아 및 세계 각국과 교류하는 전진기지로 다시 솟아 떠오르고 있습니다.

우리 전남은 과거의 소중한 역사 경험을 미래 발전의 디딤돌로 활용하기 위해 역사문화 자원을 복원하고 각종 자료를 정리하는 등 다양한 사업을 펼쳐가고 있습니다. 문화유산의 정비 복원과 발굴, 향토사 연구, 문화재를 활용한 각종 사업을 원활하게 추진하기 위해 문화예술재단 산하에 문화재연구소를 설치한 배경이기도 합니다.

지난 7월 18일과 19일 양일에 걸쳐 문화재연구소 개소를 기념하여 「전남 서남해지역의 해상교류와 고대문화」 국제학술대회를 개최한 바가 있습니다. 우리 연구소는 학술대회의 주제를 '해상교류와 고대문화'로 선정한 바와 같이, 선사와 고대 이래 오랜 시기에 걸쳐 다양한 활동이 펼쳐진 서남해지역의 역사와 문화에 대한 연구를 주도해 나가고자 합니다.

학술대회에서는 고대사, 고고학, 해양학 등 여러 분야에 걸쳐 국내외 연구자들을 발표자, 토론자로 모셨습니다. 전남 서남해지역의 고대 해상교류를 통한 한·중·일 교류뿐만 아니라 고대 해양 항로 등에 대해서도 심도 깊은 논의를 진행했습니다. 연구 성과를 공유하고 일반인들도 참고할 수 있도록 발표논문과 토론문, 종합토론 내용을 정리하여 책으로 발간하게 되었습니다.

전남 서남해지역의 해상교류와 고대문화에 대해 귀중한 견해를 발표해 주시고, 열띤 토론을 해주신 여러 선생님들께 깊이 감사드립니다. 학술대회가 잘 마무리될 수 있도록 배려해 주신 전라남도 이낙연 지사님과 이승옥 前관광문화국장님(現 송영종 관광문화국장님)을 비롯한 관계자 여러분께도 깊이 감사드립니다. 어려운 여건 속에서도 흔쾌히 출판을 맡아주신 도서출판 혜안 오일주 사장님과 편집진 여러분께도 감사의 말씀을 드립니다.

2014년 12월

(재)전남문화예술재단 사무처장   김 충 경

글 싣는 차례

전남 서남해지역의 해상교류와 고대문화

최 성 락 (한국고고학회장, 목포대학교)

1. 머리말

해상교류란 통상 바다를 공간적인 배경으로 하여 이루어진 다양한 인간 활동을 말한다. 인간 활동에는 교역, 전쟁, 이주, 여행, 표류 등이 있을 수 있다. 인간 활동은 한 지역에서 다른 지역으로 이동하는 일방적인 경우(한 방향)가 있고, 두 지역에서 서로 주고받는 경우(양 방향)가 있는데 진정한 의미의 해상교류란 양 방향으로 이루어지는 것을 말한다.[1] 고대 동아시아에서의 해상교류는 한국과 중국 사이에 黃海, 한반도 남쪽에 南海, 한국과 일본 사이에 東海 등지에서 활발하게 이루어졌다. 특히 전남 서남해지역은 중국에서 일본에 이르는 해로상에 위치하고 있어 고대 동아시아 해상교류의 중심지라고 볼 수 있다.

고대 동아시아의 해상교류와 해로에 대한 연구는 일차적으로 정리

---

1) 한국고고학에서는 交流(exchange)를 交涉이나 交易으로도 되고 있으나 서양고고학에서는 교류보다는 相互作用(interaction)이라는 용어를 사용해 두 지역 간의 관계를 나타내고 있다(이성주, 1998, 『신라·가야사회의 기원과 성장』, 학연문화사).

되었다.[2] 그러나 서남해지역의 해상교류에 대한 연구는 단편적으로 이루어졌을 뿐 체계적이지 못하다. 더구나 기록이 없는 선사시대나 기록이 충분하지 못한 역사시대의 초기에는 고고학 자료를 통해 당시의 문화양상을 파악할 수밖에 없다.

따라서 본고에서는 고고학 자료를 중심으로 선사시대에서 통일신라시대에 이르는 전남 서남해지역의 해상교류를 알아보고, 이것이 당시 고대문화에 어떠한 영향을 주었는지 살펴보고자 한다.

2. 해수면의 변동, 해류와 항로

해상교류는 해상항로에 따라 이루어지지만 해수면의 변화와 해류 등 자연적인 조건에 크게 영향을 받는다.

먼저 해수면의 변화는 주로 빙하기와 간빙기의 상호작용으로 인한 기후변화로부터 일어난다. 갱신세(Pleistocene)의 전 기간에 걸친 해수면의 변동에 대하여 정확히 파악하지 못하고 있다. 그런데 최후 간빙기(약 13만 년 전)부터 최후 빙기(14,000년 전) 사이에는 해수면의 기복이 심하지만 해수면의 높이가 점차로 낮아져 최저점에 도달한 후, 점차 높

---

2) 윤명철, 2002,『한민족의 해양활동과 동아지중해』, 학연문화사 ; 윤명철, 2003,『한국해양사』, 학연문화사 ; 강봉룡, 2004,『한국 해상세력 형성과 변천』, 재단법인 해상왕장보고기념사업회 ; 강봉룡, 2010,「고대 동아시아 연안항로와 영산강·낙동강 유역의 동향」,『도서문화』36, 목포대학교 도서문화연구원 ; 강봉룡, 2013,「고대~고려시대의 해로와 섬」,『대구사학』110, 대구사학회 ; 한국해양재단, 2013,『한국해양사』I.

최성락

아졌다고 보고 있다. 박용안[3]은 최대 빙하기(18,000 또는 15,000년 전)에는 황해가 육지부로 존재하였고, 해안선이 제주도 아래쪽까지 내려와 있었으며, 해수면은 -150m 이하로 내려가 있고, 일본열도는 거의 연결되어 있었으며, 12,000년 전에 제주도 안쪽지역에서 해안선이 형성되고 있었으며 이후 점차 해수면이 상승하여 6,000년 전에 현재의 해수면까지 이른다고 보고 있다. 이에 반하여 최대 빙하기 이후 해수면이 점차 높아져 6,000년 전에 현 해수면에 도달한 후 일정기간 지금보다 해수면이 높았다가 다시 현 해수면으로 낮아졌다는 견해도 있다.[4]

그러나 황해에 대한 중국 연구자들의 견해는 다소 차이가 있다. 즉 몇 차례에 걸쳐 현 해수면보다 더 상승하였다가 최후 빙기에 -130m에 도달한 것으로 파악하고 있다. 다만 해수면의 기복이 심하다는 점은 공통적이다.[5]

따라서 동아시아의 地形은 갱신세를 거치는 동안 빙하기 때 한반도의 서부는 대륙과 연결되었고, 한반도 남부는 일본지역과 연결되었다가 간빙기 때 다시 떨어지는 것을 반복하였을 것이다. 그리고 최후 빙기인 14,000년 전부터는 서서히 해수면이 상승하여 전신세(Holocene)에 들어서면서 점차적으로 중국 대륙과 분리되었고, 역시 일본열도와도 분리되었음을 알 수 있다.

다음으로 해류는 제주도 서쪽과 흑산도 근해를 거쳐 황해로 유입

---

3) 박용안, 1994, 「한국 황해연안의 제4기 후기 및 홀로세의 해수면과 기후」, 『황해연안의 환경과 문화』, 학연문화사.

4) 황상일, 1992, 「규조분석」, 『일산 신도시 개발지역 학술조사보고』I.

5) 신숙정, 1998, 「해수면의 변동과 고고학」, 『고고학연구방법론-자연과학의 응용』(최몽룡 외 편), 서울대학교 출판부.

되는 황해난류와 남해의 완만한 지형에 따라 1년 내내 남서로부터 북동의 서수도를 통하여 한국해협을 흐르는 쓰시마난류가 흐른다. 전남 서남해안에서는 황해난류와 쓰시마난류가 겨울에 발달되었던 연안수와 접하므로 해양전선이 형성된다. 해류는 계절에 따라 변화가 심하며 황해난류는 흑산도와 홍도의 서해안에서 4월부터 그 흐름이 강해지기 시작하여 8월에 가장 빠른 속도로 북쪽으로 흐른다. 한국 남해의 넓은 해역에서는 황해안류수(쓰시마난류수), 황해저층수, 중국대륙연안수, 한국남해연안수, 양자강희석수로 대분된다.

서해안의 潮汐은 하루에 수면이 2회 높아지고, 2회 낮아지는 반일주조의 조위곡선을 보여주면 대조차는 남해안에서 적고, 서해안에서 크며 대체로 3~4m이다. 서해안에서 조위의 특징은 일반적으로 황해의 양상과 유사하고 대조차는 서해의 남단에서는 3.0m이고, 목포 부근에서는 약 4.0m이다. 창조류는 목포의 근해역과 같이 많은 도서로 인하여 둘러싸인 해역에서는 대체로 2.0노트 이하이고, 임자부근의 해역에서는 3~4노트로 빠르다. 낙조류는 영광근처 해역에서는 2.0노트 이하이고, 외해 쪽로 갈수록 그 유속은 증가하며 흐름의 방향은 남서 방향이다. 남해안의 조류도 위치에 따라 그 유속이 대체로 서해안과 유사하지만 명량수도의 수로 해역에서는 창조류 때 11.5노트이고, 낙조류 때 10.3노트로 남해에서는 가장 빠르다.[6]

끝으로 해상항로의 문제이다. 선사시대에는 대체로 연안항로가 사용되다가 상당한 조선술과 항해술의 진보를 요하는 횡단항로 혹은

---

6) 전라남도지 편찬위원회, 1993, 『전남도지』 1.

최성락

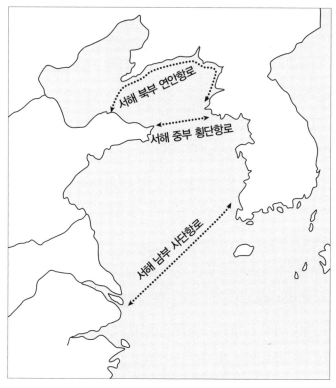

〈그림 1〉 고대 한·중간 주요 항로

사단항로는 삼국시대 이후에나 가능하였다. 즉 5~6세기경 백제는 횡단
항로와 사단항로를 이용해 중국과 교류를 시작하였다는 것이다.[7] 다
만 강봉룡은 중국 당나라 소정방의 백제 원정시 사단항로가 이용되었
다고 보는 반면,[8] 정진술은 이보다 훨씬 늦은 11세기 고려시대에 이 항
로가 시작되었다고 보고 있다(그림 1).[9]

---

7) 윤명철, 2003, 앞의 책.

8) 강봉룡, 2013, 앞의 논문.

9) 정진술, 2013, 「선사·고대의 해양사 개설」, 『한국해양사』 I, 한국해양재단, 77쪽.

3. 전남 서남해지역 해상교류의 성격

전남 서남해지역 해상교류를 한국고고학의 시대구분에 따라 각 시대별로 살펴보고자 한다.

1) 구석기시대(~12,000년 전)

동아시아지역에서 구석기시대는 전기부터 시작되었고, 한반도 지역에서도 역시 전기부터 시작되었을 것으로 추정된다. 그러나 중국과 한국 사이의 구석기문화가 어떠한 관계인지 그리고 그 관계가 해상교류에 의한 것인지는 현재로서 연구된 바가 없다. 또한 한국과 일본 사이에도 약간의 공통점이 보이고 있다. 즉 단양 수양개, 양구 상무룡리, 홍천 하화계리 유적 등에서 출토된 슴베찌르개[剝片尖頭器]와 같은 전형적인 莖部를 지닌 석기들이 일본 규슈(九州)지역에 분포하고 있고, 나이프형 자르개와 좀돌날석기[細石刃核] 역시 그 형태나 제작기법에 있어서 양 지역에서 공통적으로 나타나고 있다.[10]

그러나 이러한 공통점이 나타난다고 하더라도 해상교류에 의한 결과로 볼 수 없다.[11] 이것은 후기 구석기시대에 이르기까지 양 지역이 서로 연결되었기 때문이다. 따라서 현재로서는 구석기시대의 해상교류에 대한 연구는 사실상 불가능한 것으로 보인다.

---

10) 이건무, 2001, 「한·일 교류의 고고학」, 『한·일 고대인의 흙과 삶』, 국립전주박물관; 이기길, 2007, 「한국 서남부와 일본 큐슈의 후기구석기문화 비교연구」, 『호남고고학보』 25, 호남고고학회.

11) 일부 연구자들의 견해는 후기 구석기시대 대한해협에 좁은 수로가 놓여 있었다고 보고 있다. 이 경우에는 양 지역간 해상교류를 하였다고도 볼 수 있다(이동주, 2013, 앞의 책, 93쪽).

최성락

2) 신석기시대(기원전 10,000~1,500년경)

중국의 신석기문화와 한국의 신석기문화 사이의 관계를 보여주는 고고학 자료는 일부 나타나지만 서남해지역에서 발견된 유물 중에는 황해를 건너오거나 해상교류의 산물로 보이는 유물은 아직 보이지 않는다.

반면 한국 서남해지역과 일본지역과의 관련성을 나타내는 자료가 일부 확인되고 있다. 먼저 최근 확인된 제주도 高山里유적에서는 타제석기와 시원적인 토기(융기문토기, 원시무문토기 등)들이 집중적으로 발견되었다.[12] 이러한 유물의 조합상은 연해주 지역의 조기 신석기유적이나 일본 죠몬시대 조기의 양상과 유사하여 주목을 받고 있다.[13]

한국 빗살문토기와 일본 소바다[曾畑]식토기와의 관계는 일찍부터 일본학자들에 의해 언급되었다. 특히 에자카[江坂輝彌]는 빗살문토기문화가 대마도, 이끼섬 등을 경유 서북 규슈지방으로 파급되어 소바다문화가 성립되었다고 한다. 실제로 대마도의 夫婦石遺蹟, 佐賀貝塚, 吉田貝塚 등지에서 빗살문토기가 출토되었다. 또한 남강유역에서 확인된 화장풍습과 옹관묘의 사용과 같은 의례행위, 빗살문토기·마제석촉·단도마연토기의 사용, 농경구 및 농경작물 등이 대부분 일본의 중기 단계 이후에 확인되고 있다.[14] 또한 양양 오산리 출토 결합식낚시는 일부

---

12) 강창화, 2002, 「제주도 초기 신석기문화의 형성과 전개」, 『해양교류의 고고학』, 제 26회 한국고고학전국대회.

13) 이동주, 2001, 「우리나라 초기 신석기문화의 원류와 성격」, 『전환기고고학』 1(한국 상고사학회 편), 학연문화사.

14) 이동주, 2000, 「남강유역의 신석기문화와 일본열도」, 『진주 남강유적과 고대일본-고대 한일문화교류의 제 양상-』, 경상남도·인제대 가야문화연구소.

서북규슈형 결합식 낚시의 출현에 배경이 되었다. 부산 동삼동유적 출토 배모양 토기와 일본 죠몬시대[繩文時代] 獨木舟의 존재는 당시 선박을 이용한 교류임을 보여주고 있다.[15] 역으로 남해안의 많은 유적에서 일본의 죠몬토기[繩文土器]와 黑曜石이 발견되고 있다. 특회 흑요석은 일본 규슈의 코시다케[腰岳]유적에서 온 것으로 보고 있다. 즉 대마도의 융기문토기를 주체로 하는 越高 유적 등을 코시다케 생산의 흑요석을 입수하기 위한 중계지점으로서 파악하고, 거기에서 남해안의 거점취락인 부산 동삼동·범방패총, 통영 연대도패총을 경유하여 각 유적으로 공급되었다고 한다.[16] 전남지역도 남해안에서 보이는 양상과 같이 결합식 낚시바늘을 비롯한 어로구, 패제 팔찌 등 장식구가 교역의 주 품목이다. 그리고 흑요석도 다수의 유적에서 확인되고 있다.[17]

결국 전남 서남해지역에서는 중국지역과 직접적인 교류를 보여주는 고고학 자료는 거의 없다고 볼 수 있다. 반면 전남 서남해지역을 포함한 한국 남부지역과 일본지역 간의 교류가 이루어졌음을 알 수 있다. 두 지역간의 교류는 신석기시대 전반에 걸쳐 이루어졌는데 대체로 공동의 생업환경[漁業]과 해난사고로 인한 표류 등에 의해 자연적으로 접촉하였을 것으로 보고 있다.[18]

---

15) 이건무, 2001, 앞의 논문.

16) 정징원·한인수, 1998, 「남해안지방과 구주지방의 신석기시대 문화교류연구」, 『한국민족문화』 12, 부산대학교 한국민족문화연구소.

17) 이상균, 1997, 『신석기시대 한일문화교류』, 학연문화사.

18) 이상균·이동주, 2013, 「구석기시대와 신석기시대의 해양활동」, 『한국해양사』 I, 한국해양재단.

최성락

3) 청동기시대(기원전 1,500~200년경)

한국의 청동기문화는 북방 청동기문화와 중국 청동기문화의 영향을 받았다고 보는 것이 일반적이다. 북방 청동기문화는 요녕지역을 거쳐 한국 청동기문화에 영향을 주었다고 본다. 이 중에서 요녕식동검(비파형동검)은 한반도지역에서 많이 나타나지만 특히 전남 동부지역에서 발견된 것은 중국으로부터 해안선을 따라 이동되었을 가능성이 있다. 또 청동기와 함께 鳥靈信仰이 요녕지역에서 유입되었을 것으로 보았다.[19] 중국의 동검문화가 바로 바다를 넘어온 경우도 있다. 그 예는 바로 전북 완주에서 출토된 桃氏劍이다.[20] 이 桃氏劍은 交易보다는 亡命客이나 표류에 의해 유입되었을 것으로 해석되고 있다.[21] 또한 고대 중국 강남지역과 전남지역은 지석묘와 도작농경이 공통적이며 상호관련이 된다는 주장이 제기되었다.[22] 그러나 중국 折江省지역에 분포하고 있는 다수의 지석묘가 있지만 부장품은 중국의 토기와 청동기이므로 이를 한국의 지석묘와 직접 연결하기에는 어려움이 있다.[23] 또한 청동기시대에 시작되는 벼농사의 기원을 중국의 華中지역이나 華南지역으로 보고

---

19) 이양수, 2004, 「조영신앙의 유입과 전개」, 『영혼의 전달자-새·풍요·숭배-』, 국립김해박물관.

20) 전영래, 1976, 「완주 상림리출토 중국식동검에 관하여」, 『전북유적조사보고』 5, 전주도립박물관.

21) 이청규, 2003, 「한중교류에 대한 고고학적 접근」, 『한국고대사연구』 32(한국고대사학회 편), 서경문화사.

22) 毛昭晰, 2000, 「고대 중국 강남지역과 한반도」, 『지방사와 지방문화』 3-1, 역사문화학회.

23) 이청규, 2013, 「청동기시대와 초기철기시대의 해상교류」, 『한국해양사』I, 한국해양재단.

있으나 역시 황해를 직접 건너왔을 가능성이 적으며 벼농사는 중국 해
안을 따라 북진하다가 발해만을 거쳐 연안항로를 따라 들어왔을 가능
성이 많다.[24)]

다음은 한국과 일본과의 관계를 보자. 청동기시대에는 거의 일방적
으로 한국에서 일본으로 문화가 전달되었다고 볼 수 있다. 이러한 문
화파급은 한국의 청동기시대 후기, 즉 일본에서는 죠몬시대 만기 후엽
부터 시작된다. 벼농사가 중심이지만 주거, 묘제, 生活利器에 이르기까
지 전반적인 문화요소가 포함된다. 즉 송국리형 주거지와 같은 주거양
식, 환호, 목책열 등의 취락구조, 지석묘로 대표되는 무덤양식, 석검, 석
촉, 석부, 석도와 같은 마제석기들이 그것이다.

일본의 야요이문화는 한국의 토기, 稻作農耕, 지석묘, 마제석검, 청동
기 등 청동기시대 문화요소와 관련되어 검토한 결과 종래 야요이식토
기 전기전반으로 편년되던 이타츠께[板付]I식토기 단계가 아니라 오히
려 한두 단계 앞선 유우스[夜臼]식토기 초기단계였다. 이때부터 무문토
기의 영향이 나타난다. 도작농경에서도 남방설에서 주장하는 중국적인
요소가 거의 없고 북방설과 같이 중국 華中 이북에서 한국을 거쳐 일본
에 전달되었으며 그 시기는 유우스식토기 단계로 보인다. 이는 지석묘
와 마제석기도 이 시기에 전달되었고, 그 연대는 기원전 5세기경으로 보
았다. 또한 청동기는 야요이문화 중기 중반까지 한국 청동기가 나타나
고, 중기 후반에서 중국산과 일본산이 혼합되어 나타나고 있다.[25)] 이후

24) 안승모, 2000,「한반도 벼농사 기원에 관한 제논의」,『한국고대사논총』9, 가락국
사적개발연구원.

25) 심봉근, 1999,『한국에서 본 일본 미생문화의 전개』, 학연문화사.

야요이문화가 발전하는 과정에서도 한국의 청동기문화로부터 계속적으로 영향을 받았다고 볼 수 있다.

결국 청동기시대의 해상교류는 중국에서 일본에 이르는 해로가 발달되지 않아 황해지역에서는 간헐적으로 이루어진 반면에 남부지역에서는 일본과의 사이에 지속적으로 이루어졌다고 볼 수 있다.[26]

4) 철기시대(기원전 200~기원후 300년경)

호남지역에서 철기문화의 시작은 기원전 200년경으로 추정된다. 이 시기에 전북지역에서 처음으로 철기유물이 청동기와 함께 나타났다. 그런데 이 철기들은 현지에서 만들어진 것이 아니라 대체로 북부지역에서 유입되었을 것으로 볼 수 있다. 왜냐하면 이러한 철기들은 북부지역의 철기류와 같은 형태로 유물의 수가 적고 그 종류도 한정되면서 발달된 청동기들과 함께 출토되었기 때문이다.

중국과 관련된 무덤으로는 목관묘 혹은 주구토광묘가 있다. 즉 호남지역의 주구토광묘를 마한 분구묘로 인식하고, 이것이 중국의 吳越土墩墓와 관련되고 있음이 주장되었다.[27] 중국과 관련된 유물로는 함평 초포리 유적에서 발견된 중국식 동검이 있다. 또 해남 군곡리 패총에서는 중국 화폐인 貨泉이 卜骨, 유리, 골제 장신구 등과 함께 발굴되었고, 나주 낭동유적에서 貨泉 2점이, 여수 거문도에서 五銖錢 980점이 각각 발견되었다. 그리고 광주 신창동 유적에서 삼각형 鐵莖銅鏃과 樂浪

---

26) 이청규, 2013, 「청동기시대와 초기철기시대의 해상교류」, 『한국해양사』I, 한국해양재단.

27) 임영진, 2007, 「마한 분구묘와 오월토돈묘의 비교검토」, 『중국사연구』51.

土器가 출토된 바가 있다. 이러한 유물을 통해 보면 서해안 통로를 통해서 낙랑을 경유하여 중국지역과 교류하였음을 알 수 있다.

그리고 서해안고속도로 구간인 영광군 대마면 화평리 수동유적의 토광묘에서 철기, 이형 청동기와 함께 倣製鏡 2점이 출토되었다. 하나는 前漢鏡에 속하고, 다른 하나는 後漢鏡에 속하는 방제경이다. 김인회는 마한지역의 鳥形土器와 새 무늬와 겹동그라미 문양을 가진 이형청동기가 중국 長江 이남 문화와 관련된다고 주장하고 있다.[28]

한편 이 시기 출토유물 중에 倭와 관련되는 유물로는 함평 소명동 17호 주거지에서 하직기계[土師器系] 옹 구연부편, 광주 신창동 저습지에서 출토된 일본 야요이[彌生]시대 중기에 속하는 스구식토기[須玖式土器]편이 알려져 있다. 반면 일본 규슈지역의 니시진마치[西新町]유적에서는 영산강유역의 3~4세기경 유물이 집중적으로 출토되고 있어 상호 교류 하였음을 알 수 있다.[29]

결국 중국 전국시대에 철기문화가 한국에 파급되면서 중국과 관련된 유물들이 출현하고 있고, 이 지역과 일본지역과의 교류도 많아지면서 야요이시대 중·후기 문화의 발전에 결정적으로 기여한다.(그림 2)[30]

---

28) 김인회, 2012, 「중국 창강유역과 한국 남부지역의 해상교류 연구」, 『도서문화』 40, 목포대학교 도서문화연구원.

29) 서현주, 2007, 「호남지역의 왜계문화」, 『교류와 갈등-호남지역의 백제, 가야, 그리고 왜』, 제15회 호남고고학회 정기학술대회;武末純一, 2008, 「일본 출토 영산강유역 관련 고고학 자료의 성격」, 『고대 영산강유역과 일본의 문물교류』, (사)왕인박사현창협의회.

30) 한국고고학회, 2010, 『한국고고학 강의』, 사회평론, 206쪽.

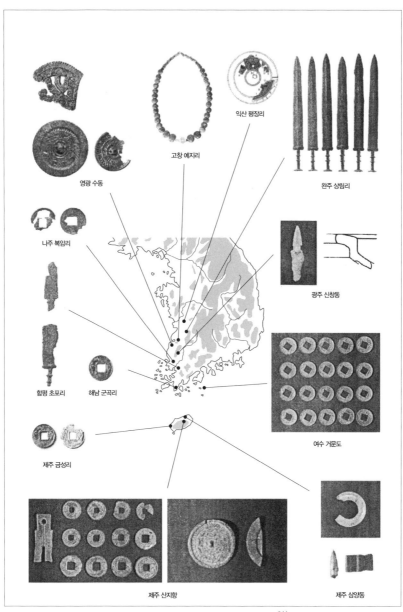

영광 수동
익산 평장리
고창 예지리
완주 상림리
나주 복암리
광주 신창동
함평 초포리
해남 군곡리
여수 거문도
제주 금성리
제주 산지항
제주 삼양동

〈그림 2〉 영산강 주변의 외래계 유물[31]

---

31) 한국고고학회, 2010, 『한국고고학강의』, 사회평론, 206쪽.

5) 삼국시대(기원후 300~668년)

한국 중남부지역에서 백제, 신라, 가야 등이 국가의 체제를 갖추게 되는 3세기 후반~4세기로부터 6~7세기까지는 中國의 경우, 後漢을 거쳐 三國, 西晉과 東晉, 南北朝, 隋, 唐에 이르고, 日本의 경우 古墳時代에 해당한다. 이 시기의 해양을 통한 문화교류는 대단히 활발하였다고 보고 있다. 이는 문헌기록뿐 아니라 고고학 자료에서도 나타나고 있다.

전남지역의 삼국시대 고분은 대체로 앞 시기의 주구토광묘와 옹관묘를 계승하여 발전된 목관고분과 옹관고분이 축조되었는데 5세기에 들어서면 새로이 석곽묘가 등장하고, 5세기 말경에는 전방후원형고분 (그림 3)을 포함하는 횡혈식 석실분이 지배층의 무덤으로 사용되었다. 그런데 석곽분은 가야지역과 관련성이 언급되고 있는 반면에 전방후원형고분은 일본의 전방후원분과 아주 유사한 고분으로 그 성격에 대하여 다양한 견해들이 제기되고 있고,[32] 또한 남해안 일대에 분포하고 있는 석실분도 일본지역의 석실분과 유사성이 매우 높아 당시 해상교류가 활발하였을 보여준다.[33]

고분의 변화와 더불어 서남부지역에서 다양한 외래계 유물이 등장하였다. 먼저 백제계 유물이다. 삼국시대 고분에서 나타나는 백제계 유물로는 함평 신덕 1호분에서 확인된 銀被裝飾釘이 사용된 裝飾木棺, 金

---

32) 최성락, 2009, 「영산강유역 고분의 연구-고분의 개념, 축조방법, 변천을 중심으로-」, 『호남고고학보』 33, 호남고고학회; 최성락, 2013, 「고대의 해양사 개설」, 『한국해양사』 I, 한국해양재단.

33) 하승철, 2011, 「외래계문물을 통해서 본 고성 소가야의 대외교류」, 『가야의 포구와 해상활동』, 주류성; 김낙중, 2011, 「남해안지역 석실묘의 등장배경」, 『삼국시대 남해안지역의 문화상과 교류』, 제35회 한국고고학 전국대회.

최성락

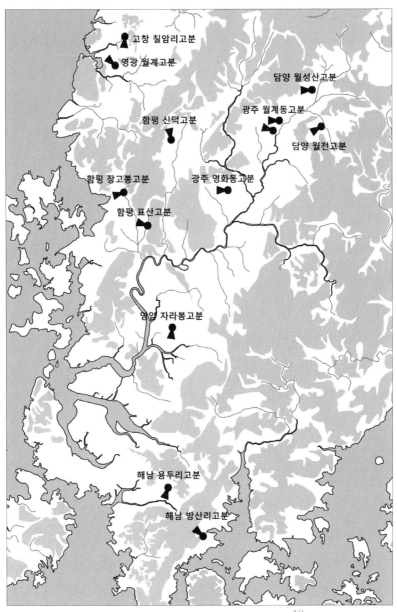

<그림 3> 영산강유역 전방후원형고분의 분포[34]

고창 칠암리고분
영광 월계고분
담양 월성산고분
광주 월계동고분
함평 신덕고분
담양 월전고분
함평 장고봉고분
광주 명화동고분
함평 표산고분
영암 자라봉고분
해남 용두리고분
해남 방산리고분

---

34) 박영훈, 2009, 「전방후원형 고분의 등장배경과 소멸」, 『호남고고학보』 32, 호남고

層유리옥·鍊玉·棗玉 등 頸飾, 廣帶二山式冠 등이 있고, 철못과 관고리로 구성된 목관, 입구에서 봤을 때 석실 왼쪽 편에 위치한 棺臺 등도 백제 양식으로 보고 있다. 그리고 영천리고분과 월계동고분을 비롯하여 여러 유적에서 나타나는 三足器 등이 있다. 백제계 유물은 5세기말부터 조금씩 나타나다가 6세기 중엽부터는 본격적으로 많아지고 있다.[35]

다음은 가야계 유물이다. 먼저 가야계 토기로는 4세기 후반에 승문의 단경호와 무문의 단경호 등이 나타난다. 5세기를 전후하여 파배나 천발형의 배신을 갖는 고배도 나타난다. 그 다음은 함안지역의 광구소호를 비롯하여 장경소호, 유개식고배, 발형기대 등이 유입되었고, 뒤이어 이들 기종의 토기가 토착화되었다. 소가야계 토기 중 발형기대와 대부직구호 등이 현지에 점차 토착화되었다. 그 밖에 나주 복암리 3호분의 心葉形鏡板 재갈과 杏葉, 함평 신덕고분의 伏鉢付胄 등도 가야계로 보고 있다.[36](그림 4)

마지막으로 왜계 유물이다. 함평 신덕고분에서는 半球形裝飾付 環頭大刀, 刀部斷面三角形 銀裝鐵鉾, U자형 模型 鐵器 등이 있고 광주 쌍암동 고분의 倣製鏡, 담양 제월리 고분의 銅鏡, 장성 만무리 고분의 三環鈴 등이 있다. 나주 대안리 9호분 庚官의 直孤文 鹿角製刀子柄도 왜계로 볼 수 있다.[37]

고학회.

35) 吉井秀夫, 1996,「橫穴式 石室墳의 收用樣相으로 본 百濟의 中央과 地方」,『百濟의 中央과 地方』, 제8회 백제연구 국제학술대회.

36) 서현주, 2011,「서남해안지역의 토기문화와 가야와의 교류」,『삼국시대 남해안지역의 문화상과 교류』, 제35회 한국고고학대회.

37) 김낙중, 2011, 앞의 논문 ; 박천수, 2001,「전방후원분 출현 전후 영산강유역 동향」,『고대 한일문화교류의 새로운 이해』, 경산대학교 박물관.

최성락

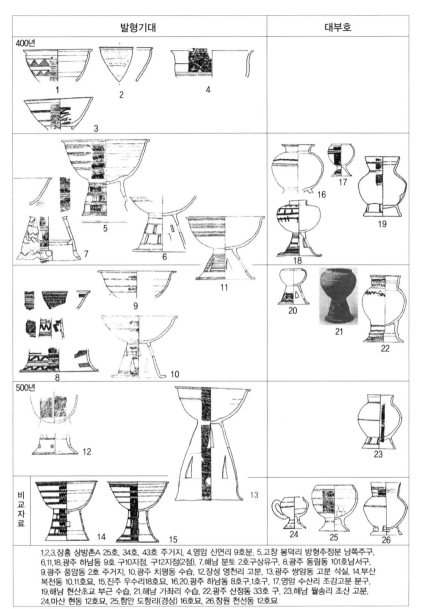

발형기대	대부호

〈그림 4〉 영산강유역 출토 가야계 토기[38]

---

38) 서현주, 2011, 「서남해안지역의 토기문화와 가야와의 교류」, 『삼국시대 남해안지역

이 중에서도 가장 주목받고 있는 유물이 원통형토기이다. 한편 원통형토기란 일본의 고훈시대[古墳時代]인 4~6세기에 전방후원분의 분구 주위에 세워진 하니와[埴輪]와 유사한 토기로서 어떤 특수한 목적으로 제작된 토기를 칭한다. 이 토기는 주로 고분의 분구나 주구에서 발견되는 토기이지만 발굴이 지속되면서 고분이 아닌 유구에서도 발견되고 있다. 즉 광주 향등 유적, 함평 노적 유적, 광주 하남동 유적 등지에서는 주거지내의 퇴적토나 취락 주변의 溝에서 출토되었다. 중부지역의 원통형토기는 분묘뿐만 아니라 주거지에서도 발견되고 있어 일상용 토기로 사용되었다고 볼 수 있는데 이것이 전남지역의 원통형토기와도 관련이 있다고 보고 있다.[39]

그리고 전북 부안 죽막동 유적에서 5~6세기대의 왜계 유물이 많이 나타났다. 개배, 고배, 提瓶 등의 스에키[須惠器]와 편마암제 有孔圓板 등의 각종 석제 모조품 등이 있는데, 이 지역 古代航海와 관련된 祭儀에 사용되었던 유물이다.[40] 고대의 해상교류에 이용되었을 배는 獨木舟나 통나무배가 알려지고 있으나 삼국시대의 조선술과 항해술은 중국과 접촉하면서 더 발전되었을 것으로 보고 있다.[41]

의 문화상과 교류』, 제35회 한국고고학대회.

39) 최성락·김성미, 2012, 「원통형토기의 연구현황과 과제」, 『호남고고학보』 42, 호남고고학회.

40) 유병화, 2002, 「해양교류와 고대 제사유적」, 『해양교류의 고고학』, 제26회 한국고고학 전국대회.

41) 안재철, 2004, 「우리나라의 고대선박」, 『고대 문물교류와 경기도』, 제32회 한국상고사학회 학술발표대회.

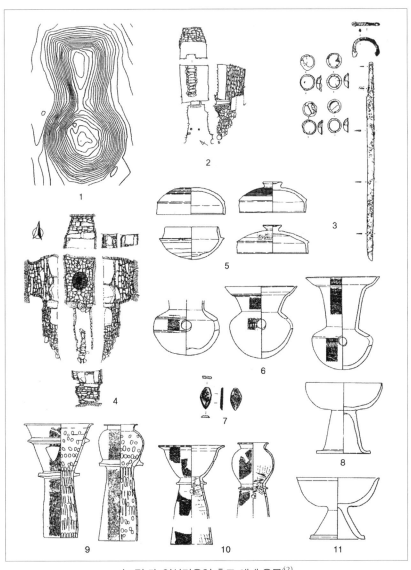

〈그림 5〉 영산강유역 출토 왜계 유물[42]

---

42) 서현주, 2007, 「호남지역의 왜계문화」, 『교류와 갈등-호남지역의 백제, 가야, 그리고 왜』, 제15회 호남고고학회 정기학술대회.

6) 통일신라시대(668~) 이후

통일신라 이후의 해상교류를 보여주는 유적으로는 완도 청해진 유적과 초기 청자 출토 유적 등이 있다. 완도 청해진 유적은 전라남도 완도군 완도읍 長佐里 將島(혹은 將軍島)에 있는 통일신라시대의 유적이다. 이 유적에는 해중에 나무 말뚝을 박아 두른 防柵이 있고, 성곽은 길이 890m 규모로, 5~6m 간격으로 돌을 나란히 쌓은 뒤 그 안에 흙을 다져넣는 판축기법을 사용하였다. 성곽에는 출입시설인 성문터, 관측시설인 치, 전망대인 고대 등이 발견되었다. 또 굴립주 건물지, 기단석축 건물지, 배수로, 매납유구 등이 확인되었다. 출토유물에는 토기류, 기와류, 금속제 유물과 중국 월주요계 해무리굽 청자편이 다수 출토되었다. 이 유적은 張保皐가 1만의 군사를 거느리고 해상무역권을 장악하던 곳이다. 일찍이 당나라에 건너가 武寧軍少將에 오른 장보고는 중국인들이 신라인들을 잡아다 노비로 삼는 데 격분하여 벼슬을 버리고 귀국하여 왕에게 해적의 노략질을 근절하기 위해 莞島 淸海에 군영을 설치할 것을 건의하였다. 828년(신라 흥덕왕 3) 장보고는 청해진대사로 임명되어 군사 1만명을 이끌고 완도군 장도에 청해진을 설치하고, 해상권을 장악하여 중국 해적을 소탕하는 한편, 중국과 일본 사이에서 해상무역의 패권도 장악하였다.[43]

한편 중국의 청자가 전남지역에서 넓게 발견되고 있다. 특히 강진 대구면   일대와 해남 화원반도의 초기 청자 가마터에서는 중국의 해무리굽 청자와 유사한 이 지역에서 만든 해무리굽 청자가 출토되고 있어 중국으로부터 해상교류를 통해 청자 제조기술이 유입되었음을 추정하

---

43) 김성배, 1998, 「장보고와 장도 청해진 유적」, 『도서문화』 16, 목포대학교 도서문화 연구소.

최성락

게 한다.[44]

4. 해상교류가 고대문화에 미친 영향

해상교류는 한반도가 대륙으로 연결되었던 빙하기를 지난 후빙기에 이르러 현재와 같은 지형을 나타내면서 시작되었다. 즉 해상교류는 이미 신석기시대에 시작되었으나 중국 지역과 한국 지역 사이에서는 일부 연안지역을 통해 한쪽 방향으로 진행된 것으로 볼 수 있다. 반면에 한국 남부지역과 일본 지역과의 사이에는 본격적인 해상교류가 이루어지는 것으로 볼 수 있다. 더구나 청동기시대의 문화교류는 더욱 규모가 커지면서 대규모의 주민이동을 동반하였을 것이다. 그런데 전남 서남해지역이 중심으로 이루어진 본격적인 해상교류는 철기시대 이후에 시작되었을 것이다. 철기시대 이후에 전남 서남해지역의 해상교류가 당시 고대문화에 미친 영향을 살펴보고자 한다.

먼저 철기시대의 해양교류가 고대문화에 미친 영향이다. 동아시아 전체적으로 이루어진 진정한 의미의 해상교류는 철기시대에 시작하였다. 철기시대는 청동기시대와 다르게 중국으로부터 파급된 철기문화가 한국의 남부지역을 거쳐 일본지역으로 들어갔다. 기원후 3세기 후반경에 기록된『三國志』魏書 倭人傳에 의하면 帶方으로부터 일본에 이르는 해로가 기록되어 있고, 기원전 2~1세기부터 철기시대의 패총이 형성되면서 중국계 유물들이 나

---

44) 변남주, 2011,「해남 화원청자 가마터 출토편의 종류와 특징」,『지방사와 지방문화』14-2, 역사문화학회.

타나고 있다. 또한 樂浪
과 帶方이 변한으로부터
철을 수입하였다는 기
록도 있고, 남해안지역에
서 일본계 유물이 발견
되는 것은 두 지역이 지
속적으로 해상교류가
이루어졌음을 알 수 있
다.[45](그림 6)

또한 이러한 해로상
에는 각 지역에 거점이
확보되는데 대표적인
곳이 해남 군곡리패총
과 사천 늑도패총 등이

〈그림 6〉 중국계 유물의 출토 양상과
『삼국지』 위서 왜인전에 나타나는 해로

다. 해남 군곡리패총에서는 貨泉과 卜骨 등이 출토되었고, 사천 늑도패총
에서는 半兩錢, 樂浪土器, 卜骨을 비롯하여 일본의 야요이토기가 집중적으
로 출토되어 해로상의 중요한 거점 혹은 중간경유지로 보고 있다.[46] 그
리고 해남 군곡리 패총을 비롯하여 남해안의 패총에서 출토된 패각류, 철
제낚시, 제주산 토기편 등을 통해보면 당시 사람들은 연근해지역에서 해
산물의 채집을 생업으로 삼았고, 멀리 떨어진 제주도까지도 해상교류가

---

45) 최성락, 1993, 『한국 원삼국문화 연구』, 학연문화사.

46) 이청규, 2003, 앞의 논문 ; 경상남도·경상대박물관, 2001, 『늑도유적을 통해 본 한·
중·일 고대문화의 교류』.

최성락

이루어졌음을 알 수 있다.

이와 같이 해상교류와 밀접한 관계를 가지고 있는 철기문화는 기원전 200년경 전주지역을 중심으로 자리잡았으나 기원전 1세기 후반부터 기원후 2세기 사이에 일부 지역을 제외하면 내륙지역에서 당시 유적이 잘 발견되지 않고 있다. 당시 사람들은 어떠한 이유인지 모르지만 해안가로 이동하여 생활하다가 기원후 3세기경을 전후하여 다시 내륙으로 진출하였을 것으로 추정된다.[47] 이러한 가설을 받아들인다면 철기시대의 해상교류는 이 지역의 고대문화의 형성과 변천에 큰 영향을 미쳤을 것이다.

다음은 삼국시대 해상교류가 이 지역 고대문화에 미친 영향이다. 삼국시대에 이르면 중국과의 해상교류가 한층 활발하게 나타났다. 백제와 중국과의 교류는 3세기 대까지 주로 漢郡縣을 통해 교섭된 것이 일반적이나 4세기 대에 요동의 東夷校尉部를 통해 중국 본토 왕조와 교섭하는 한편, 백제가 국가적 성장과 더불어 점차 중국 南朝와 朝貢 冊封관계를 통해 문화적 욕구를 충족하였다고 보고 있다.[48] 이러한 해상교류는 주로 연안항로를 이용하였을 것으로 보지만 南朝와의 교류에는 황해를 횡단하는 航路가 이용되었을 것으로 본다.[49] 다만 다른 연구자는 황해를 횡단하는 항로의 개설은 이 보다 늦은 시기 7세기 후반에나 가능하였을 것으로 주장[50]하고 있

47) 최성락·김건수, 2002, 「철기시대 패총의 형성 배경」, 『호남고고학보』 15, 호남고고학회.
48) 박순발, 1999, 「한성백제의 대외관계」, 『백제연구』 30, 충남대학교 백제연구소; 성정용, 2004, 「한성백제기 대중교섭의 일 양상」, 『고대 문물교류와 경기도』, 제32회 한국상고사학회 학술발표대회.
49) 윤명철, 2003, 앞의 책; 정진술, 2013, 앞의 논문.
50) 강봉룡, 2013, 앞의 논문.

어 연구자들 사이에 의견의 일치를 보지 못하고 있다.

일본과의 교류는 처음에 가야, 신라를 중심으로 이루어지다가 점차 백제를 중심으로 이루어지게 된다.[51] 백제지역과 일본지역과의 관계를 시기별로 그 양상을 보여주는 연구도 있다. 즉 5세기 전반까지 일본지역으로 일방적인 교류가 이루어졌으나 5세기 후반에서 6세기 후반까지 양 방향의 교류가 있었다고 한다.[52] 일본의 문화요소가 한반도 서남해안지역으로 유입되는 예는 영산강유역에서 발견된 前方後圓形古墳과 祭祀遺蹟에서 발견된 유물들이 있다. 전방후원형고분은 이 지역에서 상당한 신분을 가진 자가 문화교류를 통해 알게 된 일본의 前方後圓墳을 모방하여 만들었을 것이다. 이 고분은 이 지역이 백제의 중앙정부로부터 간섭이 적었던 시기에 나타나고 있다.[53] 결국 삼국시대의 해상교류는 이 지역의 고대문화를 변화시키는데 결정적으로 역할하였고, 이로 인하여 이 지역의 토착세력이 백제의 지방으로 편입되는 과정에서 다른 지역과 다르게 다소 복잡하게 전개되었음을 알 수 있다.

그리고 통일신라시대 이후의 해상교류는 더욱 활발해진다. 전남 서남부지역에서는 해상교류를 보여주는 유적이 많이 나타나고 있다. 특히 완도 청해진 유적은 당시 장보고의 활동근거지로서 이를 잘 보여주고 있다. 또한 문헌 기록인 『삼국사기』 이외에도 엔닌(圓仁, 794~864))

---

51) 박천수, 2002, 「고고자료를 통해 본 고대 한반도와 일본열도의 상호작용」, 『한국고대사연구』 27, 한국고대사연구회.

52) 서현주, 2004, 앞의 논문.

53) 최성락, 2004, 「전방후원형 고분의 성격에 대한 재고」, 『한국상고사학보』 44, 한국상고사학회 ; 최성락, 2008, 「영산강유역 고대사회의 실체-해석의 관점에 대하여-」, 『지방사와 지방문화』 11-2, 역사문화학회.

의 『入唐求法巡禮行記』(847년), 徐兢(1091~1153)의 『高麗圖經』(1123년), 李重煥의 『擇里志』(1751년) 등에는 당시 항로에 대한 기록이 분명하게 나타나고 있어 어느 시기부터는 사단항로가 가능하였음을 보여주고 있다. 이러한 해상교류는 이 지역에 초기 청자문화가 유입되었던 계기가 되었을 것이다.[54]

5. 맺음말

바다를 통한 인간 활동은 우리가 생각하는 것보다 일찍부터 이루어 졌다고 볼 수 있다. 아직은 당시의 해상교류의 수단에 대한 정확한 정보가 없으나 그들이 남긴 유물과 유적으로 보아 신석기시대 조기로부터 이미 근거리 해상교류가 있었음을 알 수 있다. 이후 점차적으로 원거리 해상교류도 가능하였을 것이다.

신석기시대 조기에는 제주도와 일본 규슈지역 사이에 어떤 관련성이 보이지만 이것인 해상교류의 결과인지 미지수이다. 다만 한국의 동남해안지역과 일본 규슈지역 사이에는 신석기시대 전반에 걸쳐 꾸준한 해상교류가 이루어졌다. 또 청동기시대는 중국으로부터 청동기문화가 이를 통해 일부 흘러들어왔을 것이고, 반면 벼농사를 가진 한국의 청동기문화도 일본 야요이문화를 형성하는 데에 크게 영향을 미쳤을 것이다. 그 배경에는 대규모의 주민이동이 동반되었을 것이다.

전남 서남해지역에서 찾아볼 수 있는 본격적인 해상교류는 철기시대

---

54) 강봉룡, 2011, 앞의 논문, 44쪽.

에 접어들어서 시작되었다. 이 시대에는 중국-한국-일본에 이르는 해상항로가 형성되었고, 이를 통해 각종 해상교류가 이루어졌을 것이다. 이것이 서남해지역의 철기문화의 형성과 변천에 큰 영향을 주었다고 볼 수 있다. 뒤이어 삼국시대에 고대국가가 성장하면서 국가 간에 이루어졌던 해상교류는 양적이나 질적인 면에서 한층 발전적인 모습을 보여주고 있으며 이 지역의 고대문화에 지대한 영향을 미쳤고, 이 지역이 백제의 지방으로 편입되는 과정도 다소 복잡하게 전개되었다. 그리고 통일신라시대 이후에는 해상교류를 통해 불교문화나 청자문화 등 새로운 문화가 전남지역에 직접적으로 전달되었다. 이상과 같이 고대 동아시아에서의 해상교류는 단순히 문화요소들의 전달에 그치지 않고 이 지역의 고대문화를 형성하는 데 결정적인 역할을 하였다고 볼 수 있다.

최성락

고대 동아시아와 전남 서남해지역의 항로

김 병 근 (국립해양문화재연구소)

1. 머리말

바다는 선사시대 이래 이동수단을 이용하여, 육지와 섬 혹은 섬과 섬 사이를 연결하는 교류의 중심이다. 바다의 항해는 많은 어려움이 따른다. 하지만 항해는 새로운 문화의 탄생을 자극하는 적극적인 인간 활동의 결과물이다. 바다를 통한 해상교류는 구석기시대 이래 현재까지 끊임없이 이어져 왔다.

고대 동아시아 국제교류는 정치·경제·사회·문화적인 요인이 복합적으로 연계되었다. 국제교류는 육로와 해로로 이루어진다. 바다로 이어진 우리나라와 중국의 항로는 서남해를 중심으로 하고, 일본은 남해를 주 무대로 교류를 하였다.

본고에서는 우리나라 서남해안을 중심으로 이루어진 고대 동아시아 국제교류 관계를 간략하게 살펴보았다. 다음으로 한·중 고대항로, 한·일 고대항로, 항해방법 등을 정리하였다. 또한 수중발굴 지역·조운로를 연계하여, 고대 동아시아 국제교류와 항로를 재해석하고 전남 서남

해안의 항로의 중요성을 살펴보았다.[1]

2. 고대 동아시아의 교류와 해상항로

1) 고대 동아시아의 국제교류

해양교류는 구석기시대 주먹도끼 등 석기제작 기법에서부터 나타난다. 이후 신석기시대 유적에서 출토되는 빗살무늬토기, 흑요석 등에서도 확인된다. 신석기인의 해상활동은 함북 나진 초도유적, 남해와 서해 연안의 도서유적, 제주도의 신석기시대 유적, 그리고 일본으로의 문화전파에서 확인된다. 문화교류는 빗살무늬토기·무문토기와 지석묘·패총 등에서 발견된 유물이다.

청동기시대는 보다 적극적인 해상교류가 전개되는데, 제주도의 여러 무문토기 유적, 일본으로의 문화전파, 서·북해안의 한·중 접촉 등이다. 또한 동한시대 왕충의 저서인『論衡』에도 서주 초기에 왜인이 조공을 바쳤다는 기록이 있다. 이는 일본과 중국의 교류에 있어, 우리나라 연안항로가 이용되었음을 보여준다.[2] 이외에도 중국식 동검 등과 더불어 신창동 동촉, 해남 군곡리 패총의 화천, 여천 거문도 출토 오수전, 마산 성산패총·다호리의 오수전, 사천 늑도의 반량전 등과 영남지역에

---

1) 우리나라 역사의 일반적인 시대구분은 고대, 중세, 근세, 현대로 한다. 고대는 통일 신라까지로 보는 것이 일반적이다. 하지만 본고에서는 해양사의 전환점인 고려시대까지 항로를 다루었다. 이는 조운로와 수중발굴지역을 포괄하여 다루기 위함 이다.

2) 정진술, 2009,『한국해양사』, 해군사관학교, 32~33쪽.

김병근

서 출토되는 각종 한나라 동경 등이 있다. 그리고 제주 산지항의 오수전·화천·대천오십·화포 및 방제경·칼코, 삼양동의 옥환, 금성 패총 화천 등[3]은 동아시아 국제교류의 자료이다.

해상교류의 흔적은 서남해안 도서 및 연안지역에 집중적으로 분포되어 있다. 해안가나 강가에서는 명도전이나 화천 등 고대 중국에서 사용하였던 화폐가 발견되었다. 이는 해안이나 강이 상업 유통에서 매우 중요한 역할을 하였음을 보여준다. 한나라에서 만들기 시작한 철제농기구나 장식품 이외에도 중국사서에 기록된 동이족들의 토산품 등이 항로를 통해 교류하였다. 또한 수중에서 발견, 신고된 도기·동전들도 서남해를 중심으로 발굴되거나 발견되어 이를 뒷받침한다.[4] 특히 여수 서도에서 1978년에 한대의 오수전을 일괄(980점) 신고하였다.[5] 이는 한나라 때도 한·중 교류가 활발하게 이루어졌음을 시사한다.

이처럼 고대 동아시아의 국제교류는 육상과 해로를 통해서 끊임없이 이어졌다. 육상교류의 중심을 이루었던 실크로드는 아시아 내륙을 횡단하여 중국과 서아시아·유럽을 연결했던 고대의 통상로이다. 육상실크로드는 기원전 2세기 한나라 때부터 시작되어, 그 후 전성기인 7세기에 이르러 당나라 장안과 콘스탄티노플을 잇는 루트가 완성되었다.

이와 반대되는 개념이 해양실크로드이다. 해양실크로드는 8세기부터 유럽시장을 중계해온 무슬림 상인들에게 그 자리를 넘겨준다. 바닷길

---

3) 국립제주박물관, 2001, 『제주의 역사와 문화』, 72쪽.
4) 수중발굴 출토 중국동전은 신안선(1976~1984), 진도 통나무배(1991~1992), 보령 외연도(2007~2008), 태안 마도(2009~2010) 등이다. 신고지역은 여수 서도(1977), 거제도(1986) 북동해역 등이다.
5) 국립해양문화재연구소, 2010, 『바다 속 유물, 빛을 보다』, 336쪽.

개척에 나선 무슬림 상인들은 중국, 한국, 일본까지 거점을 확보하였는데, 이들에 의해 동방 해양실크로드가 완성된다.[6]

물론 해양실크로드를 통해 방대한 양의 차, 생사, 도자기가 중국에서 유럽으로 전래된 것은 사실이다. 아시아지역의 해양실크로드는 지정학적으로 볼 때 중근동 지방의 페르시아만부터 극동의 일본과 한반도까지라고 볼 수 있다.

고대 동아시아의 국제교류는 각국의 정치변동에 따라 합종연횡이 수시로 이루어진다. 이는 무역에도 많은 영향을 미친다. 새로운 항로의 개척과 무역 주도권 싸움이 끊임없이 이어져 왔다. 고대동아시아 무역의 형태는 공무역과 사무역이다. 공무역을 담당했던 사람들은 중국의 여러 왕조에 파견된 사절단이다. 특히 견당사는 본국의 왕을 대신하여 공헌품을 헌상하고, 그 과정에서 본국 왕에게 주는 회사품과 사절단 개인에게도 관등에 따라 주는 회사품을 받았다. 사무역은 공무역의 부수적 무역, 지방 세력의 무역, 민간무역업자 즉 상인들에 의한 무역 등으로 나누어진다.[7]

이런 무역관계는『삼국지』에 보이는 기록으로 알 수 있다.

그 나라에서 철이 나는데 한과 예 및 왜 등이 모두 그곳에서 철을 가져다 사용한다. 모든 매매에는 모두 철을 사용하는데 마치 중국에서 돈을 사용하는 것과 같으며, 또한 그것을 두 군에 공급한다.[8]

---

6) 李慶新, 2009,「海上絲綢之路硏究的幾個問題」,『登州與海上絲綢之路』, 人民出版社, 259쪽.

7) 윤재운, 2006,『한국 고대무역사 연구』, 경인문화사, 313쪽.

8)『三國志』권30, 魏書30, 東夷傳 第30, 弁辰.

김병근

삼국시대의 국제교류 대상은 중국과 왜, 서역 등이다. 그 중에서 가장 큰 비중을 차지하는 것은 중국이다. 중국과의 교류는 조공과 책봉이라는 형식으로 이루어졌다. 물론 형식적인 절차로 국가의 독립성을 침해하는 것은 아니다. 또한 교류과정에서 무역이 이루어졌다. 무역품에 대한 기록은 많이 남아있지 않다. 『三國史記』나 『三國志』, 『漢書』, 『唐書』 등 한·중 기록은 대부분 '方物'이나 '使節團'을 파견했다는 내용이다. 당시 대표적인 무역품은 철, 유리, 도자기, 견직물, 담비가죽, 동경, 明光鎧, 칠갑 등이다. 이와 함께 중국에서 도서, 각종 문화용품, 불교관련 용품, 사치품 등을 수입하였다.[9]

사자를 당나라에 파견하여 과하마 1필, 우황, 인삼, 美髢, 조하주, 어아주, 누응령(방울), 해표피, 금은 등을 바쳤다.[10]

위의 사료는 통일신라시대의 무역품으로, 중국에 금속공예품, 금은동, 동제품, 직물공예품, 견직물, 약재, 애완용 생물 등 대체로 신라의 생산품을 수출하였다. 중국의 수입품은 공예품, 견직물, 차, 서적 등이다. 일본의 경우도 거의 비슷하다. 서역 물품은 중국을 통해 중개 무역한 것이다.[11]

고대 동아시아의 국제교류는 국가 간의 이익에 따라 변한다. 이러한 동아시아 국제교류는 고려시대에도 꾸준히 이어진다.

---

9) 윤재운, 2006, 앞의 책, 17~29쪽.

10) 『三國史記』 권8, 新羅本紀 第8.

11) 윤재운, 2006, 앞의 책, 316쪽.

2) 고대 동아시아의 해상항로[12]

(1) 한·중 항로

우리나라와 중국의 항로는 서해(발해·황해)·서남해(동중국해)를 사이에 두고 연결된다. 항로는 서해연안항로, 서해횡단항로, 서남해사단항로로 구분된다.

서해연안항로는 요동반도와 한반도의 서해를 연결하는, 양국의 국토가 최단거리를 이루는 항로이다. 이 항로는 산동반도 북부와 요동반도 끝단의 최단거리인 노철산수도를 반드시 건넜다. 서해횡단항로는 산동반도와 황해도 첨단부 간의 바다를 직접 횡단하였다. 서남해사단항로는 중국 남북부의 연해안과 한반도의 서남해안을 따라 왕래하는 연안항로와 중국 본토와 한국 남단 간의 서남해를 사단하는 항로이다.[13]

① 서해연안항로

서해연안항로는 선사시대 이래 꾸준히 이어져 온 항로이다. 신석기시

---

12) 고대 동아시아의 해상항로는 필자의 책자와 논문을 수정·보완하였다.김병근, 2004,『수중고고학에 의한 동아시아 무역관계 연구』, 국학자료원, 86~107쪽;金炳董, 2005,「登州港與韓中海路航海術」,『登州古港學術交流會』發表集.

13) 지금까지 한반도와 중국항로는 북로인 노철산경유항로와 황해횡단항로, 남로인 동중국해사단항로로 구분하였다. 이 용어는 일정부분 받아들여 사용하였지만, 현재는 연구자에 따라 명칭을 달리 표기한다. 본고에서는 북로는 서해연안항로·서해횡단항로, 남로는 서남해사단항로로 표기하고자 한다. 용어는 우리나라에서 부르는 바다를 기준으로 설정하였다. 서남해사단항로는 서해와 남해의 기준이 모호하지만 신안군에 위치한 흑산도·가거도, 제주도 등을 남해로 보았다.김재근, 2000,「장보고시대의 무역선과 그 항로」,『장보고 신연구』, 완도문화원, 164~165쪽.

대는 빗살무늬토기와 무문토기의 분포지로 항로의 추정이 가능하다. 빗살무늬토기는 섬과 해안 또는 하류의 저지유적과 패총에서 많이 출토되었다. 중국의 연해주 해안에서 두만강안·함경도 해안을 따라 내려와 경상남도 해안에 널리 퍼져 있다. 또한 부산 동삼동·영선동 등의 유적에서 함경북도 지방에서 출토되는 흑요석으로 만든 타제석기가 출토되어 문화이동을 알 수 있다. 그 외에 한강과 대동강 유역에도 많이 분포하고 있다. 서남해안을 따라 많은 섬들을 중심으로 광범위하게 형성되어 있다.

청동기시대와 초기철기시대에도 이러한 해상 활동은 계속되었다. 또한 한사군의 진출로 김해패총에서 중국 신(기원후 8~23)의 화천동전, 제주도에서도 같은 동전이 출토되어 문화전파 양상을 알 수 있다. 이는 서해연안항로로 교류가 이루어졌음을 밝히는 근거이다.[14]

중국 문헌에 보이는 해상이동 자료를 몇 건 살펴보면 다음과 같다.

위만이 망명하며 무리 1천명을 모아 상투를 틀고 만이 복장으로 동쪽으로 달아나 요새를 나서고 浿水를 건너 진나라의 옛 빈 땅에 있는 위쪽과 아래쪽의 요새에 거처하였다.[15]

조선왕 준이 위만에게 격파되자, 그 나머지 수천 명을 거느리고 바다를 건너 마한을 공격하여 깨뜨리고 스스로 즉위하여 韓왕이 되었다.[16]

천자가 죄인을 모집하여 조선을 치게 하였다. 그해 가을 누선장군

---

14) 손태현, 1982, 『한국해운사』, 아성출판사, 23~24쪽.

15) 『史記』 권115, 朝鮮列傳 第55.

16) 『後漢書』 권85, 東夷列傳 第75.

양복을 파견하여 제 지역에서 발해로 배를 띄워 바다를 건너게 하였다.[17]

이는 선사시대에 서해연안항로를 따라 들어왔음을 보여준다. 위만에 패배한 준왕이 바다를 건너 韓지역에 들어갔다. 또 한무제가 기원전 109년 수륙 양면으로 고조선을 침략할 때 누선장군 양복이 산동반도를 출발하여 발해를 건너 왕검성을 향하였는데, 이때 양복이 이용한 항로가 서해연안항로이다. 선사시대의 한·중 항로는 주로 연안 항해나 육로가 주를 이루었지만 직접 횡단항로의 가능성도 충분하다. 한반도 남부지방에 집중적으로 분포한 지석묘와 부장품은 남부 해양을 타고 직접 건너온 증거이다. 즉 규슈에서 해안을 따라서 분포하는 지석묘는 해양문화의 전파는 물론 항로를 밝혀준다.

당시 항로는 중국의 사서에서 그 예를 찾을 수 있다.

왜인은 대방의 동남쪽 큰 바다 가운데 있으며, 산으로 이루어진 섬에 의지하여 나라와 읍락을 이루고 있다. 옛날에는 1백국이었으며, 한나라 때 예방하여 배알하는 자가 있었고, 지금은 사신과 통역인이 왕래하는 곳이 서른 나라이다. 군으로부터 왜에 이르려면 해안으로 물길을 따라 한국을 지나고 혹은 남쪽으로 혹은 동쪽으로 가다보면 그 북쪽 해안인 狗邪韓國에 이르게 되니, 이렇게 7천여 리를 가다가 비로소 한 차례 바다를 건너 1천여 리를 가면 對馬國에 이르게 된다.[18]

<hr />

17) 『史記』 권115, 朝鮮列傳 第55.

18) 『三國志』 권30, 魏書30, 東夷傳 第30, 倭.

김병근

이는 서해와 남해를 거쳐 일본의 규슈지방으로 들어가는 항로를 보여준다. 이외에 사천 늑도패총 오수전, 영종도, 거문도, 제주도, 해남, 의창, 창원, 김해 등에서 발굴된 중국화폐 등을 통해 확인된다. 그리고 도서지역에서 발굴한 고분이 백제계, 가야계 혹은 왜계의 시대적 배경을 갖고 있어 해상교류를 알게 한다.[19]

다음은 중국사서에 보이는 항로에 대한 기록이다.

백제국은 본디 고구려와 더불어 요동의 동쪽 1천여 리에 있으며, 그 뒤에 고려는 요동을 공략하여 가지게 되었고, 백제는 요서를 공략하여 가지게 되었다. 백제가 다스린 곳을 일컬어 진평군 진평현이라 한다.[20]

그 길은 백제를 지나치기에 행로의 채비로 선박을 건조하였으나, 고구려가 무도하게 집어삼키고자 획책하며 변경의 노예들을 노략질해 가고 살육을 끊지 않아 매번 일이 밀려 늦어지다가 순풍의 기회를 놓치게 되었습니다. 비록 길을 나선다 하더라도 어떤 때는 교통하게 되었고 어떤 때는 그렇지 못하였습니다.[21]

사신을 보내 공물을 바치며 선박을 타고 널리 바다를 다니는 등 사신과 역말이 항시 왕래하였으며, 또한 위나라 오랑캐에게도 사신을 보냈으나 국력이 강성하여 통제를 받지 않았다.[22]

---

19) 강봉룡, 2014,「전근대 서남해안의 해상교통로와 해난사고」,『진도 오류리 해저유물의 발굴성과와 지역문화연계』발표집, 12~13쪽.

20)『宋書』권97, 魏書30, 列傳 第57, 百濟國.

21)『宋書』권97, 魏書30, 列傳 第57, 倭國.

22)『南齊書』권58, 列傳 第39, 高麗國·百濟國.

19년 명을 내려 형부상서 장량을 평양도행군대총관을 삼아 장군 상하 등을 거느리고 江, 淮, 嶺, 硤 등지의 굳센 병사 4만 명과 전선 6백 척을 통솔하여 萊州로부터 바다를 건너 평양으로 향하게 하였다.[23]

10년 뒤에 무예가 대장 장문휴를 보내 해적을 거느리고 登州를 공격하였다.[24]

위의 사료는 한반도를 중심으로 이루어진 해상교류 중 주로 서해연안항로와 서해횡단항로를 통해 이루어진 교류나 침략과정에 대한 설명이다.

이러한 유적·유물과 문헌 등에 서해연안항로는 우리나라 서해안을 따라 북상하여 중국의 황해와 발해만을 지나 중국 老鐵山水道의 출발지인 등주로 가는 항로이다. 옛 등주항은 현재의 중국 산동성 봉래시 북쪽의 해변에 위치하고, 산동반도와 요동반도를 연결시키는 항로의 출발지로 선사시대의 해양관련 유적들이 발견되었다. 고조선도 이곳을 통해 교역하였다. 진나라 때의 서복도 이곳에서 출발하여 일본으로 갔다고 한다. 한나라가 위만조선을 칠 때 수군을 파견한 곳도, 고구려와 수·당이 동아시아의 종주권을 둘러싸고 전쟁을 벌일 때도 수군의 출발지였다.

당나라 때 등주는 이정기가 세력을 장악하면서 발해 및 신라교역 등을 관할하였다. 이 일대의 항구들은 예로부터 조선업과 해운업의 기지였다. 또한 일본의 견당사도 중국으로 상륙하는 항구였다. 등주를 거

23) 『舊唐書』 권199上, 列傳 第149上, 高麗.

24) 『新唐書』 권219, 列傳 第144, 渤海.

김병근

쳐 장안으로 간 신라·일본견당사의 기록은 여러 차례 남아있다.

7세기 이후 등주에는 많은 신라 상인들이 거주하고 있었다. 그들이 집단 거주하고 있는 곳을 '신라방'이라 한다. 접대를 담당한 '신라관', 무역기관은 '신라소'가 있었다. 이외에 발해와 교역을 담당하던 '발해관'도 세워졌다. 신라관의 위치는 중국 山東省 蓬萊市 長裕小區 지역으로 추정된다.[25]

『新唐書』에는 서해연안항로에 대해 자세히 기록하고 있다. 산동반도의 등주를 출발하여, 동북방으로 大謝島·龜歆島·末島·烏湖島 등 3백리를 지나 烏湖海를 건너 요동반도 선단의 馬石山에 이르고 동으로 都里鎭까지 2백리에 이른다. 青泥浦·桃花浦·杏花浦·石人汪·橐駝灣·烏骨江 등의 대련만구에서부터 요동반도 연안을 따라 압록강과 대동강구 8백리를 경유한다. 이후 황해도 烏牧島·貝江口·椒島를 지나 신라 서북의 長口鎭에 이른다. 또 秦王石橋·麻田島·古寺島·得物島를 지나 천리에 이르는 鴨淥江唐恩浦[26]까지의 항로이다. 이후에 육로를 통하여 신라의 수도인 경주까지 7백리 이동한 노선이다. 그리고 압록강구에서 배로 이동하여

---

25) 필자는 신라관의 위치 비정에서 2005년 5월 등주고선박물관장(현재) 袁曉春의 도움을 받았다.

26) 정수일, 1996, 「남해로의 동단-고대 한·중해로」, 『장보고와 청해진』, 243~244쪽; 손태현, 1982, 『한국해운사』, 25~26쪽; 朱江, 1992, 「唐과 新羅의 海上活動」, 『清海鎭 張保皐大使海洋經營史研究』, 245쪽에서 현재지명과 비교를 하였는데, 견해에 따라 약간 차이가 있다.최근의 연구결과는 『道里記』 항로를 세 개의 노선으로 보는 견해가 있다. 첫째, 등주로부터 발해해협을 도항하여 요동반도 연안을 따라 오골강(압록강)을 지나서 대동강 입구와 장구진(황해도 장연)을 거쳐 당은포에 도달하는 항로이다. 둘째, 등주로부터 산동반도 연안을 따라 동쪽 끝 진왕석교(성산각)에 이르고 여기서 동쪽으로 곧바로 바다를 건너 마진도와 고사도, 득물도를 지나 당은포에 도달하는 항로이다. 셋째, 등주로부터 바다를 건너 황해도 연안을 지나 압록강 어귀에 도달하는 항로이다(정진술, 2009, 앞의 책, 243~244쪽).

동북으로 항해하면 발해의 경계에 이르는 항로이다.[27]

『삼국사기』에도 "등주에서 동북쪽으로 바닷길을 나서서 남쪽으로 해변을 끼고 浿江 어귀에 있는 椒島를 지나면 신라 서북지방에 도달할 수 있다. 또한 滄海 방면 군대는 선박이 천 리에 달하는데, 높직한 돛은 번개같이 나아가고, 커다란 군함은 구름처럼 날아 浿江을 횡단하여 멀리 평양에 이르렀다."[28]고 하였다.

이후에도 한반도와 중국이 대립하면 대부분 이 항로를 이용하였다. 당 태종은 서기 644년 수륙으로 고구려 정벌군을 일으켜 장량으로 하여금 전함 5백 척과 군사들을 동원하여 평양을 공격하였으나 별 효과를 거두지 못하였다. 이후에도 당은 이 항로를 이용하여 여러 차례 고구려를 공격하였으나 성공하지 못하였다.[29] 수·당의 고구려 원정군은 산동반도의 내주를 출발하여 대동강구를 거쳐 평양을 공격한 것이다.

> 김춘추는 돌아오다가 바다에서 고구려의 군사를 만났다. 이때 김춘추를 모시고 오던 온군해가 고관을 쓰고 대례복을 입고 배위에 앉아 있으니, 군사들이 그를 김춘추로 알고서 잡아 죽였다. 이때 김춘추는 작은 배를 타고 본국에 이르렀다.[30]

위 사료는 7세기 고구려, 백제, 신라가 치열하게 대립하던 시기의 것이다. 김춘추가 648년 당나라에 사신으로 파견되었다가 돌아오는 과정에

27) 『新唐書』 권43下, 地理志 7下.
28) 『三國史記』 권37, 雜志 第6.
29) 김재근, 2000, 앞의 책, 166~167쪽.
30) 『三國史記』 권5, 新羅本紀 第5.

김병근

서 고구려의 방해를 받는데, 여기서는 서해횡단이 아닌 연안항로를 이용하고 있다. 따라서 위는 요동지역을 장악한 고구려의 해상 지배권을 보여주는 사료이며, 중국과의 교류에서 서해연안항로의 중요성을 알 수 있다.

뒤에 장보고는 나라로 돌아와서 대왕을 배알하고 아뢰기를 "중국을 널리 돌아다녀 보니 우리나라 사람을 노비로 삼고 있었습니다. 청컨대 청해진을 만들어 적으로 하여금 사람을 약탈하여 서쪽으로 붙잡아 가지 못하도록 하소서" 하였다. 청해는 신라 해로의 요충으로 지금의 완도이다.[31]

위 사료는 장보고가 서남해의 해상세력으로 부상한 9세기의 국제무역 활동에 대한 것이다. 장보고는 서해를 주로 이용하기 위해 산동지방의 등주를 중심으로 강소성 이북의 연안에 항로를 설정하였다. 이는 일본이 당과 교역을 할 때도 물론 이용되었다. 일본의 견당사는 규슈의 하카다항(博多港)을 출발하여 우리나라 서해 연안을 항해한 후 요동을 거쳐 중국으로 들어갔다.[32]

위의 내용을 종합하면 서해연안항로는 선사시대 이래 통일신라시대까지 많이 이용되었다. 고려시대에도 초기까지 활발히 이용되었지만, 정치적인 변동과 기타요인에 의해 쇠퇴하였다.

② 서해횡단항로(西海橫斷航路)

31) 『三國史記』 권44, 列傳 第4.
32) 윤무병, 1977, 「신안침몰선의 항로와 제문제」, 신안해저유물 국제학술대회 주제발표, 국립중앙박물관, 11쪽.

서해횡단항로는 중국의 산동반도 성산이나 적산포에서 출발한다. 이 항로는 한·중 간에 가장 활발하게 이용되었다. 중국 대륙에서 황해로 돌출한 산동반도와, 한반도에서 서해로 돌출한 서해안은 직선거리로 200km 정도로 짧은 거리이다.

　이 항로는 중국 위나라 때부터 이용된 것으로 보인다. 漢이 한반도에 낙랑 등의 군현을 설치한 시기에는 주로 육로를 이용하였다. 후한이 3세기 초에 멸망하고 나서 위나라가 중원을 장악하였지만, 요동에서는 공손씨가 육로를 봉쇄하였다. 그래서 낙랑·대방 등과 직접 황해를 건너서 연락하였다. 고대 한반도의 교류도 이러한 요인이 복합적으로 작용하였다.

　삼국시대에는 중국과 교류가 활발하였다. 고구려는 육로를 이용한 중국교섭이 가능하였지만, 백제와 신라는 고구려가 가로막고 있어서 바다를 이용해야 하였다. 이러한 사실은 5세기 백제와 신라·중국의 교류과정에서 알 수 있다. 백제 개로왕 18년(472) 사자를 위에 보냈다. 위의 효문제는 여기에 대한 답례로 사신을 백제에 파견할 때 고구려가 방해하자 산동반도에서 황해를 횡단하여 백제로 직접 들어가려 하였지만 실패하였다.[33] 또한, 신라는 진평왕 47년(625)에 백제와 함께 당에 사신을 보내면서 고구려가 길을 막아 입조하기 어렵다는 것을 호소하였다.[34] 이들이 이용한 항로가 서해횡단항로이다. 당나라는 660년(고종 5)에 신라와 연합하여 백제를 공략하게 하였는데, 그 때의 출발지가 산동반도의 성산을 출발하여 바다를 건너 덕적군도의 덕적도로 들어오

---

　33)『魏書』권100, 列傳第88, 百濟.

　34)『三國史記』권4, 新羅本紀 第4.

김병근

는 항로였다.[35] 그리고 일본이 당과 교역을 할 때도 이용되었던 항로이다.[36]

통일신라시대 이후 서해횡단항로는 활성화된다. 요동지역에 발해가 일어나 세력을 크게 떨치자 육로와 서해연안항로를 경유하는 연안항로는 이용이 어려워졌다. 따라서 약 2세기 동안 이 항로를 이용하게 된다. 이 항로를 이용한 교역 및 인구이동으로 산동반도를 비롯한 중국 각지에서는 신라인의 거류지인 신라방이 나타난다. 또한 신라인들이 서해를 자유롭게 왕래하면서 일본의 견당유학생이나 수도승들도 신라선을 이용하였다. 일본의 엔닌은 847년 장보고 휘하의 신라선에 편승하여 일본으로 귀국한 항해 기록을 남겼다. 당시의 항로는 "9월 2일 정오에 산동반도 첨단의 적산을 출발하여 1일1야를 정동으로 항해하여 3일 아침에 신라 서해안의 산을 동쪽으로 바라보고, 동남쪽으로 연안을 하루를 더 항해하여 4일 본래 백제 땅이던 웅주 서쪽바다에 이르렀다."[37] 이후에 흑산도·제주도·대마도 부근을 경유하여 일본에 도착한다.

고려와 송나라도 서해횡단항로를 빈번하게 이용하였다. 그러나 만주지방에서 일어난 거란의 침입을 받기 시작하면서 성종 12년(993)부터 고려와 송나라 관계는 단절되었다. 이후 11세기에 국교가 재개되면서 약 160여 년 동안 양국의 친선관계와 그에 따른 문물의 교류 및 해상왕래가 활발하였다. 송나라에서는 등주에 고려관을 설치하여 접대하였다.[38]

35) 『三國史記』 권28, 百濟本紀 第6.

36) 윤무병, 1977, 앞의 글, 11쪽.

37) 圓仁, 『入唐求法巡禮行記』 권4, 會昌 7年 9月 2~4日.

38) 『宋史』 권487, 高麗傳.

당시의 항로가 『宋史』에 자세히 기록되어 있다. 고려 순화 4년(성종 12 년, 993) 정월 백사유를 송나라에 파견하여 방물을 바치게 하고, 송은 답 례로 2월에 진정 등을 고려에 보냈다. 그때 송의 사신은 등주를 출발하 여 산동반도 동단인 성산에 나와 그곳으로부터 황해를 횡단하여 황해도 옹진에 상륙하고 육로로 해주·연안·백천을 경유하여 개경에 이르렀다. 또한 고려에서 중국에 보내는 물품이 기록되어 있다.[39] 이와 같이 서해횡 단항로는 삼국시대 이래 고려 초기까지 가장 많이 이용된 항로였다.

③ 서남해사단항로

서남해사단항로는 항해가 가장 어려운데, 이는 이 항로의 거리가 가 장 멀고 거친 바닷길이기 때문이다. 따라서 고려시대 이후에 개척된 항 로로 보았으나 남아있는 유적·유물들은 이전 시대부터 활발한 교류가 있었음을 보여준다. 즉 지석묘 등의 고고학적 자료·민속·언어·벼의 전 래 등에 남방요소가 많다. 삼국시대에 이미 남중국과 해상교류가 활발 하였고, 『삼국사기』에도 816년에 신라인들이 흉년이 들어 절강성 동쪽 으로 170명이 건너가거나 장보고도 남로를 이용하여 중국과의 교류를 하였다는 내용 등을 통해 알 수 있다.[40]

한반도와 중국 남부의 사단은 위험부담이 컸다. 따라서 정치·문화· 교역 등의 중심지가 산동반도를 중심으로 북부에 치우쳤다. 이러한 교 류의 편중현상이 바뀐 것은 11세기 후반의 고려 문종 28년(1074) 무렵

---

39) 『宋史』 권487, 高麗傳.

40) 『三國史記』 권10, 新羅本紀 第10. "年荒民飢抵淛東求食者一百七十人.";김정호, 1999, 「장 보고 선단의 무역항로와 교역」, 『장보고와 21세기』, 혜안, 108~116쪽.

김병근

이다. 고려와 송나라 사이의 해상왕래 중심지가 산동반도의 등주에서 강남의 명주로 옮긴 후이다. 이는 북방의 거란이 강성하여 북로의 항해를 위협받았기 때문이다. 항로가 변경되면서 중국 남부의 양주·명주·항주·천주·광주 등이 국제무역항이 된다. 또한 송나라의 산업생산의 지역적 발전과 화폐경제의 보급으로 화물의 유통이 폭발적으로 증가하고, 조선술 및 항해 기술이 발전하게 된다. 원양항해선의 운항은 당대까지는 주로 외국선박 특히 아라비아 선박의 활동영역이었다. 송나라는 조선의 기술적인 장애를 극복하면서 대형선박을 건조하여, 고려·일본 등 동아시아는 물론 동남아시아와 서아시아 해역에 진출하였다.[41] 송나라 때 중국 중·남부 연안에 위치한 여러 무역항을 중심으로 송상들의 해외무역이 급속도로 발전하였다. 그들 중 일부는 고려의 개성에 진출하였는데, 주로 중국 남부의 복건성 출신이 많았다.

고려 인종 원년(1123)에 고려를 다녀간 중국사신 서긍은『宣和奉使高麗圖經』에서 고려와 송 사이의 항로를 자세하게 기록하였다. 明州를 출발하여 외곽에 위치한 舟山列島를 경유한 후 순풍을 타고 동북으로 곧바로 항해하여 흑산도 근해에 다다른 후, 서해안을 북상하여 고려의 외항인 예성강에 도착하였다. 서긍 일행이 서해안을 거치는 동안에 정박한 섬들을 보면 竹島·苦苫苫·古群山島·馬島·紫燕島·蛤窟 등이다.[42] 서남해안의 외곽선에 위치하여 나열된 섬들로, 항해하는 선박의 노선이 되기에 충분한 조건을 갖추고 있다. 항해일정은 10~20여 일을 전후하

---

41) 신채식, 1996,「10~13세기 동아시아 해상교역-특히 여·송의 해상교류를 중심으로-」, 마한역사문화연구회, 3~4쪽.

42)『宣和奉使高麗圖經』권34·35·36·37·38·39, 海道.

여 고려에 입항이 가능하였다. 이후 원대에도 서남해사단항로는 중국과의 교류에 중심적인 역할을 한다. 이규보는 당시의 항해속도를 "아침에 예성강을 출범하면 정오경에 중국의 남부지방에 도달한다"고 표현하였다.[43] 한나절 만에 중국 강남지역으로 갔다는 것은 지나친 과장이긴 하지만, 이것은 그 당시 강남으로 불리던 江浙지역을 넘어 멀리 광동·복건 지역까지 무역선을 타고 나가서 해상무역을 하던 고려 상인들의 활동을 전하는 이야기이다.

중국 강남의 명주와 예성강까지의 최단항해일수에 대한 사료는, 중국『宋史』에 2일 만에 동중국해를 거쳐 예성강까지 불과 4일 만에 도착하였다고 되어 있다.[44] 이는 계절풍을 잘 이용하여 항해를 하였을 경우에 국한되는 것으로, 현대의 항해술로 보더라도 상당히 빠른 속도이다. 하지만 일반적으로 항해는 이보다는 훨씬 어렵게 진행되었다.

한·중 항로는 초기에 서해연안항로와 서해횡단항로가 중심적인 역할을 하였다. 이후 정치·사회적인 변화로 서남해사단항로가 후기에 많이 이용되었다.

(2) 한·일 항로

구석기시대에는 한반도와 일본열도가 바다를 사이에 두고 있었던 것이 아니라, 육지로 연결되어 있었다. 20만 년 전만 해도 동해는 하나

---

43) 李奎報,「又樓上觀潮贈同寮金君」,『東國李相國全集』권16, 古律詩. "潮來復潮去 來船去舶首尾 銜相週 朝發此樓底 未午入南蠻天."

44)『宋史』권487, 高麗傳. "自明州定海 遇便風 三日入洋 又五日抵黑山 入其境 自黑山過島嶼 詰曲礁石間舟行甚 駛 七日志禮成江."

김병근

의 거대한 호수였다. 두 지역의 동물과 구석기인들은 비교적 자유롭게 오가며 살았다. 1만~1만 2천 년 전에 지구상에 홍적세가 끝나고 충적세가 시작되면서 녹은 빙하로 평균 수면이 200m 정도 높아지면서 두 지역은 바다로 분리되었다.[45)

우리나라와 일본의 교류는 유적·유물을 통해 확인된다. 신석기시대의 부산 동삼동 패총과 조도패총에서 발견된 토기들이 일본의 죠몬[繩文] 토기이다. 수가리패총, 다대포패총 등에서 규슈[九州] 서북부 이마리[伊万里]산 흑요석으로 만든 도구들이 나온 것이 이를 뒷받침해준다. 이외 남해안 지역에서도 이런 유물이 발견된다. 청동기시대에는 무문토기문화가 전래되어 야요이문화[彌生文化]의 계기가 되었다.[46)

우리나라와 일본을 직선으로 연결하면 최단거리가 280km 정도이다. 부산과 거제도는 쓰시마[對馬島]와 이키섬[壹岐島]을 사이에 두고, 북부 규슈와 제주도는 망망대해를 가운데 두고 고도열도[五島列島] 북부의 우구섬[宇久島]·오지가섬[小値賀島]과 연결된다. 부산과 쓰시마 사이의 직선거리는 53km이고, 쓰시마에서 규슈까지는 가시거리 안에 있다. 항해를 하는데 있어서 200km도 안 되는 바다는 파도가 높이 친다고 하여도 항해자들에게 불가능할 정도는 아니었을 것이다. 그리고 대한해류의 평균 유속은 1노트 안팎이고, 방향은 언제나 북동쪽을 향하고 있다. 즉 쓰시마를 출발하여 북동쪽으로 흐르는 대한난류(쿠로시오)와 좌우로 이동하는 조류의 흐름을 적절히 타고, 봄철에 동남풍을 이용하면 자연스럽게 남해동부나 동해남부 해안인 울산·포항 등에 닿을 수

45) 윤명철, 2000, 『바닷길은 문화의 고속도로였다』, 사계절, 52~53쪽.

46) 정진술, 2009, 앞의 책, 95~100쪽.

가 있다.

『三國遺事』에 신라 "제8대 阿達羅王이 즉위한 4년 정유(157)에 동해 바닷가에는 연오랑과 세오녀 부부가 살고 있었다. 어느 날 연오랑이 바닷가에서 해조를 따고 있는데 갑자기 바위 하나가 나타나더니 연오 랑을 등에 업고 일본으로 가버렸다."[47]고 나와 있다. 이는 일본과의 교 류가 동해를 통하여 이루어졌음을 알 수 있다. 『삼국사기』에는 "왜가 주로 봄철인 4~6월 사이에 주로 신라에 침입하였다."[48]라고 한다. 이는 봄철에 부는 바람으로 이동한 것이다. 반대로 한반도 남해안에서도 해 류와 조류를 이용하여 가을부터 불어오는 북동 계열의 바람을 타면 자연스럽게 쓰시마와 일본열도에 도착할 수 있다.[49]

이외에도 백제시대 전라도 지방의 영산포 하구와 해남·강진 등 남 해서부와 서해남부를 출발하여 제주도를 오른쪽으로 보면서 동진하 다가, 해류와 바람 등을 이용하여 가다 보면 자연스럽게 도착하는 곳 이 규슈 서북쪽이었다. 그곳에는 고토열도를 비롯해 많은 섬들이 있는 데, 거기서 갈라져 북으로 동진하면 규슈 북부에 있는 가라쓰[唐津] 등 의 육지에 닿고, 남쪽으로 해서 동진하면 아라아케해[有明海]라는 호수 같은 커다란 만과 만난다. 이러한 항로로 일본 본토에 이르렀다.

한·일 항로는 먼저 우리나라 동남지역을 출발하여 쓰시마 → 이키 섬 → 규슈 북부항로가 있었다. 이 항로를 이용하여 혼슈[本州]까지 왕

---

47) 『三國遺事』 권1, 紀異, 延烏郎 細烏女.

48) 『三國史記』 권1, 新羅本紀1. "夏四月 倭人侵東邊"; 『三國史記』 권2, 新羅本紀2. "三年夏四月 倭人侵 (中略)"; 『三國史記』 권3, 新羅本紀3. "夏六月又 侵倭南邊奪掠 (中略)" 등 많은 기 록이 있다.

49) 윤명철, 2000, 앞의 책, 57~58쪽.

김병근

래한다. 다음은 우리나라 남서 지역을 출발하여 쓰시마를 거치지 않고 규슈북부에 도달한다. 고구려와 발해는 동북지역항로를 개척하였다.[50] 선사 이래 일본지역과는 빈번한 교류가 이루어졌다. 특히 삼국시대에는 각국은 정치적인 상황에 따라 다양한 교류를 통하여 상호 견제 정책을 취하게 된다.

(3) 항해방법

바다의 항해는 항해술이 대단히 중요하다. 생명을 담보로 하는 항해는 항상 공포의 대상이었다. 따라서 항해술은 해양환경의 이해가 필수적이다.

선사시대 항해방법은 주로 표류항법으로 이동하였을 것이다.[51] 항해를 할 때 육지가 전혀 보이지 않는 대양에서 나침반 등 항해 도구를 갖추지 않고 어떻게 항해가 가능했을까. 이 때문에 대부분의 사람들은 배를 타고 항해하는 범위를 육안으로 항해표지물을 볼 수 있는 연안이나 섬 지역에 한정하였다. 이때의 항해를 視界航海 또는 地文航海라고 한다. 하지만 춘추전국시대에 들어서면 해상에서 하늘의 별자리와 절기에 따른 해와 달의 위치를 보고 방위를 찾는 천문지리학이 개발되었다.[52] 또한 해시계와 비슷한 해나침반에 의해 방위를 판단하기도 하였다.

---

50) 정진술, 2009, 앞의 책, 100~130쪽.

51) 孫光圻, 1989,『中國古代航海史』, 北京:海洋出版社, 5~6쪽.

52) 孫光圻, 1991,『中國航海史綱』, 大連海運學院出版社, 27쪽.

이렇게 발달한 항해술은 선박의 위치를 추정하고 방향을 결정하는 것이 중요하였다. 이를 위해서 첫째 육상목표물을 보면서 항해하는 지문항법, 둘째 천체를 관측하여 방향을 잡는 천문항법, 셋째 수심을 측정하여 추정하는 측심항해술, 넷째 나침반으로 방위를 측정하는 지남기항해술 등이 개발되었다.[53]

이외에 바다의 환경을 정확하게 이해하는 것이 필수적이었다. 이는 『입당구법순례행기』에서 보이는 "다시 바닷길을 잘 아는 신라인을 60여 명 고용하여 각 배마다 7명, 혹은 6명, 혹은 5명을 배치하였다"[54]는 기록에서 바다 환경을 잘 이해하는 諳海者를 고용하여 항해의 안정성을 확보하였음을 알 수 있다.

바다에서 선박의 추진에 가장 많은 영향을 미치는 것은 해류, 조류, 바람이다. 해류와 조류는 물길의 방향과 선박이 일치하여 항해할 경우와 역으로 항해할 경우 많은 차이가 있다. 항해는 이를 고려하여 운행하여야 순항이 가능하다.

동아시아 해류는 필리핀 북부지역에서 발생한 쿠로시오를 중심으로 갈라져 나온 지류들인데, 남중국해에서 동북 방향으로 흘러들어오는 쿠로시오의 지류는 대만을 거쳐 제주도에 북상하다가 양 방향으로 갈라진다. 이 흐름이 서해남부 해안으로 부딪혀 서해연안을 타고 올라오면서 문물과 역사의 이동로가 된다.

조류는 내해이거나 육지 사이의 해협, 굴곡진 해안이 발달한 곳에서

---

53) 최근식, 2002, 「장보고 무역선과 항해기술연구」, 고려대학교 박사학위논문, 126~133쪽.

54) 圓仁, 『入唐求法巡禮行記』 권1, 開成 4年 3月 17日.

김병근

는 조류가 빠르고 지역적인 편차가 심하여, 고대의 발해나 황해에서 복잡한 조류의 움직임 때문에 지역마다 개별적인 해상세력이 존재했다.[55] 일반적으로 해류의 흐름보다는 조류의 흐름이 항해에 영향을 많이 미친다.

바람은 동력이 발달하지 못한 항해에는 필수적이다. 바람은 항해에 가장 많은 영향을 미친다. 바람에 따라 돛[帆]을 어떻게 조정하느냐의 여부가 항해의 소요기간이 결정하였다. 서남해와 황해·발해를 오간 선박들은 바람 특히 계절풍을 최대한 이용하였다. 이는 해로는 물론 지역적인 조건, 바람 등을 이용한 항해이다. 고려시대 962년 첫 번째 사행한 시기부터 993년까지 이루어진 송과의 총 28번의 사신왕래를 통해 항해와 계절의 관계가 파악된다. 사신왕래 가운데 20번이 10월에서 2월 사이에 집중되었다. 이는 항해 시 계절풍을 이용한 것이다. 북송의 사신인 서긍이 "이후에 항해를 할 사람들에 권고하기를 고려로 출발할 때는 남풍을 이용하고, 귀국할 때는 북풍에 의하여야 한다."[56]고 하였는데, 이것이 계절풍을 이용한 항해이다. 이들이 이용한 바람은 고려로 항해할 때는 남풍, 중국으로 귀로할 때는 북풍이었다.

또한 항해 시에 야간이 되면 별을 보고 기준을 잡아 항해를 하였으며, 어두울 때는 나침반을 이용하였다고 한다. 나침반은 중국 한대에 이미 발명되었으며, 중세 송나라에서 항해에 나침반을 이용하였다는 기록을 확인할 수 있었다.[57] 이는 이전 시대에 항해에서 나침반이 널리 사

---

55) 윤명철, 2003, 『한국해양사』, 학연문화사, 33~34쪽.

56) 『宣和奉使高麗圖經』 권39, 禮成江條.

57) 정진술, 2009, 앞의 책, 51~54쪽.

용되었음을 알게 해준다.

하지만 항해는 이보다는 훨씬 어렵게 진행되었다. 국립해양문화재연구소에서 복원하여 항해 실험을 한 가거도 배[58]와 온누비호, 강진 옹기배, 조운선 등[59]의 항해는 조류나 해류 보다는 바람이 없으면 이동이 매우 힘들었다. 실험 당시 바람이 부는 경우에만 돛을 이용한 항해가 가능하였다. 또한 방향을 정확하게 잡아서 이동하는 것도 쉽지 않았다. 따라서 중국과 고려를 연결한 항해도 계절풍에 따라서 많은 변수가 내포되어 있음을 알 수 있다. 바람의 방향이 바뀌거나 기상의 갑작스런 변화는 표류로 이어지는데, 역사적으로 많은 표류기록이 이를 증명한다.

3. 수중문화재와 서남해지역의 항로

1) 국내 수중 문화재

우리나라의 수중발굴의 시작은 1970~1980년대까지 약 10년 동안 실시된 신안선 발굴[60]이다. 이후 선박은 완도선,[61] 진도 통나무배,[62] 달리

---

58) 국립해양유물전시관, 1997, 「가거도 배」, 『전통한선과 어로민속』, 금성출판사.
59) 국립해양문화재연구소에서 제작한 가거도 배(1997), 중선배(2008), 온누비호 (2009), 강진 옹기배(2010), 조운선(2011) 등의 항해 성능을 실험하였다.
60) 문화재관리국, 1988, 『신안해저유물』 종합편.
61) 문화재관리국, 1984, 『완도해저유물』.
62) 목포해양유물보존처리소, 1993, 『진도 통나무배』.

김병근

도선,[63] 십이동파도선,[64] 안좌도선,[65] 대부도선,[66] 태안선[67] 마도1·2·3
호선,[68] 영흥도선[69] 등이 잇달아 발굴되었다. 선박을 제외한 유적지도
제주 신창리,[70] 무안 도리포,[71] 비안도,[72] 야미도,[73] 진도 오류리,[74] 원산
도,[75] 태안 원안[76] 등이다.

수중발굴이 이루어진 지역은 20여 곳으로 주로 서해지역이며, 남해와
제주지역이 포함된다. 발굴지역을 항로와 연결하면, 문헌에서 보이는
고대 항로와 자연스럽게 이어진다. 수중발굴지역을 연도별로 정리하면
〈표 1〉[77]과 같다.

---

63) 국립해양유물전시관, 1995,『목포 달리도배』.
64) 국립해양유물전시관, 2005,『군산 십이동파도 해저유적』.
65) 국립해양유물전시관, 2006,『안좌선』.
66) 국립해양유물전시관, 2008,『안산 대부도선』.
67) 국립해양문화재연구소, 2009,『고려청자보물선』.
68) 국립해양문화재연구소, 2010,『태안마도1호선』; 2011,『태안마도2호선』; 2011,『태안
   마도해역 탐사보고서』; 2012,『태안마도3호선』; 2013,『태안 마도 출수 중국도자
   기』.
69) 2012~2013년 선박 1척과 철제 솥, 도자기 등 발굴. 보고서 미간.
70) 1980~1996년까지 3차례 발굴. 12~13세기 금제장신구류, 중국 도자기 등.
71) 국립해양유물전시관, 2003,『무안 도리포 해저유적』.
72) 국립해양유물전시관, 2004,『군산 비안도 해저유적』.
73) 국립해양유물전시관, 2006,『군산 야미도』; 2008,『군산 야미도2』; 국립해양문화재
   연구소, 2009,『군산 야미도3』.
74) 2012~2013년 발굴. 고려청자, 총통 등 발굴. 보고서 미간.
75) 국립해양유물전시관, 2006,『보령 원산도』.
76) 국립해양문화재연구소, 2012,『태안 원안해수욕장』.
77)〈표 1〉은 발굴보고서와 국립해양유물연구소 자료를 참고하였다.

〈표 1〉 수중발굴 지역(2013. 12. 31. 현재)

연번	발굴연도	발굴유적	발굴문화재 성격	위치
1	1976~1984	신안 방축리 신안선	14세기 중국선박 1척, 동전 28톤, 도자기 등	전남 신안군
2	1980~1996	제주 신창리	12~13세기 금제장신구류, 중국 도자기 등	제주도
3	1981~1987	태안반도 마도 등	고려청자 40여점, 조선백자 등 14~17세기	충남 보령군
4	1983~1984	완도 어두리 완도선	12세기 고려 선박 1척, 고려청자 등	전남 완도군
5	1991~1992	진도 벽파리 진도선	13~14세기 중국 통나무배 1척 출토	전남 진도군
6	1995~1996	무안 도리포	14세기 고려상감청자 등	전남 무안군
7	1995	목포 달리도선	13~14세기 고려 선박 1척	전남 목포시
8	2002~2003	군산 비안도	12~13세기 고려청자 등	전북 군산시
9	2003~2004	군산 십이동파도선	12세기 고려 선박 1척, 청자 등	전북 군산시
10	2004~2005	보령 원산도	13세기초 청자향로 편 등	충남 보령시
11	2005	신안 안좌도선	14세기 고려시대 선박 1척, 청자 등	전남 신안군
12	2006~2009	군산시 야미도	12세기 고려청자 등	전북 군산시
13	2006	안산시 대부도선	12~13세기 선체 편 일괄수습	경기 안산시
14	2007~2008	태안 대섬 태안선	12세기 중 고려선박 1척, 청자 등	충남 태안군
15	2008~2010	태안 마도 1호선	13세기 고려선박 1척, 청자 등	충남 태안군
16	2009~2010	태안 마도 2호선	13세기 고려선박 1척, 청자 등	충남 태안군
17	2010	태안 원안해역	고려청자 등	충남 태안군
18	2011	태안 마도 3호선	고려청자 등	충남 태안군
19	2011~2012	태안 마도해역	고려청자 등	충남 태안군
20	2012~2013	인천 섬업벌해역	선박 1척, 고려청자 등	인천 옹진군
21	2012~2013	진도 오류리해역	고려청자, 총통 등	전남 진도군

　　이외에도 〈표 2〉를 보면 250여 곳의 수중문화재 신고지역이 있다.[78] 주로 서남해에 집중되어 있지만, 강원, 경북, 경남, 동중국해, 대마도 부근 해저 등 다양하다. 유물은 청동기시대 마제석부·주먹도끼, 삼국시대

---

78) 수중문화재 신고지역은 국립해양문화재연구소의 자료를 참고하였다.

　　　　　　　　　　　　　　　　　　　　　　　　　　　김병근

토기, 고려시대 청자, 조선시대 분청사기·백자·총통, 중국 송·원·청 시대 청자·동전·백자 등 다양하다. 이러한 수중문화재 신고지점과 유물은 선사 이래 이용된 항로와 일치한다.

〈표 2〉 지역별 수중문화재 신고지역 (2013. 12. 기준)

구분 연도	서해		남해		동해		계		비고
	건수	유물	건수	유물	건수	유물	건수	유물	
1971~2013	161	3,847	84	1,341	12	496	257	5,741	대마도, 동중국해 포함

동중국해는 1980년대에 신고지점이 9곳으로 토기발, 청자, 백자 등이 발견되었다. 청자·백자의 제작 시기는 송대~청대까지 다양하다. 이는 흑산도를 경유한 서남해사단항로의 이용을 보여준다. 흑산도 인근해역에서는 송·원대 백자 등이 신고되었다.

대마도 인근 해저에서 1979년 발견된 원저호는 고신라시대로 분류하였다. 이는 신라와 일본의 교류를 보여주면서 항로의 활발한 이용과 다양성을 나타낸다. 수중문화재 신고지점은 한·중·일의 다양한 항로를 보여주는 실증적인 자료이다.

2) 국외 수중문화재

중국 봉래시 문물국 등이 2005년 7월~11월까지 발굴한 등주수성 내 2척의 봉래3·4호선(고려선박)은 당시 활발했던 해상활동을 실증한다. 학자들의 견해는 봉래 3호선의 구조를 우리나라 선박으로 보기도 하지만,[79] 중국 선박의 특징과 우리나라에서 발굴한 중국 선박인 신안선의 선형을 비교하여 원말명초의 해양화선인 복선형으로 보는 주장도 있었다.[80] 필자는 2006년에 우리나라 안좌도선과 중국에서 발굴된 봉래3호선을 비교하여, 양 선박의 공통점과 차이점을 통해 고려 선박의 가능성을 제시하였다.[81]

이후 봉래 3·4호선에 나타난 한국선박의 특징을 살펴, 봉래 3·4호선이 한국선박 구조를 갖춘 선박임이 밝혀졌다. 또한 봉래 3호선에서 출토된 고려청자와 도기 등도 고려 선박의 근거가 되었다.[82] 봉래선의 발굴은 14~15세기에도 등주를 중심으로 서해항로가 이용되었음을 알 수 있다.

4. 조운로와 전남 서남해지역의 항로

1) 조운로

고려시대의 세곡 운송은 바다와 강을 통해 이루어졌다. 당시 이용한 항로를 조운로라 하고, 조운에 이용된 선박을 조운선이라고 한다. 조운선의 기록은 바다의 哨馬船, 강의 平底船을 이용하여 운반하였다는

---

79) 汪敏 外, 2006,「蓬萊三号古船的型船測繪與復原研究」,『蓬萊古船』, 文物出版社, 106~113 쪽;龔昌奇 外, 2006,「蓬萊三号古船的測繪與復原研究」,『蓬萊古船』, 文物出版社, 114~119 쪽.

80) 山東省文物考古研究所 外, 2006,『蓬萊古船』, 85쪽.

81) 金炳菫·金聖範, 2006,「韓國 安佐島船과 中國 蓬萊 3号船 比較 研究」,『蓬萊古船國際學術研討會』資料集, 中國山東省文化廳 外.

82) 金炳菫, 2012,「蓬萊3·4號船的韓國船舶特徵」,『海上絲綢之路與蓬萊古船·登州港國際學術研討會論文集』, 105~109쪽.

기록이 『고려사』에 남아있다.

배 6척씩인데 모두 哨馬船이요, 한 척에 1천 섬을 싣게 되어 있었고 덕
흥은 20척, 흥원은 21척인데 모두 平底船이며 한 척에 2백 섬을 싣게
되어 있었다.[83]

당시의 조운창으로 조운로를 추정할 수 있다.

건국 초기에 남도 수군에 12창을 설치하였다. 충주는 덕흥창, 원주
는 흥원창, 아주는 하양창, 부성은 영풍창, 보안은 안흥창, 임피는 진
성창, 나주는 해릉창, 영광은 부용창, 영암은 장흥창, 승주는 해룡창,
사주는 통양창, 합포는 석두창이라 하였다. 또 서해도 장연현 안란창
을 설치하였다.[84]

고려초기 조운창은 12곳이다. 이후 황해도 장연에 설치한 안란창이
추가되어 13곳이다. 해창지역은 경상도, 전라도, 충청도, 황해도 지역으
로 11곳이다. 강창지역은 강원도와 충청북도 2곳이다.

고려시대와 조선시대의 개경·한양 이남의 해창에서 경창으로 향하는
조운항로를 추정하면 다음과 같다.

가장 먼 조창인 마산만 깊숙이 위치한 합포의 석두창에서 龜山縣(창
원시 구산면)·거제 사이 바다 → 加助音島 → 통영·거제도 사이(=견내
량) → 통영 한산도 사이 → 통영 蛇梁島 → 사천·창선도 사이 → 하

---

83) 『高麗史』 권79, 志33, 食貨2, 漕運條.

84) 『高麗史』 권79, 志33, 食貨2, 漕運條.

동·남해도 사이 → 여수·돌산도 사이 → 고흥 나로도 → 고흥 거금
도·완도 금당도 → 완도 고금도 → 해남·완도 사이 → 해남 어란양
→ 해남·진도 사이 → 신안 장산도 → 신안 압해도·암태도 → 신안
증도 → 신안 지도·임자도 사이 → 영광 칠산도 → 법성포 앞 바다 →
부안 위도·邊山串 사이 → 군산 고군산군도 → 서천 연도 → 보령 원
산도와 삽시도 사이 → 태안 안흥량(마도·가의도 사이) → 당진 난지
도 → 인천 영흥도 → 인천 자연도(영종도) → 인천 석모도·교동도 →
예성강 벽란도 순이다.[85] 이 항로에서 전남 서남해지역의 항로는 여수
와 돌산도 사이, 고흥 나로도, 고흥 거금도와 완도 금당도 사이, 완도
고금도, 해남과 완도 사이, 해남 어란양, 해남과 진도 사이, 신안 장산
도, 신안 압해도와 암태도, 신안 증도, 신안 지도와 임자도 사이, 영광
칠산도, 법성포 앞 바다를 통과한다. 이 항로는 중국, 일본을 연결하는
중요 길목이다. 즉 조운로는 다른 항로와 같이 서남해연안을 따라 북
상하는 대동맥의 역할을 하였다.

고려시대 조운선의 운항은 2월부터 5월 사이에 주로 이루어졌다. 이
를 통해 우리나라 해역에서 부는 바람을 이용한 항해를 알 수 있다. 즉
남쪽에서 부는 바람과 북쪽에서 부는 바람을 이용하여 추수가 끝나는
시점에 조세를 거두어 조창에 저장한다. 그리고 남풍이 불기 시작하는
음력 2월부터 5월 사이에 개경으로 이동하였다.

여러 고을들의 조세는 각각 부근에 있는 여러 창고들에 운반하였다

---

85) 한정훈, 2009, 「고려시대 조세 운송경로」, 『고려 뱃길로 세금을 걷다』, 국립해양문
화재연구소, 154~155쪽.

김병근

가 이듬해 2월에 배로 나르는데 서울에서 가까운 곳에서는 4월까지, 먼 곳에서는 5월까지이다.[86]

『고려사』에 보이는 조세운반 시기의 기록은 바람에 의한 선박 이동을 보여준다. 바람이 순조롭지 못하여 선박이 침몰한 경우 징수의 기준을 따로 설정하였다. 이를 통해 조운선이 개경으로 항해하는 과정에서 침몰이 빈번하여, 많은 어려움이 있었음을 알 수 있다.

2) 전남 서남해지역의 항로와 특징

전남의 서해안지역은 1,000여 개의 섬을 중심으로 선사 이래 해상항로의 중심역할을 하였다. 중국·일본과 이어주는 중간 거점으로서 한·중·일 해상교역에서 지리적으로 대단히 유용한 곳이었다. 북으로는 남해와 서해연안을 따라 남해안의 여수-완도-진도-목포-신안-고군산군도와 안면도-덕적도-강화도-중국 노철산수도까지 이어지는 항로상의 중요한 지점이다. 특히 서남 방향으로는 가거도와 중국 남부로 가는 통로가 여기서 이어졌다. 신라시대엔 도당유학생들의 통로가 되었다. 전남 북 서해안에 고려청자와 도자기 생산 가마가 밀집된 것도 중국의 도자기 기술자를 받아들여 호남지방 서남해안에 정착시키고 도자기를 생산한 데 있으며, 청자 문화가 꽃을 피운 곳도 바로 이 한·중 교역로 주변이었다. 동남 방향으로는 진도와 완도 및 경남 남해안과 일본으로 해로가 열려 있어서 전남 서해안지역을 매개로 문화의 이동이 활발하였다. 완도

---

86) 『高麗史』 79권, 志33, 食貨2, 漕運條.

-남해도-고성-마산으로 이어지는 연안해류를 따라 사람과 물자가 끊임없이 오고 갈 수 있었다. 이에 고려와 중국의 문화가 줄기차게 일본으로 건네졌고, 중국과 고려에서 일본의 소식도 들을 수 있었던 것도 전남 서해안을 중심으로 한 서해남부 해상교통의 거점이 형성되어 있었기 때문이다.

그래서 백제와 신라 그리고 고려와 조선에 이르기까지 이 지역을 중시하였다. 특히 가장 많은 섬이 있는 신안군은 무안과 나주·영암·해남·강진 등 전남 서남부를 이어주는 해로의 길목이었다. 서남해의 섬과 개성 및 한양을 잇는 조운선의 주요 길목으로서 호남평야의 풍요로운 물산을 서해의 연안 해로를 통해 수도로 집중시킬 수 있었다. 이 지역은 중앙과 호남 곡창지대를 연결해주는 길목으로서만이 아니라 고대 문화의 수출입 창구 역할을 하였다. 특히 신안 지역은 서남해의 여러 섬으로 가는 징검다리로서 해류가 잘 발달하여 이곳에서 진도나 완도·제주도 또는 홍도·태도·가거도로의 단거리 항로를 따라갈 수 있다. 그래서 중국이나 일본과의 교류는 일찍부터 영산강 일대와 주변 여러 지역에 활기를 불어넣었다.

마한과 백제시대에 영산강 지역의 독특한 문화를 화려하게 전개할 수 있던 것도 주변의 넓은 평야와 잘 발달한 해로에 있었다. 이 지역을 장악하였기에 백제의 전성기가 있었고, 백제와 중국 남조의 교류에 이 지역의 세력은 중요한 역할을 하였다. 백제가 마한을 통합한 뒤로 왜와의 유대가 더욱 깊어진 배경에도 지역 세력의 도움이 있었다.

신안군에는 임자도·사옥도·증도·압해도·자은도·팔금도·비금도·도초도·하의도·하태도와 같은 섬들이 있다. 이 섬들은 오곡과 어염의

김병근

생산에 훌륭한 조건을 갖추어서 사람이 살기에 적합하였다. 신안군의 여러 섬에는 신석기시대의 패총과 유물산포지[87] 그리고 청동기시대 지석묘가 있다. 대흑산도와 소흑산도(가거도)·하태도·우이도·지도 등지의 패총에서 나온 빗살무늬토기편은 한국 중부지역과 경남 남해안 지역에서 나오는 신석기시대 토기와 그 계보가 같다.[88] 최근에는 옥도에서도 신석기 시대 패총이 발견보고 되었다.[89] 또한 임자도의 지석묘[90]와 압해도의 선사유적 조사 결과[91]는 이 지역에 구석기시대 이후 사람들이 줄곧 살아왔음을 알려준다.

마한 이후 백제시대의 행정 중심지는 이들 지석묘의 집중 분포지에 주로 형성되었다. 철기시대에는 이 지역에 점토대토기가 출현하는데, 그것은 북방 遼河流域에 계보를 둔 것들이다. 임자도와 압해도·하태도 등지에서 출토된 점토대토기는 초기 철기시대의 특징적인 유물이며, 그 후 곧이어 경질토기도 유입되었다. 임자도·압해도·하의도·증도 등지에서는 우각형파수부호(쇠뿔형손잡이 달린 토기) 편이 나와 초기철기시대 이 지역의 문화 환경과 실상을 알 수 있었다. 최근 신안 안좌도 배널리 3호분에서 투구와 갑옷, 철검, 철도자 등이 5세기 중반의 가야계 내지 왜계 유물[92]로 해상교역을 알 수 있다.

전남 서해안 지역은 중국 남조의 東晉이나 梁·일본과의 교류에 중요

---

87) 신안문화원, 2000, 『신안문화』, 76쪽.

88) 최성락, 1987, 「신안지방의 선사유적·고분」, 『신안군의 문화유적』, 목포대학교박물관.

89) 국립해양문화재연구소, 2012, 『옥도』, 31~36쪽.

90) 최몽룡, 1980, 「임자도의 선사유적」, 『고문화 20』, 29~38쪽.

91) 이영문, 1982, 「신안 압해도의 선사문화」, 『향토문화 7』, 62~80쪽.

92) 연합뉴스, 2011. 6. 1., 「신안군, 안좌도에서 삼국시대 투구와 갑옷 출토」.

한 요지로서 백제시대에는 임자도·압해도·장산도 등 4개소에 현이 설치되어 있었다. 원주 법천리·천안·서산·청주·공주 수촌리 등지에서 4세기경 동진에서 만든 청자가 발견되었는데, 이런 것들은 한성백제가 중국 남부의 동진과 교류했음을 알려주는 유물이다. 공주로 천도한 이후에도 백제가 중국 남조와의 교류를 계속 이어갈 수 있었던 것도 여러 섬을 따라 경원과 항주로 뱃길이 이어졌기 때문이다.

신라도 이 지역을 중시하였다. 백제시대 신안 지역의 여러 현을 통일신라와 고려는 그대로 두었고, 이 지역을 거점으로 한 해상교역도 변함없이 계속하였다. 통일신라가 이 지역을 중시한 것은 중국과의 긴밀한 관계 때문이었다. 통일신라 말에 많은 유학승들이 중국을 왕래한 해로도 영암(영산강권)-흑산도-양주로 통하는 길이었다. 이곳을 출발한 배는 서남으로 가거도와 흑산도를 거쳐 중국 남부지방에 이르게 된다. 고려전기에는 경기도 남양만과 아산만에서 서해를 건너 등주에 이르는 해로를 이용하였지만 고려후기엔 신안 지역을 경유하여 중국 남부로 가는 길을 주로 이용하였다.

고려시대에도 전남 서해안 일대의 지방 세력은 만만치 않았다. 몽고의 침략기 고려인은 이 지역의 세력을 기반으로 저항할 수 있었다. 고려 고종 42년(1255) 몽고족의 침입 때, 차라대가 이끄는 몽고 수군 선단 70여 척이 전남북 도서지방과 압해도를 공격한 일이 있는데, 이때 압해도 주민들은 삼별초와 함께 몽고군을 격퇴하였다. 진도를 최후 항쟁지로 삼아 삼별초가 대항한 것도 신안군 일대에 있던 여러 세력의 도움이 있었기에 가능했다. 압해도를 비롯한 신안지역 도서지방은 몽고 침입에 항거한 해상 기반으로서 강화도로 천도한 고려 정부와의 연락도 이 지

김병근

역 항로를 통해 이루어졌다.

그러나 고려 말~조선 초, 차츰 이 지역은 문화·정치적으로 그 중요성을 잃어가기 시작하였다. 왜구의 침입과 약탈로 흑산도·진도 등 서남해 지역 섬의 주민을 육지로 이주시켜 섬을 비우는 공도 정책을 시행한 데 따른 결과이다. 그럼에도 고려와 조선은 영산강과 그 주변 그리고 나주지역의 곡창지대를 소홀히 할 수는 없었다. 세곡을 실어 나르는 조운선의 최단거리 항로가 남해와 서해안 도서지방을 통해서 연결되었기 때문이다.

신안군 서남쪽 끝의 가거도는 나주나 영산포에서 출발한 선박이 대흑산도를 거쳐 중국 강남 지방으로 가는 최단거리 해로상의 중간 거점이었다. 다시 말해 중국 동남부에서 가장 빨리 다다를 수 있는 고려의 첫 기착지로서 가거도와 대흑산도는 매우 중요한 곳이었다. 이 뱃길은 오래도록 고려와 송나라의 사신과 상인들이 오간 주요 항로였다. 그래서 남송의 서긍도 이 해로를 따라 고려를 다녀갔다. 서긍이 쓴 『선화봉사고려도경』에 이런 내용이 있어 흑산도가 중국-한국-일본을 잇는 해로의 중간 거점이자 고려와 남송의 주요 통로였음을 알 수 있다.

흑산도는 백도(홍도)의 동남쪽에 있다. 멀리서 보면 산이 매우 높다. 그러나 산세가 서로 중복되어 있으며 가운데가 마치 마을처럼 아늑하다. 특히 양쪽 사이의 바다가 만을 이루어 배를 숨길 만하다. 중국의 사신들이 올 때마다 배가 이곳에 머물렀으며 지금도 이곳에 관사가 남아 있다. … 이 섬에는 백성들이 모여 산다. 나라에 큰 죄를 지은 사람들이 이곳에 유배되어 있다. 중국 사신들이 이곳에 이르면 산꼭대기 봉화대에서 불을 밝혀 이웃 섬과 섬을 차례로 이어 왕성에 이르는

데, 흑산도가 그 봉화대의 시작이다.[93]

그런데 일본 승려 엔닌은 신라 문성왕 9년(847) 9월 초, 장보고 선단의 배를 얻어 타고 일본으로 돌아가는 길에 들른 흑산도를 이렇게 기록하였다.

흑산도는 동서로 길게 늘어서 있으며 백제의 제3왕자가 도망쳐 피난한 곳인데, 지금은 3~4백 호의 민가가 살고 있다.[94]

이와 같이 장보고와 엔닌이 살았던 9세기에도 신안지역의 섬들이 한·중·일 교류의 중간경유지 역할을 하고 있었다. 이후 송·원시대에도 영산강 하구와 전남 서해안의 여러 섬들을 경유하는 항로가 중국 및 일본과의 교류에 중요한 역할을 하였다. 고려초에는 해서지방의 황해도 장연이나 옹진에서 곧바로 산동지역에 이르는 해로를 이용하였고, 고려중기 이후에는 흑산도와 전남 서해안의 여러 섬들이 한·중교류와 해상교통의 요지였다.[95] 흑산도를 포함하여 신안군 지역은 군사적으로 여전히 중요한 곳이었다. 몽고는 남송과 일본을 정벌하기 위한 군대의 경유지로서 흑산도를 중시하였다.[96] 1268년(원종 9) 왜를 정벌하려는 원나라의 요구에 따라 고려 원종은 흑산도에 사람을 보내 해로를 시

---

93) 『宣和奉使高麗圖經』 권35, 海道2, 黑山條.

94) 圓仁, 『入唐求法巡禮行記』 권4, 會昌 7年 9月 4~6日.

95) 서동인·김병근, 2014, 『신안 보물선의 마지막 대항해』, 62~70쪽.

96) 『高麗史』 권26, 世家26. "仍差去官先行, 相視黑山·日本道路, 卿亦差官, 護送道達."

김병근

찰하게 한 바 있다.[97] 이렇듯 전남 서남해지역은 국내외 해상항로의 주
요 거점 지역이었다.

5. 맺음말

고대 동아시아의 국제교류는 각국의 정치변동에 따라 다양하게 이루어
졌다. 이는 무역에도 많은 영향을 미치고, 새로운 항로의 개척과 주도
권 싸움이 이어진다. 무역의 형태는 공무역과 사무역이다. 공무역은 중
국의 여러 왕조에 파견된 사절단이다. 사무역은 공무역의 부수적 무역,
지방세력의 무역, 민간무역업자 즉 상인들에 의한 무역 등으로 나누어
진다.

고대 항로에서 서해연안항로는 선사시대부터 고려시대 초기까지 빈
번한 왕래가 이루어졌으며, 서해횡단항로와 함께 신라·고구려·백제·발
해를 비롯한 한반도세력의 중국대륙으로의 진출로이다. 서해횡단항로
는 삼국시대 이후 가장 활발하게 이용되었다. 통일신라시대에 장보고
는 서해연안항로와 서해횡단항로를 이용하여, 산동지방의 등주를 중
심으로 강소성 이북의 연안에 걸쳐 한·중·일 국제무역을 하였다. 또한
일본이 당과 교역을 할 때도 이 해로를 이용하였다. 일본의 견당사는
규슈의 하카다항을 출발하여 서해연안을 따라 중국으로 들어갔다. 서
남해사단항로는 11세기 후반부터 활발하게 이용된다. 고려시대가 되면

---

97) 『高麗史』 권26, 世家26. "已亥 遣郎將朴臣甫·都兵馬錄事禹天錫, 從國昌·劉傑等, 往視黑山島."

송나라와 해상교역이 활발하였다. 고려초에 북방에서 거란이 일어나 중국 본토와의 육상교통이 자연적으로 방해를 받게 되어 남방 절강성 명주(영파)를 입송로로 하였다. 더불어 사회·경제의 중심이 중국남부로 옮겨가는 시대적 흐름과도 관계가 있다. 이후에 송나라가 남방으로 옮기면서 서남해사단항로는 해상교류의 중심이 된다.

항해에는 지문항법, 천문항법, 측심항해술, 나침반 등이 사용되었고, 이외에 바다 환경의 이해가 필수적이었다. 선박의 추진은 해류·조류·바람 등으로 이루어진다. 해류·조류와 계절풍이 일치하면 빠른 시기에 목적지에 도착하지만, 갑자기 바람의 방향이 바뀌면 표류나 조난의 어려움을 겪었다.

1970~2010년대 수중문화재 유적·유물말굴은 전남지방이 서남해연안항로의 길목이었음을 밝혔다. 또한 제주도, 동중국해, 대마도, 외연도 등은 다양한 해상교류의 흔적이다. 고려·조선시대의 조운로도 국내외 항로 기능을 하였다. 그리고 전남 신안군을 비롯한 서남해 연안지역은 중국은 물론 일본으로 가는 중요한 위치였다. 고대 동아시아의 국제교류와 항로의 이러한 복합적인 관계가 현재까지 이어져 오고 있다.

김병근

정 진 술 (해군사관학교 충무공연구회)

여러 가지 문헌근거와 수중발굴자료를 제시하여 전남 서남해지역의 항로를 잘 정리하였다. 논문 작성에 수고하신 발표자께 먼저 경의를 표한다. 토론자로서 임무를 완수하기 위해 몇 가지 견해를 달리하는 부분들을 언급하고 질문 사항을 제시하고자 한다.

| 견해를 달리하는 부분 |

01 "우리나라와 중국 간의 항로는 **서해연안항로, 서해횡단항로, 서남해사단항로**로 구분된다"라고 했다.

서해연안항로는 서해 전체를 아우르는 말이기 때문에, 한국의 서해 어느 연안부터 중국의 어느 연안까지 이어진 항로를 말하는지, 너무 포괄적이어서 지리적 개념이 애매하다.

서해횡단항로 역시 서해 전체를 아우르기 때문에 황해도와 산동반도 간을 말하는 것인지, 어청도와 청도 간, 혹은 흑산도와 연운항 등 수없이 많은 횡단로 중 어느 구역을 지칭하는지 지리적 개념이 애매하다.

서남해사단항로는 '서남해'가 공식적으로 우리나라 바다를 가리키는 정립된 용어인지 의심스럽다.

서해에서 한·중 간에 무수히 많이 존재하는 연안항로, 횡단항로, 사단항로들 가운데, 어느 항로를 각각 주된 항로로 이름 지을 것인가? 고려해야 할 점은 첫째는 역사적으로 빈번히 이용되었던 주요 항로를 대상으로 삼아야 하고, 둘째는 선박의 지리적인 이용방향에 대한 개념이 포함되어야 하며, 셋째는 한반도와 한국인의 입장에서 표현하되 통시대적인 보편성을 갖는 명칭이어야 한다고 생각된다.

한·중항로에 대해서는 지금까지 학자들마다 달리 표현하여 그 명칭이 셀 수 없이 많다. 여기에 발표자가 새로운 용어를 제시하였다. 이러한 새로운 용어의 창조보다는 기존의 용어 가운데서 보편타당한 용어를 찾아내서 사용하는 것이 좋지 않을까 생각된다.

02 "서해연안항로는 **요동반도와 한반도의 서해를 연결하는 양국의 국토가 최단거리를 이루는 항로**이다."

강조한 문장은 잘 이해되지 않는다. 한반도의 서해는 넓은 바다를 의미하는데, 그 바다와 요동반도를 연결하는 국토의 최단거리라는 말이 통하지 않으므로 윤문이 필요할 것 같다.

03 "서해연안항로는 우리나라 **서해안을 따라 북상하여 중국의 황해**와 발해만을 지나 중국 **老鐵山水道의 출발지인 등주**로 가는 항로이다."

'중국의 황해'를 언급함으로써 '서해'와 다른 새로운 존재로서 '황해'를 말하고 있다. 통일된 용어 사용이 필요하지 않나 싶다.

토론

노철산수도는 요동반도 끝단에 있는 노철산과 남쪽의 묘도군도 최북단 황성도 사이에 있는 수도를 말하며, 요동반도와 산동반도 사이의 바다는 발해해협이라 부른다(『中國沿岸水路誌』). 그러므로 "노철산수도의 출발지인 등주"라는 말은 성립되기 어렵다.

아울러 "이 항로는 산동반도 북부와 요동반도 끝단의 최단거리인 노철산수도를 반드시 건넜다"라는 내용도 성립되기 어렵다.

04 "선사시대 항해방법은 주로 **표류항법**으로 이동하였을 것이다."

'항해'나 '항법'이란 말 속에는 항해자가 목적지를 향해 가고자 하는 적극적 의지가 포함된 개념이다. 항해와 대칭되는 개념으로서 '표류'는 항해자의 의지가 없이 즉 정해진 목적지 없이 흘러가는 개념이다. 그러므로 '표류항법'이란 말보다는 '표류이동'이란 표현이 적절한 듯하다. 항해학에서도 표류항법이란 용어는 없다.

| 질문 사항 |

01 "물론 **해양실크로드**를 통해 방대한 양의 차, 생사, 도자기가 중국에서 유럽으로 전래된 것은 사실이다. 아시아지역의 **해상실크로드**는 지정학적으로 볼 때 중근동 지방의 페르시아만부터 극동의 일본과 한반도까지라고 볼 수 있다."

여기서 해양실크로드와 해상실크로드를 다른 의미로 사용한 것 같은데, 그 차이점이 무엇인가?

02 "특히 신안선에서는 출항지인 중국 명주와 도착지인 일본 교토를 알 수 있는 청동추와 목패가 발굴되어, 국제무역의 항로를 밝혔다. **이는 중국 선박이 흑산도를 중간기착지로 왕래하는 서남해 사단항로의 이용을 알 수 있다.**"

신안선의 난파사례가 흑산도를 중간기착지로 왕래하는 서남해사단항로를 이용했다는 의미로 해석되는 문장이다. 이렇게 판단하는 근거는 무엇인가?

03 "공주로 천도한 이후에도 백제가 중국 남조와의 교류를 계속 이어갈 수 있었던 것도 (전남 서해안지역) 여러 섬을 따라 경원과 항주로 뱃길이 이어졌기 때문이다."

백제시대에 서남해사단항로를 이용했다는 의미로 해석되는데, 그 판단 근거는 무엇인가?

04 "해양교류는 구석기시대 주먹도끼 등 석기제작 기법에서부터 나타난다."

주먹도끼의 제작 기법과 해양교류의 관련성은 무엇인가?

9世纪中国江南沿海地区与韩半岛西南海域的海上交流
9세기 중국 강남연해지역과 한반도 서남해역과의 해상교류

李 美 子 (中国 浙江工商大学)
번역_ 여 병 창 (청운대학교)

1. 前言

中国江南沿海地区由于地缘东海,邻靠韩半岛及其背后的日本列岛,自古以来与韩半岛、日本列岛关系极为密切,各种交流往来也十分频繁。所以本论文拟究9世纪中国江南沿海地区与韩半岛西南海域的交流问题。

2. 中国江南地区和百济国的交流

中国江南是中国历史文化及现实生活的一个重要区域概念,又是文化概念。最早出现"江南"一词的记载是『史记·五帝本纪』:"舜…年六十一代尧践帝位。践帝位三十九年,南巡狩,崩于苍梧之野。葬于江南九疑,是为零陵。"这里所言"江南",不是某一个地区,而是一个宽泛的范围。

到了唐代,"江南"的概念开始有了较为确定的内涵,指称逐渐稳定。贞观元年,朝廷将全国州郡分为十道,其中有江南道,具体区域为长江中下游之南、湖南西部以东、南岭以北、东至大海的广大地区。相当于今浙江、福建、

江西、湖南等省及江苏、安徽的长江以南,湖北、四川以南一部分和贵州东北部地区。开元二十一年(733),又将广袤的江南道分为江南东道、江南西道和黔中道三部分。江南东道治苏州,辖今江苏南部和浙江、福建地区。江南西道辖今湖南洞庭湖、资水流域以东、湖北江南部分、江西省及安徽南部地区。至此清晰确切的"江南"概念的内涵开始形成,广义或狭义的"江南"概念就是在江南东西两道区域范围的基础上形成的。随着历史发展,侠义地理概念的"江南"范围也渐渐缩小,固定为长江中下游以南范围,到了近现代则主要指长江下游段以南区域,相当于江苏省南部、浙江全省、安徽省东南、福建的北部地区[1]。

江南不仅是一个地理概念,还是一个具有极其丰富内涵的文化概念。在唐人"江南"概念中,狭义指称更普遍,在唐人心目中"江南"往往更多地与吴越联系在一起,中唐以后"江南"便带有一种文化区符号的性质。历史文化区是有着相似或相同历史文化特质的地理区域。在同一文化区中,居民的语言、宗教信仰、生活习性、审美观念、心理等方面都具有一致性,形成一种区别于其他文化区的区域文化特质。在历史文化意义上,苏南地区和浙江地区、福建北部所处环境相同,又有着久远的吴越文化历史渊源,是一个通向东亚海域的独立历史文化区域。就唐代而言,源于春秋吴越文化,成长于魏晋南北朝时期的江南文化,不仅对唐代社会文化影响深远而且对周边东亚海域的韩半岛和日本列岛的历史文化产生重大影响,从而其本身也在其中获得了快速成长和发展。

因为江南具备这样独特的人文地理条件,自古和周边的韩半岛及其背后

---

1) 景遐东:唐前江南概念的演变与江南文化的形成,『沙洋师范高等专科学校学报』,2008年 第1期.

李美子

的日本列岛保持持续不断的交流,尤其是江南文化对百济国等韩半岛地区的影响深远,而韩半岛西南地区也利用其多海岛海洋的独特地理条件,再把江南文化传播给日本,起了很重要的作用。

韩半岛的三国时期,特别是百济国利用其独特的海洋地理条件,通过海路与古代中国江南的各个朝代和日本频繁交流,并且成为与中国江南王朝和日本双方交流的中介地。

首先,从地缘上,百济国西南海岸与中国江南隔海相望,距离相近。因此先行研究对人类古文化遗迹—支石墓来分析两地之间的渊源关系。比如,浙江沿海地区分布的54座支石墓和分布于全罗南道的支石墓结构很相似,所以认为两地从史前时代开始就有过交流[2]。

其次,在全罗道各地出土不少中国六朝时期的陶瓷。这些陶瓷基本上生产于长江流域及其以南的江南地区个别窑场,分为越窑青釉瓷和德清窑黑釉瓷。六朝时代这些陶瓷在江南地区得到普遍化、大众化,且转化为日常生活用品,由此可见江南地区与韩半岛之间应该有过一定规模的陶瓷贸易活动。比如,全罗南道扶安竹幕洞遗址出土了大量中国和日本的陶瓷,其遗址靠近海岸,所以很可能是一座国际性商业港口[3]。

再次,文献记录百济朝献中国南朝四个朝廷共有27次,同时,南朝也向百济遣使4次,其内容几乎都是朝贡或者册封[4]。但是这些往来中很多是文化经济上的交流。比如,『宋书』卷97,『东夷百济国传』记载:"(景平)二十七年(449),(百济)表求易林、式占、腰弩,太祖并與之。"『梁书』卷54,东夷百济

---

2) 毛昭晰:先秦时代中国江南和朝鲜半岛海上交通初探,『东方博物』,2004年1期。

3) 赵胤宰:略论韩国百济故地出土的中国陶瓷,『故宫博物院院刊』,2006年第2期。

4) 周裕兴:从海上交通看中国与百济的关系,『东南文化』,2010年第1期。

传记载：“大同七年(535)，(百济)累遣使献方物，并請涅盤等經義、毛詩博士，并工匠、畫師等，敕並給之。”还有许多百济僧人，比如，发证、玄光、谦益等僧人都曾来江南地方接受中国江南佛教的影响[5]。

根据以上两地之间的交流，先行研究认为当时存在连接中国江南地方和百济之间的海上通道。即以建康(南京)为出发点，顺长江而下，出长江口后转向黄海沿岸北航，到达山东半岛成山角附近后再向东驶，横渡黄海，直赴韩半岛西海岸江华湾沿岸，抵达百济[6]。

百济不仅与中国江南有着密切关系，而且与日本也有多方面交流。日本派使节到中国东晋和南朝来，往往取道百济。『宋书·倭国传』载，倭王武致宋朝的表文中讲到遣使时“道迳百济”，这说明当时百济具有沟通中日两国交通的中介作用。现在保存在日本奈良县天理市“石上神宫”的百济七支刀，铭文中有东晋海西公“泰和四年”(369年)的年号，刻有东晋年号的百济刀在日本出土这件事说明当时中韩日三国关系[7]。另外根据王武宁王墓出土的“七子镜”和『日本书纪』所载的“七支刀”、“七子镜”关系，可以知道“七子镜”也是由百济从中国输入，之后再输出日本的事实。现在中国江南地区(苏南和浙江)出土了很多“五联壶”类陶器，其制造所“龙窑”和日本制造须惠器的“登窑”较相似，并且二处的陶器也有很多相似的地方，由此可以认为中国江南地区的陶瓷业也通过百济，影响了日本的陶业[8]。

---

5) 陈荣富：浙江和韩国的佛教文化交流，『浙江社会科学』，2000年第1期。

6) 周裕兴：前注 4。

7) 卢海鸣：六朝政权与朝鲜半岛国家之间的交流，『东南大学学报』(哲学社会科学版)，2000年9月第2卷增刊。

8) 杨泓：吴、东晋、南朝的文化及其对海东的影响，『考古』，1984年06期。

李美子

3. 9世纪东亚气候变化与社会动荡

最近,学界从气象学的角度来关注社会动荡及其发展状况。日本学者田上善夫在2012年发表论文『关于中世温暖期(MCA)与9世纪末气候的不安定』,通过分析9-10世纪日本文献中出现的"祈雨"记录的变化,分析当时的气候变化,认为9世纪末到10世纪初是冷湿气候,并由此频繁发生程度不同的自然灾害,引发社会的不安定[9]。在中国,葛全胜、刘浩龙等也在2013年发表『中国过去2000年气候变化与深灰发展』一文,认为唐后期至五代为冷湿期,并由此引发自然界的各种变化,比如:牧区南进,农作物生长期缩短,粮食歉收,饥荒连年,百姓流亡,社会动荡等[10]。唐代859-873年间开始全国各地农民暴动屡次发生,874年山东王仙芝起义之后,接着有黄巢之乱,再加上连年饥馑,引发人口大流动,最后导致五代十六国的分裂局面。

江南的自然灾害更为严重。永贞元年(805),江南润、池、湖、杭、睦、宣、衢、婺等州大旱。次年元和元年(806),"浙东大疫死者过半",仅较偏僻的婺州,即"人饥亡,户口亡十七八"。元和三年(808),江南再遭大旱,白居易记道:"是岁江南旱,衢州人食人",元和四年(809),浙江歉旱尤甚,米价殊高,元和六年、七年、九年、十一年、十二年,都有大规模灾荒发生[11]。这些灾荒引发社会动荡,终于于大中十三年(859年)十二月,浙东地区爆发裘甫所领导的农民起义。

在这样的社会动荡中,百姓离开农耕地流入沿海城市,从事各种行业维

---

9) 田上善夫:关于中世温暖期(MCA)与9世紀末气候的不安定,『人間発達科学部紀要』第7卷第1号, 2012年。

10) 葛全胜·刘浩龙等:中国过去2000年气候变化与深灰发展,『自然杂志』第35卷第1期。

11) 张学锋:唐代江南灾荒研究,『江苏社会科学』,1990年05期。

持生计。据日本学者山崎觉士的研究,8世纪浙江金衢盆地一带因农作物收获一直较好,出现周边人口流到金衢盆地的现象,但是到了9世纪以后因自然灾害频繁发生,金衢盆地一带很多人口流到浙江沿海地区开始从事海上贸易。从事对日海上贸易的徐公直兄弟和詹景全、李达都是金衢盆地的婺州人,他们后来流到苏州、越州海岸城市从事海上贸易[12]。

韩半岛也同样面临着9世纪气候变化引发的自然灾害。据『三国史记』卷十、新罗本纪宪德王条记载:

六年(814)、夏五月国西大水。

七年(815)、秋八月己亥朔、日有食之、西边州郡大饥、盗贼蜂起。

八年(816)、春正月…荒饥民抵浙东食者一百七十人。

九年(817)、冬十月人多饥死。

一年(819)、三月草贼遍起、命诸州郡都督太守捕捉之。

以上文献记录中我们可以看出发生灾荒的地区是新罗西边州,即韩半岛西南地区,这些饥民流向海外抵达的地方就是浙东地区[13]。同一时期在日本也频繁发生新罗人漂流到日本或者投靠(归化)日本的事件[14]。这些新罗人的漂流事件和新罗国国内的饥荒有直接关系。从上述宪德王代的灾荒情

---

12) 山崎觉士:9世纪东亚海域与海上-徐公直和徐公裕,『大阪市立大学大学院文学研究科纪要』第58卷, 2007年3月。

13) 『旧唐书』卷199、东夷、新罗国传:元和十一年, 是年新罗饥、其众一百七十人求食於浙东。

14) 濱田耕策:王権と海上勢力-特に張保皐の清海鎮と海賊に関連して,『新羅国史の研究』, 吉川弘文館, 2002年, 279頁;山内 晋次:9-12世紀の日本とアジア-海域を往来するヒトの視点から-,『専修大学東アジア世界史研究センター一年報』第6号, 2012年3月。

李美子

况,足以推测出当时流向海外的新罗人人数是不少。特别是新罗西南地区与浙东海岸隔海相望,距离相近,从百济国时代开始就与中国南朝通过海上进行贸易,而且日本遣隋使和遣唐使来中国时都经过新罗西南海岸,虽然现在找不到确凿的文献记录,但是新罗西南沿海地区的人们通过日本遣隋使和遣唐使,或者是来往于中国大陆和日本的留学僧及其随从人员,可能或多或少地掌握相关信息。这些因素使得新罗西南沿海地区的饥民流向浙东地区和山东半岛一带。

另外,同一时期的816年在唐朝宿卫的新罗王子金长廉向唐宪宗提出禁止把新罗良民转为奴婢的意见。接着821年3月唐朝的平卢节度使薛平也向穆宗反映新罗良民被海贼抓到其所辖山东半岛一带掠卖为奴婢的情况。从这些记录可知当时流向中国,被掠卖为奴婢的新罗人甚多[15]。这些流向中国沿海地区的新罗饥民和奴婢等后来成为在大运河以及中国沿海地区从事海上商业活动的"在唐新罗人"了。

4. 9世纪中国江南沿海地区的新罗海商

在9世纪东亚气候变湿冷的大环境下,东亚各国都迎来了灾荒-饥荒-社会动荡的局面[16]。人口离开内陆地的农耕地区转向沿海城市,9世纪初发生的韩半岛西部饥民跨海流向中国沿海城市以及日本九州地区。从韩半岛西部地区过来的新罗饥民为了生计,以人类的生存本能与环境顽强抗争,超

---

15) 姜清波:中国历史上的新罗奴问题始末,『暨南学报』(哲学社会科学版), 2007年05期。

16) 日本也是九世纪初出现了水灾、饥荒、瘟疫等灾荒。濱田耕策:王権と海上勢力−特に張保皋の清海鎮と海賊に関連して,『新羅国史の研究』, 吉川弘文館, 2002年, 276−278页。

越民族和语言障碍,利用他们一直以来的海上活动经验,在中国沿海以及东亚海域开辟了新的生活舞台,形成了"在唐新罗商团",活跃于东亚海域的海上国际贸易。

但是学界一直关注"在唐新罗商团"的海上活动,却忽视其中唐人的协同参与。『日本纪略』弘仁十年(819)六月十六日条载:"大唐越州人周光翰、言升则等乘新罗人船来";『入唐求法巡礼行记』开成四年正月八日条载:"新罗人王请来相看,是本国弘仁十年(819),流著出羽国之唐人张觉济等同船之人也。问漂流之由,申曰:为交易诸物,离此过海,忽遇恶风,南流三月,流著出羽国。其张觉济兄弟二人,临将发时同共逃留出羽,就北海而发,得好风,十五个日流著长门国。云云。"『入唐求法巡礼行记』大中元年(847)六月九日条:"得苏州船上唐人江长、新罗人金子白、钦良晖、金珍等书云,五月十一日从苏州淞江口发往日本国。"上述文献中的周光韩、言升则、张觉济兄弟、江长等人是唐人,是协助新罗商人共同参与对日海上贸易的伙伴。这里需要特别关注的是越州人周光翰、言升则和新罗宪德王八年(816)来到浙东的170人名新罗饥民之间的关系。虽然没有确凿的文献记录,但是如果根据上面文献记录推测的话,周光翰、言升则等越州人和逃到浙东的新罗人很可能有接触的机会,他们自己本身也可能是逃避9世纪初的灾荒流向越州等沿海地区的灾民。这些中韩两地灾民在生存面前,同样就发出很强烈的生存欲望,就自然建立互助互利的关系。周光翰、言升则等越州人利用海上逃难过来的、有丰富的海上活动经验的新罗人,新罗人也同样借助当地唐人的有利条件,协同开创新的生存活动模式,即对日海上贸易。韩半岛西南海岛-清海镇遗迹中出土的越州青瓷就足以说明浙东人参与新罗人海上

李美子

贸易活动的历史事实[17]。日本国的入唐求法僧円仁就是依靠这些唐人和在"唐新罗人"组成的中韩国际商团的海上活动回到日本的[18]。这个时期的主要路线，一般情况下几乎都是利用大运河顺江而上，利用扬州、楚州等"在唐新罗人"的活动据点北上，到达山东半岛成山角附近后向东驶，横渡黄海，抵达半岛西海岸江华湾沿岸，继续循韩半岛西岸南行，然后过济州海峡，经对马岛、壹岐岛到达博多，再过关门海峡，入濑户内海，直达大阪(难波津)。就是学界通常所说的"北路"航线。

　　但是，到了9世纪中叶以后，因为中国长江以北的大运河河流开始出现泥沙淤积现象，很多货运船运行不便，通向东亚海域的航线就渐渐往江南海岸移动[19]。『入唐求法巡礼行记』大中元年(847)6月9日条记载："得苏州船上唐人江长、新罗人金子白、钦良晖、金珍等书云，5月11日从苏州淞江口发往日本国。"此记录中的"苏州船"没有顺着运河北上抵达山东半岛，而是直接通过吴淞江口出海，之后沿黄海东岸航行到达山东半岛。同年9月份円仁在山东半岛乳山乘坐此记录中的"苏州船"，即新罗商船，渡海先到韩半岛西海岸之后，再顺着西海岸航行，最后抵达日本。从这些记录我们能看出，从前由"在唐新罗人"组成的大运河流域海商(水上)运输网络，已经不能满足当时东亚海上活动的需求。同一年的847年，日僧惠萼和杭州盐官县灵池寺的唐僧义空为了渡海去日本，也在苏州顺着吴淞江口出海。但是惠萼义空没

17) 林士民：唐吴越时期浙东与朝鲜半岛通商贸易和文化交流之研究，『海交史研究』，1993年第1期。

18) 村上史郎：九世紀における日本律令国家の対外意識と対外交通－新羅人来航者への対応をめぐって－，『史学』第69卷第1号。

19) 山崎觉士：前注 12。

有往北航行去山东半岛，而是往南航行，先到明州(宁波)，再起航去日本[20]。

　　查看9世纪中后期的文献记录，很多渡日商船的启航地和返航地是明州、台州、温州、福州等江南沿海的诸多港口。据日僧空海文集『高野杂笔集』里写给渡日僧—杭州盐官灵池寺僧侣义空的信函，记载明州港为中心从事对日海上贸易的浙东商人徐公裕于848年、849年、852年三次渡海去日本，都是从明州出航的[21]。据日本『安祥寺资料账』载，日僧惠运于842年8月24日在肥前国松浦郡远值嘉岛那留浦乘坐的叫李处人的船，过大阳(海)航行6天6夜抵达大唐温州乐城县玉留镇府前头。853年日僧円珍来唐乘坐的船是以王超、李延孝、钦良晖为船主的商船，此船从日本九州出发，结果漂流到琉球，然后经过海上的艰难航行终于抵达福州、温州、台州等港口。文献记载他们是"大唐商客"，但是其他文献把王超和钦良晖记录为新罗商人，把李延孝记录为"渤海商主"或者"本国(日本)商人"。对此香港学者黄约瑟认为他们实质上是以台州为据点，活跃在东亚海域的多国籍经商组织[22]。他们不仅仅从事对日中介贸易，还可能从事本国(新罗)贸易。『日本三代实录』元庆元年(877)八月二十二日条载："去七月二十五日，大唐商人崔铎等六十三人，驾一艘船来著管筑前国，问其来由，金铎言：从大唐台州载贵国使多安江等，颇赍货物，六月一日解缆，今日得投圣岸。是日勅，宜依例安置供给。"

---

20) 『续日本后纪』承和十四年(847)七月八日条：天台留学僧円载从仁好及僧惠萼等，至自大唐，上奏円载之表状，唐人张友信等四十七人，同乘而来著。
　　『入唐五家传』安祥寺慧运传：即大唐大中一年(847)岁次丁卯夏六月二十二日，乘唐张支(友)信、元净等之船，从明州望海镇头上帆。

21) 田中史生：唐人の对日交易—『高野雑筆集』下卷所收「唐人书简」の分析から—，关东学院大学『经济系』第229集，2006年 9月。

22) 黄约瑟："大唐商人"李延孝与九世纪中日关系，『历史研究』1993年第4期。

此文献把崔铎记录为大唐商人,但是以他在台州出航这些事实来推断的话,他也和李延孝一样以台州为据点的新罗商人团的一员。这个记录中特别要关注的是他们的海上航行时间。他们于6月1日在台州扬帆启航,大概经过两个月时间,7月25日才到达日本九州筑前国。一般从浙江沿海港口到日本九州需要3天,回程需要6天[23],这两个月期间他们不可能一直在海上漂流,很有可能到渡海途中在新罗西南海岸的某个港口进行贸易活动后,再航行到日本。从江南沿海港口到日本九州,不管北路航线,还是横渡航线都需要经过韩半岛的西南海域,况且,在清海镇出土不少9世纪中期的越州青瓷[24]。考虑这些各方面的来龙去脉,认为金铎的船是在台州载货物,首先到韩半岛西南海岸的某个港口进行交易活动之后,再起帆去日本。

5. 结语

在江南活跃的所谓新罗商团从860年代以后在从史料中不见踪影。对此日本学者田中史生通过考察9世纪日本大宰府推行的有关新罗商人的管制政策,认为这与新罗人来日时冒充唐人身份有关系。根据上述内容我们可以推测如下;9世纪初逃到浙东以及中国沿海地区的新罗饥民,在中国与唐人一起经过半个世纪的生活,他们已经在语言、生活方式上接近唐人,特别是到了9世纪中后期,他们的第二代开始从事海上贸易。9世纪中后期在

---

23) 据『安祥寺资料账』记载,日僧惠运842年入唐时从九州肥前国启航经过6天到温州乐城县玉留镇,847年回国时在明州启航经过3天抵达肥前国。(다나카 토시아키: 장보고 이후의 아시아 해역, 2008,『7~9세기 동아시아 문물교류사의 제상-일본편』, 재단법인 해상왕 장보고기념사업회, 165~166쪽.)

24) 林士民:前注 17。

日本严厉管制新罗商人的背景下,他们就冒充唐商,或者对方也分不清唐商和新罗商人的区别了。这样江南的新罗商人随着岁月的流逝就渐渐地同化到中国江南人之中了。

李美子

9세기 중국 강남연해지역과 한반도 서남해역과의 해상교류

리메이즈 (중국 절강공상대학) | **번역·여병창** (청운대학교)

1. 머리말

중국 강남 연해지역은 지리적으로 동중국해와 황해를 사이에 두고 한반도 및 그 뒤의 일본 열도와 가까워 예로부터 매우 긴밀한 관계를 유지하여 왔으며 각종 교류와 왕래 또한 빈번하였다. 이에 본고는 9세기 중국 강남 연해지역과 한반도 서남해역의 교류 양상에 대해 고찰하고자 한다.

2. 중국 강남지역과 백제와의 교류

'江南'이라는 용어는 중국의 역사문화 및 현실생활에 있어 중요한 지역개념이자 문화개념이다. '江南'의 최초 기록은 『史記·五帝本紀』의 "舜 … 葬於江南九疑"로, 여기서의 '江南'은 구체적인 어느 한 지역을 일컫는 것이 아니라 장강 이남의 광활한 범위를 총칭한다.

'江南'의 개념은 唐代에 이르러 비교적 확정적인 의미를 갖게 되면서 가리키는 바가 점차 고정되었다. 貞觀 원년, 조정에서 전국의 州郡을 10 개 道로 나눴는데 이중에 江南道가 있었고 그 구체적인 범위는 長江(양자강) 중하류의 남쪽, 湖南 서부의 동쪽, 南嶺 이북 지역이었으며 동해 안까지 이르는 광범위한 지역이었다. 이는 오늘날의 浙江, 福建, 江西, 湖南 등 省 및 江蘇, 安徽의 長江 이남, 湖北, 四川 이남 일부분과 貴州 동북부 지역에 해당한다.

開元 21年(733), 드넓은 江南道를 다시 江南東道, 江南西道. 그리고 黔中道의 3부분으로 분리하였다. 江南東道는 오늘날의 蘇州, 江蘇 南部, 浙江, 福建 지역을, 江南西道는 湖南 洞庭湖, 資水 유역 동부, 湖北 江南지역, 江西省 및 安徽 南部 지역을 포함하게 되었는데 이로써 보다 뚜렷하고 확실한 '江南'의 개념이 형성되기 시작하였다. 오늘날의 광의 혹은 협의의 '江南' 개념은 바로 이러한 바로 이러한 江南 東西 兩道 지역의 범위를 기초로 형성된 것이다. 이후 시간이 흐름에 따라 협의의 지리개념으로서의 '江南'의 범위는 점차 축소되어 長江 중하류 남쪽의 범위로 고정되었고 근대 시기에 이르러서는 주로 長江 하류 이남 지역을 가리키게 되었는데, 이는 오늘날 江蘇省 남부, 浙江 전체, 安徽省 동남쪽, 福建 북부지역에 해당한다.[1]

江南은 위와 같은 지리 개념일 뿐만 아니라 매우 풍부한 내적 함의를 지닌 문화적 개념이기도 하다. 唐代 사람들의 江南이라는 개념 속에는 협의의 지칭이 더 보편적이었으며 더욱이 吳越과 연관되어 있었다. 이후

---

1) 景遐東, 2008,「唐前江南槪念的演變与江南文化的形成」, 『沙洋師范高等專科學校學報』, 2008年 第1期.

번역 여병창

당대 중기 이래 江南은 일종의 문화구역을 가리키는 부호로서의 성격을 가지게 되었다. 역사·문화구역이란 동일하거나 유사한 역사·문화적 특징을 가지는 지리적 구역을 뜻한다. 일반적으로 동일 문화구역의 거주민은 언어, 종교, 생활습관, 심미관, 심리 등 방면에서 상당한 일치성을 지니며 타 문화구역과 구별되는 특수한 구역문화를 형성한다. 역사·문화적 의미에서 볼 때 蘇南지구, 浙江지구, 그리고 福建 북부는 그 지리적 환경이 같을 뿐만 아니라 유구한 吳越文化의 뿌리를 가지고 있어 동아시아 해역으로 통하는 독립적인 역사·문화구역을 형성하고 있다. 당대에 있어서 春秋 시기의 吳越文化로부터 형성되어 魏晉南北朝 시기를 거치면서 성장한 강남 문화가 唐代의 사회, 문화에 깊은 영향을 미쳤을 뿐만 아니라 주변 동아시아 해역의 한반도와 일본 열도에도 큰 영향을 미쳤다. 또한 이 속에서 그 자신도 빠른 성장과 발전을 이룰 수 있었다.

강남은 이러한 독특한 인문지리적 조건으로 인해 예로부터 주변의 한반도 및 그 배후의 일본열도와 지속적인 교류를 유지해옴으로써 백제 등 한반도 지역에 깊은 영향을 미쳤고 한반도 또한 다도해라는 독특한 해양 지리 조건을 이용하여 강남문화를 다시 일본에 전달하는데 중요한 역할을 하였다.

한반도의 3국시기 특히 백제는 그 독특한 해양지리의 조건을 이용하여 해로를 통해 고대 중국 강남의 각 왕조 및 일본과 빈번한 교류를 진행하였으며, 나아가 중국 강남 왕조와 일본 간 쌍방 교류의 중개지가 될 수 있었다.

먼저 지리적으로 백제의 서남해안과 중국 강남은 바다를 사이에 두고 매우 가까운 거리에서 서로 마주보고 있다. 따라서 선행연구에서는 인류 고대문화유적인 支石墓를 통해 양 지역 간의 연원관계에 대해 분석을 진행하였다. 예를 들어, 浙江 연해지역에 분포하고 있는 54기의 지석묘와 전라남도에 분포하고 있는 지석묘는 그 구조가 매우 유사하여 양 지역 간에는 선사시대부터 교류가 있어왔던 것으로 여겨진다.[2]

둘째는 전라도 각지에서 다량의 중국 육조시기의 도자기가 출토되었는데, 이는 기본적으로 장강 유역 및 그 남쪽 강남지구의 일부 가마에서 생산된 것들로 越窯 靑釉瓷와 德淸窯의 黑釉瓷로 나뉜다. 육조시대 이들 도자들은 강남지구에서 보편화, 대중화 되어 일상 생활용품으로 널리 사용되었다. 이를 통해 강남지구와 한반도 사이에 일정 규모의 도자 무역활동이 있었음을 알 수 있다. 예를 들어, 전라북도 扶安 竹幕洞 유적에서 대량의 중국, 일본 도자기가 출토되고 있는데 이 유적지가 해안 가까이에 있었다는 점을 볼 때 이곳이 국제 무역항이었을 가능성이 매우 높다.[3]

셋째, 문헌기록으로 보면 백제는 중국 南朝의 4개 조정에 27차례 사신을 파견했고 南朝의 조정 역시 4차에 걸쳐 백제에 사신을 파견했다.[4] 비록 이러한 사신 파견은 주로 조공과 책봉이라는 정치적 내용으로 기록되어 있지만 문화 경제적 교류도 많았다고 보여진다.

예를 들면, 『宋書』 卷97, 「東夷百濟國傳」에 "(景平)二十七年(449), (百濟)表求易林·式占·腰弩, 太祖並與之[경평 27년(449년), (백제국이) 易林, 式占, 腰弩 등을 요구하여 태조가 모두 주었다.]"라는 기록이 있고, 『梁書』 卷54, 「東夷百濟傳」에는 "大同七年(535), (百濟)累遣使獻方物, 並請涅盤等經

---

2) 毛昭晰, 2004, 「先秦時代中國江南和朝鮮半島海上交通初探」, 『東方博物』, 2004年 1期.

3) 趙胤宰, 2006, 「略論韓國百濟故地出土的中國陶瓷」, 『故宮博物院院刊』, 2006年 第2期.

4) 周裕興, 2010, 「從海上交通看中國與百濟的關系」, 『東南文化』, 2010年 第1期.

義·毛詩博士, 並工匠·畫師等, 敕並給之[대동 7년(535년) (백제국이) 여러 차례 사신을 파견하여 공물을 헌상하고 涅盤 등 불경과 毛詩博士, 그리고 工匠, 畫師 등을 청하여 모두 주도록 명하였다.]"라고 기록되어 있으며, 또한 發證·玄光·謙益 등 많은 백제 승려들이 일찍이 강남에 와서 중국 강남 불교의 영향을 받았다.[5]

선행 연구에서는 이상 두 지역 간의 교류에 근거하여 당시에 중국의 강남지역과 백제를 연결하는 해상통로가 있었다고 보고 있는데, 이는 곧 建康(현재의 南京)에서 출발하여 장강을 따라 내려온 후 바다 입구에서 북으로 황해 연안을 따라 항행하여 산동반도의 成山角 부근에 이른 다음, 동쪽으로 황해를 가로질러 한반도 서해안의 강화만에 이르러 백제에 도착하는 항로이다.[6]

백제는 중국 강남과 밀접한 관계를 유지하면서 일본과도 다방면의 교류를 진행하였다. 일본 사절단이 중국에 파견될 때 대체로 백제를 경유하였는데,『宋書·倭國傳』의 왜왕 武가 송나라 조정에 바친 표문에 '道遷百濟'라는 기록이 남아 있어 이를 뒷받침한다. 이 기록은 당시 백제가 일본과 중국의 교섭에 있어서 중개 역할을 했었음을 보여준다. 현재 일본 나라현 텐리시(奈良縣天理市)의 이소노카미진구(石上神宮)에 보존되어 있는 백제 七支刀의 명문에는 중국의 東晉 海西公 '泰和四年(369年)'이라는 연호가 새겨져 있는데, 이는 당시 중국과 백제 그리고 일본과의 관계를 설명해 주고 있다. 이외에 백제 무령왕릉에서 출토된 '七子鏡'과『日本書紀』에 기재된 '七支刀', '七子鏡'의 관계를 통해 '七子鏡' 또한 백

---

5) 陳榮富, 2000,「浙江和韓國的佛敎文化交流」,『浙江社會科學』, 2000年 第1期.

6) 周裕興, 앞의 주 4.

제가 중국으로부터 수입했다가 일본으로 재수출하였다는 사실을 알 수 있다.[7] 그리고 현재 중국 강남지역에서는 '五聯壺' 류의 도기들이 많이 출토되고 있는데 이 도기들은 '龍窯'라는 가마에서 만들어낸 것들이다. 그런데 이 '龍窯'는 일본의 스에키(須惠器) 토기를 만들어낸 '登窯'와 그 구조가 같고, 두 가마에서 만들어진 도기들이 많은 유사점을 보이고 있다. 이를 근거로 선행 연구에서는 중국 강남지역의 도자업도 백제를 통하여 일본에 영향을 미쳤을 것으로 보고 있다.[8]

3. 9세기 동아시아 기후 변화와 사회적 혼란

최근 학계에서는 기상학의 시점에서 사회의 혼란과 그 발전 상황에 주목하는 연구가 나오고 있다. 일본 학자 타가미 요시오(田上善夫)의 논문 「중세기 온난기(MCA)와 9세기말 기후의 불안정에 관하여」에서는 9세기 말에서 10세기 초까지 일본 문헌 중 보이는 '祈雨'에 관한 기록의 분석을 통하여 당시의 기후 변화를 고찰하였는데, 이에 따르면 9세기 말에서 10세기 초까지의 차고 습한 기후로 인하여 각종 자연재해가 빈번하게 발생하였으며 이러한 자연재해가 사회의 혼란을 조성하는 원인이 되었다.[9] 중국에서도 2013년 葛全勝, 劉浩龍 등 학자가 「과거 중국의 2000년 기후 변화와 사회 발전」이라는 논문에서 後唐 후기로부터 五代

---

7) 楊泓, 1984, 「吳·東晉·南朝的文化及其對海東的影響」, 『考古』, 1984年 06期.

8) 楊泓, 1984, 「吳·東晉·南朝的文化及其對海東的影響」, 『考古』, 1984年 06期.

9) 田上善夫, 2012, 「中世溫暖期(MCA)と9世紀末の氣候的不安定について」, 『人間發達科學部紀要』, 第7卷 第1號.

번역 여병창

시기까지가 이른바 冷濕期로, 이로 인해 각종 자연재해가 발생하였다는 견해를 제시하였다. 예를 들어, 牧區가 남쪽으로 이동되고 농작물의 성장기간이 단축됨으로써 해마다 흉년이 들어 기근을 초래하였고 백성이 토지를 떠나 도처에 流離乞食하는 등 사회적 혼란을 야기하였다는 것이다.[10] 唐代인 859~873년 사이 전국 각지에서 농민폭동이 연이어 일어났는데, 874년 산동에서 발생한 '王仙芝 농민 봉기'의 뒤를 이어 華中에서 '黃巢의 亂'이 일어났고 잇달아 발생하는 기근에 의해 인구의 대이동이 이루어지면서 중국 역사는 五代十六國의 분열 국면을 맞이하게 되었다.

　이 시기 강남의 자연재해는 더욱 심각하였다. 永貞 원년(805) 강남의 潤州, 池州, 湖州, 杭州, 睦州, 宣州, 衢州, 婺州 등 지역에 큰 가뭄이 들었고, 그 이듬해인 元和 원년(806)에는 浙東 지방에 역병이 돌아 사망자가 전체 인구의 절반을 넘었으며 비교적 편벽한 지역인 婺州에서는 굶어 죽는 사람이 많아 전체 호적의 70~80%가 망실되었다. 元和 3년(808) 강남에 재차 큰 가뭄이 발생하였는데, 白居易는 당시의 참상을 "是歲江南旱, 衢州人食人[이 때 강남에 가뭄이 들어 구주에서는 사람이 사람을 먹었다.]"라고 표현하였다. 특히 元和 4年(809)에는 절강 지역의 가뭄이 더욱 극심하여 쌀값이 폭등하였고 元和 6년에서 12년까지 연이어 대규모 재난이 발생하였다.[11] 이 같은 자연재해가 초래한 사회적 혼란으로 大中 13년에는 급기야 浙東지역에서 裘甫가 이끄는 농민봉기가 발생하기도 하였다.

---

10) 葛全勝·劉浩龍 等,「中國過去2000年氣候變化與社會發展」,『自然雜志』第35卷 第1期.

11) 張學鋒, 1990,「唐代江南災荒研究」,『江蘇社會科學』, 1990年 05期.

이상과 같은 혼란스러운 사회적 배경으로 인해 농민들은 농경지를 떠나 다른 생존의 길을 찾아서 연해도시로 이동하기 시작했다. 일본 학자 야마자키 사토시(山崎覺士)의 연구에 의하면 8세기 절강 金衢분지의 농작물 수확이 비교적 좋아 주변 인구가 유입되는 현상이 나타났으나 9세기 이후에는 빈번한 자연재해의 발생으로 많은 인구가 절강 연해 도시로 흘러 나가 해상무역에 종사하기 시작하였다. 9세기 對日 해상무역 활동에서 활약한 徐公直 형제와 詹景全, 李達 등 상인은 모두 금구분지의 婺州 사람으로 이들은 이후 蘇州, 越州 등 해안 도시에서의 해상무역에 종사하였다.[12]

이 시기 한반도에서도 마찬가지로 9세기 기후 변화로 자연재해가 발생하게 된다.『三國史記』卷十, 新羅本紀, 憲德王條에는 다음과 같은 기록이 있다.

六年(814)夏五月國西大水.
七年(815)秋八月己亥朔·日有食之,西邊州郡大饑,盜賊蜂起.
八年(816)春正月 … 荒饑民抵浙東食者一百七十人.
九年(817)冬十月人多饑死.
十一年(819)三月草賊遍起,命諸州郡都督太守捕捉之.

이상의 문헌기록을 통해 재난이 발생한 지역이 신라 서쪽 고을, 즉 한반도 서남지역이며 이들 지역의 난민이 해외로 흘러나가 도달한 곳이 바로 浙東지역이었음을 알 수 있다.[13] 같은 시기 일본에서도 신라인이 일본에 표류하여 歸化하는 경우가 빈번하였다.[14] 이러한 신라 국내의

---

12) 山崎覺士, 2007,「九世紀における東アジア海域と海商-徐公直と徐公裕-」,『大阪市立大學大學院文學研究科紀要』第58卷, 2007年 3月.

13)『舊唐書』卷199,「東夷, 新羅國傳」"元和十一年, 是年新羅饑, 其衆一百七十人求食於浙東."

14) 濱田耕策, 2002,「王權と海上勢力-特に張保皐の淸海鎭と海賊に關連して」,『新羅國史の研究』,

번역 여병창

기근 발생 상황과 신라인의 해외 이동을 연결하여 고찰해보면 당시 해외로 이동한 신라인의 수가 적지 않았을 것임을 쉽게 추측할 수 있다. 특히 신라의 서남 지역과 중국 절동 해안은 바다를 사이에 두고 서로 마주하고 있어 매우 근거리였기 때문에 일찍이 백제시대부터 중국의 남조와 해상무역의 전통을 가지고 있었으며, 일본의 견수사와 견당사가 중국에 왕래할 때도 이 지역을 경유해야 했기에 비록 확실한 문헌기록은 없지만 이 지역 사람들은 중국에 왕래하는 해상루트 등에 대한 정보를 일정정도 알고 있었을 것이라고 추측할 수 있다. 이러한 해상 정보는 신라 서쪽의 주민들이 기근을 피해 중국의 산동반도나 강남 일대로 이주할 수 있는 배경이 되었을 것으로 보인다.

또한 이 시기에 중국 연해지역에서는 많은 신라인 노비가 매매되고 있어, 816년 唐朝에서 宿衛 벼슬을 하던 신라 왕자 金長廉이 憲宗에게 글을 올려 신라 양민들이 노비로 매매되는 상황을 보고하고 이를 금하도록 해줄 것을 요청하였다. 이어 821년 3월에는 唐朝의 平盧節度使 薛平도 穆宗에게 많은 신라 양민들이 해적에게 잡혀서 산동반도 일대에서 매매되고 있는 상황을 보고했다. 이들 기록을 통하여 기민이든 노비든 당시 많은 신라인들이 중국 연해지역으로 이동하였다는 사실을 알 수 있다. 사료에 근거하여 그들의 행적을 확실히 밝히기는 어렵지만, 선행연구는 이들 신라인들이 후에 중국의 대운하나 연해지역에서 해상 상업활동에 종사한 '재당신라인'으로 전환되었을 것이라고 보고 있다.

吉川弘文館, 279쪽;山內晋次, 2012, 「9~12世紀の日本とアジア-海域を往來するヒトの視点から-」,『專修大學東アジア世界史研究センター年報』第6号, 2012年 3月.

4. 9세기 중국 강남 연해지역의 신라 상인

9세기의 기후 변동으로 동아시아 각 나라들에서 재난, 기근, 사회혼란의 국면이 조성되었다.[15] 중국 국내에서는 내륙의 인구가 경작지를 떠나 연해도시에로 이동했고, 또한 해외의 한반도로부터도 많은 신라인 기민들이 중국의 연해지역으로 이동했거나 혹은 노비로 팔려왔다. 이들 신라인들은 이국땅에서 민족과 언어의 장벽을 넘어서 생존에 도전하지 않으면 안 되었다. 그들에게 있어서 해상에서의 각종 경험은 그들이 생계를 영위해가는 하나의 든든한 수단이었을 것이다. 그들은 중국의 대운하 유역과 연해지역에서 이른바 '재당신라인 상단'을 형성하여 새로운 삶의 무대를 개척함으로써 본격적으로 동아 해역에서 해상국제무역을 펼쳐나갔다.

한국 학계에서는 이들 '재당신라인'의 해상활동에만 주목하다보니 재당신라인 상단에서 활약한 당인에 대한 언급이 상대적으로 적었다. 『日本紀略』弘仁 10年(819) 六月 十六日條에는 "大唐越州人周光翰·言升則等乘新羅人船來[大唐 越州 사람 周光翰, 言升則 등이 신라인의 배를 타고 왔다.]"고 기록하고 있으며, 『入唐求法巡禮行記』開成 4年 正月 八日條에는 "新羅人王請來相看, 是本國弘仁十年(819), 流著出羽國之唐人張覺濟等同船之人也. 問漂流之由, 申曰 : 爲交易諸物, 離此過海, 忽遇惡風, 南流三月, 流著出羽國. 其張覺濟兄弟二人, 臨將發時同共逃留出羽, 就北海而發, 得好風, 十五個日流著長門國.[신라인 왕청이 와서 보니까 그는 弘仁 10년(819) 羽

---

15) 日本也是九世紀初出現了. 9세기 초 일본에서도 수재, 기근, 역병 등 재난이 발생하였다. 濱田耕策, 2002,「王權と海上勢力-特に張保皐の淸海鎭と海賊に關連して」,『新羅國史の研究』, 吉川弘文館, 276~278쪽 참고.

번역 여병창

國]에서 표류해 온 당인 張覺濟 등과 함께 배에 탄 사람이었다. 그 표류의 이유를 묻자 답하기를 '교역을 위하여 그곳을 떠나 바다를 건너다가 우연히 거센 바람을 만나 남쪽으로 3개월을 표류하다가 羽國에 도착했습니다.' …]라고 기록하고 있고, 또한『入唐求法巡禮行記』大中 원년(847) 六月 九日條에는 "得蘇州船上唐人江長, 新羅人金子白, 欽良暉, 金珍等書雲, 五月十一日從蘇州淞江口發往日本國[蘇州에서 船를 타는데 그 배는 당인 江長, 신라인 金子白, 欽良暉, 金珍 등이 타고 있었고, 그들은 5월 11일 蘇州 淞江口에서 출발하여 일본으로 향하는 사람들이었다.]"라고 기록하고 있다. 이 기록에서 보이는 周光韓, 言升則, 張覺濟 형제, 江長 등은 모두 신라 상인을 도와 공동으로 대일 국제 해상무역에 참가한 당인들이었다. 여기서 특히 주목할 것은 越州人인 周光翰, 言升則과 신라 헌덕왕 8년(816)에 절동지역에 모여든 신라 飢民의 관계이다. 절동으로 피난한 신라 飢民에 대해서는 다른 확실한 문헌자료를 더 찾아볼 수는 없지만 위에서 소개한 일련의 기록과 周光翰과 言升則이 월주사람이라는 점을 근거로 추리해보면 그들이 절동지구인 월주에서 신라 기민들과 그 어떤 접촉을 가질 수 있는 기회가 있었을 것이라는 추측이 가능하며 이들 자신도 9세기 초 강남지구의 기근을 피해 월주 등 연해 도시로 이주한 피난민일 가능성이 있다. 이들 韓中 罹災民들은 강렬한 생존본능의 공통점을 바탕으로 민족과 언어의 차이를 뛰어넘어 자연스럽게 互助와 互惠의 관계를 맺을 수 있었을 것이다. 즉 周光翰과 言升則 등 越州人은 풍부한 해상활동의 경험을 갖고 있는 신라인을 이용하고, 또한 신라인도 월주 현지인의 유리한 조건을 이용하여 對日 해상무역이라는 새로운 생존방식을 공동으로 개척하였던 것이다. 한반도 서남해안 지대의 청해진에서 많은 월주 청자가 출토되고 있는 점 또한 절동의 周光翰과 言升則 등으로 대표되는 越州人들이 이 같은 해상무역에 참여했을 것이라는 추론을 뒷받침하는 근거라고 할 수 있다.[16]

일본의 구법 승려인 엔닌(円仁)의 『入唐求法巡禮行記』에 의하면 당시 재당신라인과 당인들로 구성된 한중 국제상단은 대운하 유역의 揚州, 楚州, 漣水鄕 등 도시를 거점으로 수상운수와 해상운수망을 형성하고 있었는데 엔닌은 바로 이들의 도움을 받아 일본으로 무사히 귀국할 수 있었다.[17] 그러나 9세기 중엽부터는 중국 장강 이북의 대운하 하류에는 진흙과 모래의 퇴적 현상이 생기면서 화물선들의 揚州, 楚州, 漣水鄕 등 지역으로의 운행이 어렵게 되어 동아시아 해역으로 통하는 항로가 점차 강남 해안 일대로 이동하기 시작하였다.[18] 위의 『入唐求法巡禮行記』 大中 원년(847) 6月 9日條에 보이는 '蘇州船'은 운하를 북상하여 揚州, 楚州, 漣水鄕 등 거점을 걸쳐 산동반도에 도착하는 기존의 루트를 버리고, 蘇州 부근에서 직접 吳淞江을 따라 동쪽으로 향하다가 장강에 접어들어 다시 바다 입구에서 북으로 방향을 돌려 황해 연안을 따라 북상하여 산동반도에 도착하였다. 엔닌은 9월에 이 소주선 즉 신라선을 타고 황해를 가로질러 신라 서해안을 따라 일본에 도착하였던 것이다. 이들 기록을 통해 알 수 있듯이 기존의 재당신라인들로 이루어진 대운하 유역의 수상 운수망은 이미 진흙과 모래의 퇴적 등 원인으로 원래의 운수

---

16) 林士民, 1993, 「唐吳越時期浙東與朝鮮半島通商貿易和文化交流之硏究」, 『海交史硏究』, 1993 年 第1期.

17) 村上史郎, 「九世紀における日本律令國家の對外意識と對外交通-新羅人來航者への對応をめぐって-」, 『史學』 第69卷 第1號.

18) 山崎覺土, 앞의 주 12.

번역 여병창

기능을 상실하게 되어 당시 동아시아 해상활동의 수요를 충족할 수 없게 되었다. 같은 해인 847년에 일본 승려인 에가쿠(惠萼)와 杭州 鹽官縣 靈池寺의 義空이 일본에 갈 때도 역시 蘇州 부근에서 당인의 상선을 타고 오송강과 장강을 따라 바다로 나온 다음 북쪽의 산동반도로 가지 않고, 남쪽으로 방향을 돌려 절동의 明州(寧波)에 도착한 다음 일본을 향해 떠났다.[19]

9세기 중후기의 문헌기록을 살펴보면 당시 많은 渡日 상선들의 출항지와 입항지가 대부분 明州, 臺州, 溫州, 福州 등 강남의 연안 항구들이었다. 일본 승려 쿠카이(空海)의 문집인 『高野雜筆集』에는 杭州 鹽官縣 靈池寺의 義空스님에게 보낸 절동 상인의 편지가 수록되어 있는데, 이 편지에 의하면 절동 상인인 徐公裕가 848년, 849년, 852년 3차례에 걸쳐 일본에 갔는데 세 번 모두 明州에서 출항하였다.[20] 또한 일본 문헌 『安祥寺資料賬』의 기록에 의하면 일본 승려 에운(惠運)이 842년 8월 24일 히젠국(肥前國) 마츠라군(松浦郡)의 에나카시마(遠値嘉島) 토메우라(那留浦)에서 이처인(李處人)이라는 唐 상인의 배를 타고 6일 동안 바다를 건너 당나라의 溫州 樂城縣의 玉留鎭에 도착하였다. 또한 853년 일본 승 엔친(円珍)이 당으로 갈 때 王超, 李延孝, 欽良暉 등의 배를 탔는데 이 배는 규슈에서 출항하여 류큐(琉球)에 표류하였다가 해상에서 많은

---

19) 『續日本後紀』承和十四年(847) 七月八日條. "天臺留學僧円載從仁好及僧惠萼等, 至自大唐, 上奏円載之表狀, 唐人張友信等四十七人, 同乘而來著."; 『入唐五家傳』, 「安祥寺慧運傳」. "卽大唐大中一年(847)歲次丁卯夏六月二十二日, 乘唐張支(友)信·元淨等之船, 從明州望海鎭頭上帆."

20) 田中史生, 2006, 「唐人の對日交易-『高野雜筆集』下卷所收「唐人書簡」の分析から-」, 關東學院 大學『經濟系』第229集, 2006年 9月.

어려움과 싸워가며 끝내 福州, 溫州, 臺州 등 강남 연해 항구에 도착하였다. 그들을 '대당상인'이라고 기록한 문헌도 있지만, 한편으로는 王超와 欽良暉를 신라 상인으로, 李延孝를 渤海 商主로, 혹은 '본국 상인'으로 기록하고 있는 문헌도 있다. 이러한 혼란스런 기록에 대해서 홍콩학자 黃約瑟은 이들 모두가 절동의 臺州를 거점으로 해상무역을 하는 동아시아 해역의 다국적 상단이라고 주장하였다.[21] 이상의 기록을 통해 볼 때 이들은 대일 중개무역에 종사하고 있었던 것으로 보이는데 다음과 같은 기록을 보면 본국인 신라와의 무역에도 종사하였을 가능성이 높다.

『日本三代實錄』元慶 원년(877) 八月 二十二日條에는 "去七月二十五日, 大唐商人崔鐸等六十三人, 駕一艘船來著管築前國, 問其來由, 金鐸言：從大唐 臺州載貴國使多安江等, 頗賁貨物, 六月一日解纜, 今日得投聖岸. 是日勅, 宜依 例安置供給.[7월 25일 大唐 商人 崔鐸 등 63인이 배 한 척을 몰아 築前國에 왔는데, 그 이유를 물으니 崔鐸이 말하기를, '大唐 臺州에서 귀국 사신 多安江 등과 많은 하사받은 화물을 싣고 …, 6월 1일 출발하여, 오늘 귀국의 해안에 도착하였습니다.' …]"라는 기록이 있는데, 여기에서 崔鐸을 대당상인으로 기록하고 있다. 그러나 崔鐸 등이 강남의 臺州에서 출항했다는 사실을 토대로 추측해본다면 이들 역시 王超와 欽良暉 등 신라 상인들과 같이 臺州를 거점으로 활동했던 신라 상단의 일원이었을 것으로 보인다. 이 기록에서 특히 주목하게 되는 것은 그들의 해상에서의 항행 일자인데, 6월 1일에 절동의 臺州에서 출항하여 바다에서

---

21) 黃約瑟, 1993, 「"大唐商人"李延孝與九世紀中日關系」, 『歷史研究』, 1993年 第4期.

번역 여병창

대략 2개월의 시간을 보낸 후 7월 25일에 일본 규슈의 치쿠젠국(築前國)에 도착하였다. 일반적으로 절동 연해 항구에서 일본 규슈까지는 3일간, 반대로 일본 규슈에서 절동 연해까지는 6일간의 시간이 걸린다고 하는데,[22] 이 2개월간 그들이 바다에서 표류했다는 기록도 없고, 또 2개월 동안 줄곧 표류했다는 것도 불가능한 일이다. 그렇다면 일본에 가는 도중 신라 서남해안의 어느 항구에 들려서 무역 활동을 한 다음 다시 일본으로 갔을 가능성이 크다고 볼 수 있다. 강남 연해의 항구에서 일본 규슈까지는 북로항선이나 횡단항선이나 모두 한반도 서남해안 지역을 통과한다. 더욱이 청해진에서 9세기 중엽의 월주 청자가 출토되고 있는 점들을 고려한다면,[23] 金鐸 등이 탄 상선이 臺州에서 화물을 적재하고 일본에 가는 도중 먼저 한반도 서남해안의 어느 항구에서 무역 활동을 했을 것이라는 추정이 가능하다.

5. 맺음말

강남지역에서 활약한 이른바 신라 상단에 대한 기록은 860년대 이후 문헌사료에서 그 종적을 찾을 수 없다. 일본 학자 다나카 요시오(田中

---

22) 일본의 『安祥寺資料賑』이라는 문헌기록에 의하면 일본 승 에운(惠運)이 842년에 입당할 당시에 규슈히젠국(九州肥前國)에서 출항하여 6일 동안 바다를 건너서 溫州樂城縣 玉留鎭에 도착했고, 또 847년에 일본에 귀국할 때는 明州에서 출항, 3일간 항행하여 히젠(肥前)에 도착했다(다나카 토시아키, 2008, 「장보고 이후의 아시아 해역」, 『7~9세기 동아시아 문물교류사의 제상-일본편』, 재단법인해상왕장보고기념사업회, 165~166쪽).

23) 林士民, 앞의 주 17.

史生)는 9세기 일본 다자이후(大宰府)가 추진한 신라 상인의 관제 정책에 대한 고찰을 통해 신라 상인이 일본과의 무역을 계속하기 위하여 당상인의 신분으로 일본에 내왕했기 때문이었을 것이라고 그 이유를 설명하였다. 이상 내용에 근거하여 다음과 같이 추측할 수 있다. 즉 9세기 초에 절동 및 중국 연해지역에 들어온 신라 기민들은 중국에서의 약 반세기에 걸친 생활을 통해서 이미 언어상에서나 생활방식에서 당인과 거의 구별이 없었고, 특히 9세기 후반부터는 그들의 제2세가 동아시아 해상 무역활동에 종사하게 되었다. 이들은 대일 무역에서 다자이후(大宰府)의 신라 상인에 대한 강력한 통제를 피해 당 상인으로 활약하였는데, 따라서 이들을 당 상인과 구별하기가 어려워졌다고 볼 수 있다. 한편 이러한 과정을 거치면서 강남의 신라 상인들은 점차 강남의 중국인들과 동화되어 갔다.

번역 여병창

토 론

조 윤 재 (인제대학교)

9세기 한·중 해양교류에 대한 발표자의 고견을 읽고 많은 공부가 되었다. 그러나 토론자의 역량으로 이 주제에 대한 수준 높은 토론을 진행하기에는 역부족이다. 평소 이러한 연구영역에 대한 공부도 부족하거니와 이 시기 문헌을 통한 해상교류의 파악에 특별한 노력을 기울인 적도 없기 때문이다. 다만 몇 가지 궁금한 점을 질문하여 토론의 책무를 대신하고자 한다.

01 발표자는 본문에서 9세기 초 발생한 한반도 서남지역의 자연재해를 예시하고, "但是新羅西南沿海地區的人們通過日本遣隋使和遣唐使, 或者是來往於中國大陸和日本的留學僧及其隨從人員, 可能或多或少地掌握相關信息."라고 서술하여 신라 서남해안에 거주하던 신라인들이 일본의 견수사 혹은 견당사, 일본의 유학승 등을 통해 절강 동부 및 산동반도로의 이민을 추정하고 있다. 물론 개연성이 부족한 추리는 아니나 이 시기는 물론 이전 시기 중국 동부 연안으로 이민한 전력

은 문헌 및 고고학적 추정[1]에서도 보이고 있다. 때문에 일본의 견수사, 견당사 및 유학승을 통한 이민이기보다는 전대부터 알려진 한·중 간의 해상루트를 인지한 의도적 이민으로 봐야 할 것 같은데, 발표자의 의견을 듣고 싶다.

02 본문에서 언급된 바와 같이 圓仁의 귀국 노정에 활용된 '北路' 항해노선 혹은 황해횡단항로는 중국 대륙에서 황해로 돌출한 산동반도와 한반도 서해안을 잇는 코스로, 3세기 초 위진시기부터 활용되어 삼국통일 이후 활성화된 경로이다. 기록에 의하면 新羅船에 편승한 圓仁이 산동반도 赤山을 출발하여 신라 서해안의 산을 동족으로 바라보고, 다시 동남쪽으로 하루를 더 항해하여 4일 만에 웅주 서쪽 해안에 이르러 흑산도, 제주도, 대마도 부근을 경유하여 北九州 肥前國 松浦에 도달하였다고 적고 있다. 이는 장보고선단이 이용했던 항로인데 그렇다면 발표문에서 언급하고 있는 '唐新羅人'의 구체적 존재가 장보고선단과 관련이 있었던 것은 아닌지 궁금하다. 발표자의 고견을 부탁드린다.[2]

03 기록에서 보이듯이 '蘇州船'이라 칭하고 있는 신라상선에 대한 정보는 매우 영성하여 당시 원거리 항해를 진행했던 신라 선박에 대한 구체적 파악이 어려운 실정이다. 학계에서 제기되고 있는 여러 추정은 말 그대로 추정에 머무르고 있어 후일의 자료를 기다릴 수

---

1) 高偉, 2013, 「連雲港市 封土石室의 調査 報告」, 『百濟研究』 第57輯, 忠南大學校百濟研究所; 朴淳發, 2013, 「連雲港市 封土石室의 歷史 性格」, 『百濟研究』 第57輯, 忠南大學校百濟研究所.

2) 國立海洋遺物展示館, 2005, 『新羅人 張保皐』, (財)海上王張保皐記念事業會.

밖에 없는 상황이다. 한 가지 궁금한 점은 당시 新羅商船을 '蘇州船'으로 冠名한 특별한 내력이 있었는지, 발표자께 질문드린다.

백제의 해상활동과 신의도 상서고분군의 축조 배경

문 안 식 (전남문화재연구소)

1. 머리말

한반도의 서해와 남해를 잇는 서남해 일대에는 2,000개가 넘는 많은 섬들이 분포한다. 이들 도서는 신안을 비롯하여 완도·강진·장흥 및 진도 등의 海域에 주로 위치한다. 그 중에서 신안군은 천여 개 이상의 도서가 산재하여 '천사의 섬'으로 불리기도 한다.

신안군은 신의면을 비롯하여 2읍 12면으로 구성되는데, 신의도는 목포에서 35마일(약 56km) 떨어진 서남해의 孤島에 자리한다. 신의도는 동경 126° 5' 북위 34° 35'에 위치하며, 1983년 하의면에서 분리되어 신의면으로 승격되었다. 신의도는 상태도와 하태도가 근래의 간척사업으로 인해 합해졌으며, 행정리 14개와 법정리 5개로 구성되어 있다.

신의도 고분군은 면소재지(上台東里)와 인접한 상태서리 및 자실리 일대에 분포한다. 이 고분군은 1990년대 중반부터 외부에 알려졌으며, 봉토가 대부분 유실된 채 천장석이 지석묘와 비슷한 형태로 노출되어 고인돌군으로 오해되기도 하였다. 2008년 목포대학교박물관의 조사결과 삼국시대에 조성된 고분으로 밝혀졌다.[1] 최근 마한문화연구원은 4개 군집에 걸쳐 총 38기가 분포한 사실을 확인하였다.[2]

신안군 일대에는 신의도를 비롯하여 지도·자은도·압해도·비금도·안좌도·장산도·하의도 등 총 17개소의 백제시대 고분군이 존재한다.[3] 이들 지역의 고분은 6세기 중·후반부터 7세기 전반에 걸쳐 조성되었으며, 백제의 영향력이 도서지역에 미쳐 중앙의 문화양식이 전파된 사실을 반영한다.

신의도를 비롯하여 서남해 도서지역은 마한 때에는 사회발전 과정에서 내륙 및 연안에 비해 낙후된 상태에 머물렀다. 도서지역의 여러 곳에서 확인되는 패총과 고인돌 등으로 볼 때 신석기시대 이래 내륙과 긴밀한 정보 교환과 물자의 이동이 이루어진 것은 사실이다.

신석기시대에 활발하게 형성된 패총 유적은 청동기시대에 극단적으로 감소하였으나, 삼한시대로 접어들면서 해안지역을 중심으로 급증하여 삼국시대까지 이어졌다. 서남해 도서지역에서 확인된 영광 상낙월도,[4] 신안 어의도,[5] 신안 증도[6] 등의 패총에서 중복 현상이 확인된다. 그러나 패총 단계를 거쳐 옹관고분이 조성되는 단계로 성장한 모습을

---

1) 소장동 마을 서쪽의 구릉 사면부에서 14기의 석실분이 조사되었고, 마을의 북쪽 사면부에서 2기가 추가되어 총 16기가 분포한 것으로 확인되었다(목포대학교박물관, 2008, 『신안 안산성지·상서고분군』).

2) 마한문화연구원, 2013, 「신안 신의 상서고분군 발굴조사 약식보고서」.

3) 목포대학교박물관, 2008, 『문화유적분포지도-전남 신안군』.

4) 이영문·김승근, 1997, 「영광 송이도, 상낙월도패총」, 『호남고고학보』 5, 호남고고학회.

5) 최성락, 1987, 「서해안 도서지방의 선사문화」, 『도서문화』 7, 목포대학교 도서문화연구소.

6) 목포대학교박물관, 2008, 『문화유적분포지도-전남 신안군』.

찾아볼 수 없다.

서남해 연안 및 내륙지역에 거주하던 마한 토착집단이 해남 군곡리 패총[7]과 나주 장동리 수문 패총[8] 단계를 거쳐 옹관고분이 등장하는 사회로 발전한 것과는 차이를 보인다. 전남 내륙지역에 자리한 마한사회가 옹관고분을 축조하는 등 점진적인 사회발전을 이룬 것과는 달리 한 동안 정체상태에 머물렀다.[9]

서남해지역의 연안 내륙과 도서 사이에 마한시대를 거치면서 사회발전 과정에 상당한 격차가 발생한 사실을 반영한다. 서남해 도서지역은 5세기 중엽에 이르면 안좌도 배널리고분[10]을 필두로 하여 가야 및 왜국과의 접촉을 반영하는 고분이 등장한다. 서남해 일대는 6세기 중엽에 이르러 백제가 지방관을 파견하는 등 직접지배를 도모하면서 다시 변화가 일어났다.[11]

백제 중앙의 문화양식을 받아들여 '사비식'으로 불리는 횡혈식 석실분이 도서지역에 등장하였다. 그 중에서 다른 도서지역과 달리 유독 신

---

7) 목포대학교박물관, 1989,『해남군곡리패총』Ⅲ, 80쪽.

8) 수문 패총의 경우 초기 철기시대의 점토대토기와 그 후에 등장하는 원삼국시대의 경질무문토기·타날문토기, 삼국시대의 회청색경질토기가 조사되는 문화적 연속성이 확인되었다(국립광주박물관, 2010,『나주 장동리 수문패총』).

9) 내륙에서 멀리 떨어진 孤島에서 옹관고분이 조사된 경우는 지금까지 자은도 구영리 유적 1곳에 불과하다(이헌종, 2005,「신안 자은도 신옹관 발견」,『도서문화』 21). 옹관고분은 나주와 영암을 중심으로 함평·무안·담양·화순·광주·해남·강진·영광 일대에 주로 분포하며, 신의도를 비롯한 서남해 도서지역은 소위 '옹관고분사회'(강봉룡, 1999,「3~5세기 영산강유역 '옹관고분사회'와 그 성격」,『역사교육』 69, 역사교육연구회)의 외곽에 해당된다.

10) 동신대학교문화박물관, 2011,「신안 안좌도 배널리고분」, 현장설명회 자료.

11) 盧重國, 1988,『百濟政治史硏究』, 일조각, 247~250쪽; 林永珍,「호남지역 석실분과 백제의 관계」, 1997,『호남고고학의 제문제』21회 한국고고학 전국대회, 56쪽.

의도에 60여 기의 백제고분이 집중 분포한다.[12] 신의도 고분군은 다른 도서지역과는 달리 내륙지역에서도 보기 드문 밀집 상태를 이루고 있다. 신의도 일대에 다른 도서지역과 달리 백제고분이 집중 분포한 특별한 이유가 있지 않을까 한다.

이 글에서는 백제의 해양 경영과 해상 哨戒 활동 등을 염두에 두고 살펴보고자 한다. 2장에서는 백제가 고구려의 남진정책에 밀려 변방지역에 대한 영향력이 상실되면서 초래된 서남해 제해권 상실, 그에 따른 가야와 왜국 등의 독자적인 對中交涉 추진 등에 대해 살펴보고자 한다. 3장은 백제의 한성 천도 이후 서남해 海路 장악과 남중국으로 이어지는 사단항로 개척 과정 등을 검토할 것이다. 4장에서는 백제가 6세기 중엽을 전후하여 方郡城制를 실시하면서 추진된 서남해 도서지역 진출과 군현 설치 등을 검토할 것이다.

백제의 도서지역 진출 과정과 海域 관리방식 등을 검토하면 신의도 일대에 유독 많은 숫자의 고분이 축조된 배경과 이유가 밝혀질 것이다. 이를 통해 백제의 海路 관리와 해양 경영의 면모가 드러날 것으로 기대된다.

2. 가야·왜국의 항로 개척과 서남해지역의 수혈식 석곽묘 등장

신의도를 비롯한 서남해 도서지역은 신석기시대부터 사람들이 살아왔다. 내륙의 강가나 호수 부근에 거주한 집단도 없지 않았으나, 주로

---

12) 목포대학교박물관, 1987, 『신안군의 문화유적』; 목포대학교박물관, 2008, 『문화유적분포지도-전남 신안군-』; 최성환 편저, 2008, 『신안군의 문화유산』, 신안군·신안문화원.

해안가와 도서지역에 거주하면서 패총 유적을 남겼다.[13] 도서지역의 패총에서는 육지에서 조사된 유물과 비슷한 양상이 확인되어 섬과 내륙 사이에 활발한 교류가 이루어진 사실을 보여준다.[14] 흑산도를 비롯하여 소흑산도(가거도)[15]와 우이도[16] 및 하태도[17] 등에서 확인된 패총이 참조된다.

청동기시대 역시 내륙과 섬 사이에 정보 교환과 물자의 이동이 빈번하게 이루어졌다. 여러 도서지역에서 조사된 고인돌 등의 축조 사례를 통해 입증된다. 신의도와 인접한 하의도에서는 돌도끼 등 청동기시대의 유물이 조사되었다. 장산도의 대리와 도창리 일대에도 배미산과 대성산 좌우의 구릉을 중심으로 4~5기의 고인돌이 분포한다.[18]

한편 마한시대가 되면 서남해지역의 내륙과 도서는 사회발전 양상에서 확연한 차이를 보인다. 서남해 내륙지역을 비롯하여 도서지역에서도 기원 전후부터 기원후 300년 무렵까지에 걸쳐 조성된 패총이 여러 곳에서 확인되었다.[19] 도서지역은 인력과 물자의 부족 등으로 말미암아

---

13) 전남지역의 신석기시대 석기의 특징과 사회경제 양상에 대해서는 다음의 글을 참조하기 바란다. 이기길, 1996, 「전남의 신석기문화」, 『선사와 고대』 7.

14) 송은숙, 1991, 「한국남해안지역 신석기문화에 대한 고찰」, 서울대 고고미술사학과 석사학위논문 ; 신숙정, 1992, 「우리나라 신석기시대의 자연환경」, 『한국상고사학보』 10.

15) 김재원·윤무병, 1957, 『한국서해도서』, 국립박물관.

16) 김원룡·임효재, 1968, 『남해도서고고학』, 서울대 동아문화연구소.

17) 최성락, 1988, 「흑산도 지역의 선사유적」, 『도서문화』 6, 목포대 도서문화연구소.

18) 목포대학교박물관, 2008, 『문화유적분포지도-전남 신안군』.

19) 서남해의 도서지역에서 확인된 원삼국시대의 패총은 신안의 임자도 대기리와 대천리, 증도 증동리, 압해도 학교리와 장감리, 하의도 어은리, 무안 삼향읍 대죽도와 나불도, 진도 조도면 성남리, 해남 송지면 어불도 등에서 조사되었다(한국문화재

진도를 제외하고 마한 소국이 들어서지 못한 한계가 없지 않다.

그러나 서남해 도서지방이 海路를 통한 대외교섭이나 문화전파 과정에서 중요한 역할을 수행한 사실마저 무시할 수는 없다. 여수 돌산도 및 거문도 패총 등에서 조사된 중국 화폐 貨泉이 주목된다. 화천이 조사된 곳과 패총이 확인된 지역을 연결하면 군현에서 한반도 남부의 해안을 거쳐 일본까지 연결된 고대의 무역로를 파악할 수 있다.[20]

한반도와 중국을 잇는 고대 항로 역시 전북 완주 상림리에서 발견된 桃氏劍을 통해 볼 때 늦어도 기원전 4세기를 전후한 시기에는 열려 있었다.[21] 이 바닷길의 중간 지점에 위치한 채 중국 화폐가 발견된 군곡리·돌산도·거문도·사천 늑도 등은 문화의 이동 통로였다.[22] 이곳의 해상세력들은 지정학적 이점을 이용하여 중개무역과 대외교섭을 주도하면서 성장하였다. 서남해안을 연결하는 海路는 沿岸航路가 중심을 이루었고, 여러 지역의 포구는 사회발전 과정에서 두드러진 역할을 하였다.

서남해지역은 3세기 후반에 이르면 옹관고분이 대형화되는 등 한층 발전된 면모를 보인다. 서남해지역의 20여 마한 소국을 대표하여 西晉과 교섭의 주도권을 장악한 新彌國이 등장한다.[23] 신미국의 사절단 구성은 서남해 연안과 영산강 유역의 마한 소국 출신들이 중심이 되고, 도서지역은 배제되었을 가능성이 높다.

조사연구기관협회, 2010, 『한국의 조개더미유적Ⅰ』).

20) 지건길, 1990, 「南海岸地方 漢代貨幣」, 『창산김정기박사화갑기념논총』, 534쪽.

21) 전영래, 1976, 「완주 상림리 출토 中國式銅劍」, 『전북유적조사보고』 5, 11쪽.

22) 최성락·이해준, 1986, 「해남지방의 문화적 배경」, 『해남군의 문화유적』, 14쪽.

23) 『晉書』 권36, 列傳6, 張華.

문안식

신미국의 해상활동 전통은 忱彌多禮로 계승되었다. 西晉과 교섭을 주도했던 新彌國은『日本書紀』권9, 神功紀 條에 보이는 忱彌多禮와 동일한 집단일 가능성이 높다. 침미다례는 낙랑과 대방이 축출된 이후 서남해지역의 역내교역, 가야 및 탐라 등과 연결되는 대외교역을 주도하였다.[24] 침미다례는 4세기 후반에 이르러 백제 근초고왕이 보낸 남정군의 경략을 받아 무너졌고,[25] 서남해지역 및 榮山內海의 해상활동은 해남 북일과 영암 시종 일대의 토착집단이 성장하여 주도권을 장악하였다.[26]

북일집단은 서해와 남해를 연결하는 바닷길을 통제하며 가야 등과 접촉하면서 성장을 구가하였고, 시종집단 역시 南海灣[27]과 영산강 수로를 통제하면서 영향력을 확대했다.[28] 삼포강변에 위치한 시종지역 토착집단의 성장 과정은 최근 조사된 나주 수문패총을 통해 알 수 있다.[29]

---

24) 문안식, 2002,「낙랑·대방의 축출과 전남지역 고대사회의 추이」,『東國史學』38.

25) 백제의 서남방면 진출과정에 대한 최근 연구 동향은 다음의 글을 참조하기 바란다(강종원, 2013,「백제의 서남방면 진출-문헌적 측면」,『'쟁점 백제사' 집중토론 학술대회Ⅱ』, 한성백제박물관).

26) 문안식, 2014,「백제의 전남지역 마한제국 편입과정」,『백제학보』11.

27) 마한시대의 고총고분이 조사된 나주 반남과 영암 시종 일대는 최근 영산강하구언이 축조되면서 海水의 유입이 차단되어 내륙화 되었다. 그 이전에는 南海灣 등이 內海를 이루어 바닷물이 자미산 주변까지 올라왔다. 1922년 일본 육군참모본부가 편찬한 지도에는 시종 부근까지 南海灣이 펼쳐졌고, 삼포강 하류가 바로 바다로 연결되어 있다.

28) 시종세력은 영산강유역 깊숙이 들어온 內海를 이용한 해상활동과 토착세력 사이의 역내교역을 주도하면서 번영을 구가하였다. 시종지역에 남아 있는 성틀봉토성과 그 인근의 내동리고분군, 옥야리고분군, 신연리고분군 등이 대표 유적에 해당된다. 시종지역 고분에 대한 발굴조사 결과 3~4세기 무렵에 축조된 것으로 밝혀졌다(임영진·조진선, 2000,『전남지역 고분 측량보고서』, 전라남도, 142~185쪽).

29) 수문패총은 대형 옹관묘를 남긴 집단의 선조로 추정되는 초기 철기시대~원삼국시대 사람들의 생활유적에 해당된다. 또한 초기 철기시대의 점토대토기와 원삼국

서남해 도서지역 역시 북일과 시종 등의 해상세력과 접촉하면서 일정 정도 영향을 받았다. 서남해 연안과 남해만 일대의 토착사회가 옹관고분을 축조하며 점진적인 사회발전을 이룬 것과는 달리 도서지역은 정체상태에 머물렀다. 그러나 서남해 도서지역 역시 마한을 거쳐 삼국시대까지 조성된 신안 어의도와 증도 등의 패총을 통해 볼 때 발전이 중단된 것은 아니었다.

삼한시대와 삼국시대의 패총은 대체로 같은 장소에 중복되는데, 패총을 남긴 사람들의 안정적인 생활과 관련이 있다.[30] 그러나 서남해 도서지역은 패총을 거쳐 옹관고분이 조성되는 단계로 성장한 모습이 잘 드러나지 않는다. 서남해 연안 및 내륙지역에 거주하던 토착집단이 옹관고분을 축조하는 단계로 발전해 나간 모습과 차이를 보인다.

영산강유역의 옹관고분은 3세기 무렵부터 조성되기 시작하여, 나주 복암리 3호분의 경우처럼 7세기 전후의 석실묘 단계까지 이어진다. 옹관고분의 분포지역은 나주와 영암을 비롯하여 영산강유역과 서남해지역의 전역에 걸쳐 있다. 그러나 서남해의 도서지역은 대형의 전형 옹관이 분묘시설로 사용된 사례가 확인되지 않고 있다.

최근 신안 자은도 구영 2구의 구릉에서와 같이 초기의 옹관이 조사된 경우도 없지 않다. 땅속 깊이 박힌 옹관 파편을 수습하였는데, 최소 2기의 옹관이 매장된 것으로 확인되었다.[31] 구영리의 옹관고분은 서남

시대의 경질무문토기·타날문토기 등이 함께 발굴되어 문화적 연속성을 확인할 수 있다(국립광주박물관, 2010, 『나주 장동리 수문패총』).

30) 하인수, 2010, 『한국의 조개더미유적I』, 한국문화재조사연구기관협회, 120쪽.

31) 이헌종, 2005, 「신안 자은도 신옹관 발견」, 『도서문화』 21.

해의 絕海孤島에서 처음 발견된 사례이다. 내륙에서 멀리 떨어진 도서지역 역시 옹관고분을 조성하는 등 동일한 사회발전 단계에 이르렀음을 보여준다.

그러나 구영리 유적이 위치한 자은도를 비롯한 서남해 도서지방이 나주와 영암 등의 마한 중심지역에 필적한 만한 발전 단계에 이른 것으로 보기는 어렵다. 자은도와 신의도 등의 도서지역이 국가형성 과정에서 주목할 만한 변화가 일어난 것도 아니었다.

서남해지역의 연안 내륙과 도서지역 사이에 사회발전 과정에서 적지 않은 격차가 존재하였다. 서남해를 비롯한 전남지역의 토착사회 발전 과정에서 변수는 4세기 후반 백제 근초고왕이 보낸 南征軍의 경략을 들 수 있다. 백제의 서남해지역 경략은 강진만 권역의 古奚津을 거쳐 忱彌多禮를 도륙한 후 比利·辟中 등을 복속하면서 성공리에 완수되었다.

백제는 침미다례가 중국-가야-왜를 잇는 대외교섭을 주도하면서 서남해지역에 영향력을 행사하고 있었기 때문에 '屠戮'으로 표현될 만큼 단호하게 응징하였다.[32] 백제는 서남해지역 일대를 장악하여 간접지배 형태의 공납지배를 실시하였고, 대외교섭 등을 위한 거점 포구는 직접 관할하지 않았을까 한다.

또한 백제는 침미다례가 장악하고 있던 교역체계를 해체하여 탐라 및 가야 등과 교섭을 위한 창구로 활용하였다.[33] 백제는 해상을 이용하여 가야 및 왜국 등과 교섭을 추진하였다. 백제와 왜국의 국교 수립

---

32) 『日本書紀』권9, 神功紀, 49年 春三月.

33) 문안식, 2013, 「고대 강진과 그 주변지역 토착세력의 활동과 추이」, 『역사학연구』 52, 143쪽.

은 근초고왕 때에 가야의 卓淳國을 매개로 시작되었다.[34] 아신왕은 397년(同王 6) 왜국과 우호관계를 맺은 후 태자 전지를 파견하였다. 왜군을 동원하기 위한 청병사의 역할이었다.

백제에서 사절이 파견되었을 뿐만 아니라 왜국의 사신이 왕래하기도 하였다.[35] 백제는 광개토왕의 남진경략에 밀리자, 왜군을 끌어들여 연합수군을 조직한 후 대방지역 공격에 나서기도 했다.[36] 왜국에 있던 전지태자는 부왕이 훙서하자 호위군사 1백 명과 함께 돌아왔는데,[37] 海路를 통해 귀국했을 가능성이 높다. 왜국에서 태어나 성장한 동성왕 역시 호위병 500명을 거느리고 귀국하였다.[38]

이러한 사례는 5세기 때에 백제와 왜국이 해로를 통해 접촉한 사실을 반영한다. 서남해는 백제와 가야 및 왜국을 연결하는 교량이 되었다. 백제는 서남해 연안과 도서지역 일대에 군현을 설치하여 직접지배를 실시하지는 못했지만, 포구와 해로를 통제하면서 해상을 통한 대외교섭 활동을 꾸준히 전개하였다.

서남해 도서지역은 5세기 중반을 전후하여 변화가 일어나게 되었다. 백제는 장수왕의 공격을 받아 한성이 함락되고 개로왕이 살해되는 등 멸망 직전에 이르렀다.[39] 백제는 서남해지역을 비롯하여 영서지역, 전북

---

34) 『日本書紀』 권9, 神功紀, 46년 春3月 乙亥.

35) 『三國史記』 권25, 百濟本紀3, 阿莘王 12年.

36) 한국고대사연구회, 1992, 「廣開土王陵碑碑」, 『譯註 韓國古代金石文』.

37) 『三國史記』 권25, 百濟本紀3, 腆支王 前文.

38) 『日本書紀』 권14, 雄略紀 23年 夏四月.

39) 『三國史記』 권26, 百濟本紀4, 文周王 前文.

문안식

의 동부지역, 전남 동부지역 등에 대한 영향력을 상실하였다.[40]

백제가 고구려에 밀려 쇠퇴를 거듭하고 귀족세력이 발호하여 변방통치가 약화되자, 서남해지역의 토착세력 역시 독자적인 대외활동을 재개하였다. 이를 반영하듯이 서남해지역의 곳곳에서 가야 및 왜국 등과 접촉한 사실을 반영하는 유적이 확인되고 있다. 고흥 안동고분[41]과 야막고분,[42] 해남 외도 1호분[43]과 신월리고분,[44] 신안 안좌도 배널리 3호분,[45] 무안 신기고분,[46] 영암 옥야리 장동 1호분[47] 등 수혈식 석곽묘가 중심을 이룬다.

이들 유적의 조성 시기는 남해안지역 및 영산강유역에 九州 계통의 횡혈식 석실묘가 출현하기 이전에 해당되는 5세기 후엽 무렵이다. 고흥 안동고분(5세기 중후엽)과 야막고분(5세기 전엽), 해남 외도 1호분(5세기 중후엽) 등은 남해안에 자리한다.[48] 배널리고분은 서남해 도서지역, 무안 신기고분은 서해안 방면에 위치한다.

고흥 안동고분과 배널리고분 등의 수혈식 석곽묘에서 출토된 여러

---

40) 文安植, 2005, 「개로왕의 왕권강화와 국정운영의 변화에 대하여」, 『史學研究』 78.

41) 임영진, 2011, 「고흥 길두리 안동고분의 발굴조사 성격」, 『고흥 길두리 안동고분의 역사적 성격』, 전남대학교박물관.

42) 국립나주문화재연구소, 2012, 『영암 옥야리방대형고분 제1호분 발굴조사보고서』.

43) 은화수·최상종, 2001, 『해남 방산리 장고봉고분 시굴조사보고서』, 국립광주박물관.

44) 이보람, 2011, 「중서부지역 원삼국~삼국시대 철모 연구」, 『墳丘墓의 新地平』, 전북대 BK21사업단·전북대학교박물관.

45) 동신대학교문화박물관, 2011, 「신안 안좌도 배널리고분 현장설명회 자료」.

46) 최성락 외, 2011, 「무안 신기고분」, 『무안 송현리유적』, 목포대학교박물관.

47) 국립나주문화재연구소, 2012, 「전남 고흥 야막고분 발굴조사 자문회의 자료」.

48) 김낙중, 2013, 「5~6세기 남해안지역 倭系古墳의 특성과 의미」, 『호남고고학보』 45.

〈사진 1〉 배널리 3호분 수혈식 석곽묘 유물 출토 전경

유물의 성격을 둘러싸고 논의가 분분한 실정이다. 배널리의 경우 1호분 과 2호분은 도굴된 상태였으나, 3호분에서 완전한 형태의 투구와 갑옷 을 비롯해 칼 5자루와 창 5자루 및 화살촉 수십 점이 출토되었다. 갑 옷과 투구는 倭系이며, 수혈식 석곽묘는 가야 계통으로 보고 있다.[49]

배널리 3호분의 출토 유물은 5세기 중엽을 전후하여 가야와 왜국 이 안좌도 등의 도서지역에 일정한 영향을 미쳤음을 의미한다. 배널리 3 호분을 축조한 집단은 5세기 중엽부터 일정 기간 동안 가야 및 왜국과 관계를 맺은 것으로 짐작된다. 안좌도를 비롯한 서남해 도서지역이 역 사의 전면에 부상한 사실을 반영한다.

가야와 왜국은 백제가 쇠퇴하면서 서남해 海域 관리가 어렵게 되자, 직접 중국왕조와 외교관계를 맺고자 하였다. 왜국의 독자적인 對中交涉 은 南朝 宋代(420~479)에 이르러 추진되었다. 왜국의 讚·珍·濟·興·武 등

---

49) 동신대학교문화박물관, 2011, 「신안 안좌도 배널리고분 현장설명회 자료」.

문안식

5王[50]이 南朝에 사절을 파견한 기록이 남아 있다. 武가 宋에 보낸 상표
문에

> A. 백제를 경유하여 조공하려고 선박을 치장하였습니다. 그런데 고구
> 려는 무도한 나라로 인접국에 대한 병탄의 욕망이 있어, 변경의 예속
> 국(백제)을 약탈하고 살육을 그치려 하지 않습니다. 그 때문에 언제
> 나 길이 막혀 좋은 바람을 놓쳐 버립니다. 비록 進貢路는 있지만, 어떤
> 경우에는 통과하고 어떤 경우에는 그렇지 못합니다.[51]

라고 하였듯이, 백제를 경유하여 중국으로 건너갔음을 알 수 있다. 왜
국의 사절은 서남해를 거쳐 북상하여 군산 혹은 태안반도 일대에서 중
국으로 직항했을 가능성이 높다.[52]

서해를 건너 산동반도의 成山角 등에 도착한 후 다시 동쪽 해안선을
타고 내려가 양자강 하구를 거쳐 南京으로 들어갔다. 왜국 외에 대가야
의 荷知王이 南齊에 조공하여 輔國將軍本國王에 제수된 기록도 남아 있
다.[53] 왜국과 가야의 사절단은 백제 領海를 통과한 후 서해를 건너 중

---

50) 『宋書』倭國條에 보이는 倭 5王의 실체에 대해 畿內 大和政權의 수장으로 보는 것이
일반적이지만, 九州地域의 실력자로 보는 견해도 없지 않다(古田武彦, 1973, 『失われ
た九州王朝』, 朝日新聞社 ; 江上波夫, 1967, 『騎馬民族國家』, 中央公論社). 또한 5王의 爵號
에 보이는 慕韓을 장고분 축조집단과 연결시켜 보기도 한다(東潮, 1996, 「慕韓과 秦
韓」, 『碩晤尹容鎭敎授停年退任紀念論叢』, 197쪽).

51) 『宋書』倭國傳.

52) 倭五王의 遣使는 413년 東晉에 대한 사절 파견이 처음이다. 劉宋에 대한 견사는 421, 425,
430, 438, 443, 451, 460, 462, 477, 478년에 걸쳐 이루어졌다. 또한 南齊와 梁에 대한 遣使
는 479년과 502년에 각각 이루어졌다. 이에 대해서는 다음의 글을 참조하기 바란다. 小
田富士雄, 1989, 「五世紀の北九州 −對外交渉の視點から」, 『五世紀の北九州』, 5쪽.

53) 『南齊書』권58, 東南夷列傳, 加羅國.

국 왕조와 접촉하였다.

가야와 왜국의 수장층은 南朝와 접촉을 통해 대내외적인 권위를 높이고자 했다. 중국에서 위신재를 구하거나 선진물자를 수입하려는 측면도 없지 않았다. 백제는 중국 도자기, 신라는 유리잔과 금속공예품, 왜국은 거울, 가야는 남조에서 직접 반입하거나 백제를 경유하여 전래된 금속용기를 선호했다.[54]

가야와 왜국의 사절단이 남중국으로 향하는 海路 개척 과정에서 서남해 도서지역과 접촉하였을 가능성이 높다. 이와 관련하여 배널리 3호분에 묻힌 피장자가 토착세력과 가야인 혹은 왜인 중에서 어떤 계통에 해당되는지 검토할 필요가 있다.

먼저 가야 혹은 왜국 출신이 서남해 연안 혹은 도서지역의 海路 요충지로 이주하였을 가능성이 있다. 수혈식 석곽묘가 조사된 인접 지역에서 옹관묘 등의 토착 묘제가 확인되지 않는 사실은 이질적인 묘제와 부장품을 소유한 집단의 이주를 반영한다.

그 외에 배널리 고분의 피장자가 서남해의 토착세력일 가능성도 없지 않다. 이들은 바닷길 안내와 교역 중개 등의 역할을 담당하면서 財富를 축적하지 않았을까 한다. 이들은 처음에는 항로 개척에 나선 가야와 왜국 선단의 항로를 안내하고, 식수와 식량 등의 필수품을 제공하였으나 점차 교역의 대상자로 성장해 나갔다.

가야와 왜국의 사절단은 남중국을 왕래하면서 서남해 도서지역 해상세력의 도움을 받았다. 육지와 가까운 바다를 운행하는 沿岸航海 외

---

54) 이성주, 2010, 「墓制와 葬制를 통해 본 加耶와 中國 南朝」, 『경남의 가야고분과 동아시아』, 제2회 한중일 국제학술대회, 경남발전연구원 역사문화센터, 226~227쪽.

문안식

에 멀리 떨어진 海域을 통과하는 近海航海 역시 널리 이용되었다.

연안항해는 주변의 지형조건에 밝고 관측 능력을 갖추어야 가능하다. 또한 해류와 조류의 움직임을 잘 파악해야 했다. 그러나 근해항해는 조류의 방향이나 조석의 높이 및 육지풍의 영향을 덜 받았다. 먼 거리에 있는 육지나 높은 산을 보면서 위치를 확인하는 방식이다. 적의 육상 감시를 벗어날 수 있기 때문에 적선의 해양정찰을 피하면 적국의 해역도 무사히 통과할 수 있다.[55]

근해항해 역시 식수와 땔감 등의 구입을 위해 육지에 접안하고 상륙할 필요가 있다. 항로 및 주변 환경을 잘 알고 있는 안내자도 반드시 필요하였다.[56] 배널리 3호분 등의 피장자는 항로 안내와 식수 및 땔감을 제공하는 등의 편의를 제공하지 않았을까 한다.

왜국 5왕이 파견한 사절단의 규모는 잘 알 수 없는 형편이다. 다만 7세기 중엽 遣唐使의 규모를 통해 유추된다. 延喜式에 따르면 大使와 副使를 비롯하여 33종류의 구성원과 수행원이 포함되었다. 수행원의 규모는 초기에는 250명 정도, 중기에 이르면 500명 남짓으로 증가하였다. 遣唐使船의 규모 역시 초기에는 2척이었지만, 중기 이후 4척으로 고정되었다.[57]

5세기 왜국의 사절단은 견당사에 비해 소규모였지만, 중간 기항지에

---

55) 윤명철, 2000, 앞의 글, 187쪽.

56) 고대인의 항해술에 대해서는 다음의 글을 참조하기 바란다. 윤명철, 1995, 「高句麗 發展期의 海洋活動能力에 대한 檢討-5~6세기를 중심으로」, 『卓村 申延澈敎授停年退任 論叢』, 일월서각.

57) 이정희, 1999, 「奈良時代 遣唐使의 歷史的 役割에 대하여」, 『한국전통문화연구』 13, 가톨릭대학교 사회과학연구소, 57~75쪽.

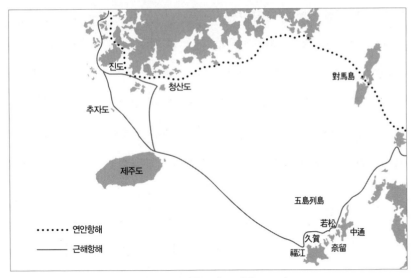

<도면 1> 연안항로와 근해항로 표시

서 식수 등의 생필품 구입은 필요했다. 이와 관련하여 『高麗圖經』에

> B. 바닷물은 몹시 짜고 써서 입에 댈 수 없다. 그러므로 무릇 배가 큰
> 바다를 건너가려고 하면 반드시 물독을 갖추어서 샘물을 많이 비축
> 해 대비한다. 대체로 큰 바다 한가운데에서는 바람은 그리 심하게 걱
> 정하지 않고, 물이 있고 없음으로 생사가 판가름 난다. 중국 사람들
> 이 서쪽에서부터 큰 바다를 횡단하여 오는 데 여러 날이 걸리므로, 고
> 려 사람들은 샘물이 반드시 다 떨어졌으리라 생각하고 큰 독에 물을
> 담고 배를 저어 맞이한다. 이에 각각 차와 쌀로 갚아준다.[58]

라고 하였듯이, 식수를 매개로 물자교환 등이 이루어진 사실이 참조된
다. 또한 일본이 동중국해를 왕래하는 海路上의 여러 도서에 牌를 설치

---

58) 『高麗圖經』 권33, 供水.

하고 관리한 것처럼,[59] 서남해 도서지역 일대에도 안좌도를 비롯하여 여러 곳에 기항지가 존재했을 가능성이 높다.

안좌도를 비롯하여 서남해 도서지역 역시 가야 및 왜국 선단이 머물면서 식수와 차·쌀의 교환을 비롯하여 상행위가 이루어졌다. 안좌도의 해상세력은 외국 물품을 다시 국내 연안 및 내륙지역과 교환하는 방식으로 재부를 축적하였다. 안좌도 토착세력과 가야 및 왜국의 접촉은 근해항해가 널리 활용된 당시의 상황을 반영한다.

안좌도 외에 신의도 자실리에서도 동일한 형식의 묘제가 조사되었다. 신의도 상태서리 고분군과 자실리 고분군 사이에 위치한 자실리 가군에서 배널리 3호분과 시기 및 구조가 비슷한 10여 기의 수혈식 석곽묘가 조사되었다.[60] 자실리 가군의 석곽묘는 해남 외도고분과 신월리 고분, 신안 안좌도 배널리 3호분 등의 細長方形 형태와 유사한 구조이다. 판석을 이용한 벽체 구조 역시 비슷한 양상을 보인다.

자실리 가군에서 확인된 수혈식 석곽묘의 편년은 출토 유물이 조사되지 않아 정확한 시기를 알 수 없다. 다만 길이에 비해 장폭비가 넓은 영산강유역 및 서남해 연안에서 조사된 석곽묘와는 차이가 있다. 또한 신의도 상서고분의 A군 및 B군의 석곽묘와도 구분된다. 자실리 가군의 수혈식 석곽묘는 구조를 통해 볼 때 5세기 중·후엽 무렵에 축조되었

---

59) 일본의 경우 8세기 중엽에 이르러 九州의 筑紫를 출발하여 남하한 후 동중국해를 횡단하여 양자강 하구에 도달하는 여러 섬과 항구 명칭, 노정 외에 有水處를 기재한 牌(『續日本記』 天平勝寶 6年 2月 丙戌)를 세울 정도로 식수 조달은 항해에서 매우 중요한 사항이었다.

60) 필자들이 2014년 신의도 일대의 고분들을 답사하는 과정에서 재차 확인하였다. 야산의 면을 따라 장축 방향이 등고선과 직교하는 방향으로 9기가 확인되며, 주변에 일부 석재가 흩어져 있어 추가로 조사될 가능성이 높다.

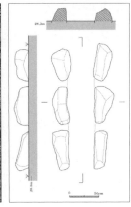

〈사진 2〉 신의도 자실리 가군의 수혈식 석곽묘(좌:전경, 우:약측도)

을 가능성이 있다.

한편 서남해 일대에서 확인되는 왜국 관련 유적은 금관가야가 쇠퇴하고, 경남 서부해안과 영산강유역이 주목 받게 된 이후에 조성된 것으로 추정된다. 낙동강 하구지역-현해탄 연안을 잇는 루트를 대신하여, 서부 경남 및 영산강유역과 筑後川流域을 포함한 有明海 연안의 여러 집단이 韓·倭 교섭의 중심적인 역할을 담당하게 되었다.[61] 양국 사이의 교섭관계 변화는 신라의 낙동강 유역 진출, 왜국에서 규슈세력(筑後, 肥後勢力)의 신장, 왜의 적극적인 백제와의 교섭 추진 등에 기인한다.[62]

그러나 왜국 혹은 가야와 백제의 교섭 추진 과정에서 서남해 연안과 도서지역에 수혈식 석곽묘가 등장한 것으로 보기는 어렵다. 가야 등이

61) 김낙중, 2013, 「5~6세기 남해안지역 倭系古墳의 특성과 의미」, 『호남고고학보』 45, 189쪽.

62) 白石太一郎, 2003, 「二つの古代日韓交渉ルト」, 『熊本古墳研究』 創刊號, 熊本古墳研究會.

문안식

백제의 도움을 받지 않고 중국 南朝와 교섭에 나섰고, 그 과정에서 서남해 해상세력과 접촉한 것으로 짐작된다.

왜국의 경우 대마도에서 김해를 비롯한 낙동강 방면으로 향하지 않고, 거제도와 통영 및 고성, 사천 방면을 거쳐 고흥을 경유하여 서남해 지역을 왕래하였다. 왜국은 5왕시대를 맞이하여 고구려의 남진정책에 밀려 허둥대는 백제보다는 지리적으로 남중국과 통하는 길목에 위치한 서남해의 토착 집단과 교류하지 않았을까 한다.

왜국 및 가야의 선단은 경남 서부해안을 경유하여 고흥(길두리 안동 고분)과 해남(외도 1호분 및 신월리고분) 및 진도 해협을 거쳐 서남해 연안(무안 신기고분, 영암 옥야리 장동 1호분) 및 도서지역(안좌도 배널리 3호분, 신의도 자실리 가군)에 이른 것으로 짐작된다.

무안 신기고분(운남면 동암리 신기마을)은 왜국 선단이 沿岸航路를 이용한 사실을 의미하고, 신의도 자실리 가군의 수혈식 석곽묘와 안좌도 배널리 3호분 등은 近海航路를 통해 서남해의 여러 도서지역과 접촉한 사실을 반영한다. 왜국의 경우 서남해지역 해상세력의 도움을 받아 직접 남중국의 여러 왕조와 접촉했을 가능성이 높다.

한편 왜국과 가야의 사절 및 상인 등이 서남해지역을 경유하여 백제의 수도 한성을 왕래하면서 대외교섭 활동을 펼쳤을 가능성이 높다.

풍납토성 경당 상층과 9호, 24호 유구에서 출토된 뚜껑 3점[63]은 백

---

63) 권오영, 2002, 「풍납토성 출토 외래유물에 대한 검토」, 『百濟研究』 第36輯, 충남대학교 백제연구소, 25~48쪽. 한편 경당 상층과 9호 출토 소가야 蓋는 추정 구경 16cm 정도이며 크고, 신부 외면에 점열문이 시문되었으며 드림부가 길고 단부는 오목하게 처리되었다. 소가야에서 직접 이입된 토기이며, 5세기 후엽의 이른 시기에 해당하는 것으로 보고 있다(하승철, 2001, 「加耶西南部地域 出土 陶質土器에 대한 一

<도면 2> 서남해지역 일대에서 조사된 수혈식 석곽묘 분포 현황

제와 소가야의 교류를 보여준다. 서남해의 해상세력 외에 영산강 유역
에 거주하던 토착집단도 백제와 가야를 잇는 대외교섭에 참여하였다.[64]
왜국 역시 5세기 때에 해상을 통해 백제와 여러 차례에 걸쳐 사절의 왕
래가 이루어진 사실이 여러 사서에 남아 있다.

考察」, 慶尙大學校大學院碩士學位論文).

64) 영산강 유역을 비롯한 서남해 일대 토착집단과 가야세력의 교역관계에 대해서는
왜계 스에키의 유통 경로를 통해서도 확인된다. 스에키는 고령 지산동 5호분 출
토품을 제외하면 소가야 지역에 집중되며, 전남 동부-영산강 유역 및 백제 중앙
으로 이어지는 양상을 보인다. 스에키가 영산강 유역 및 백제 중앙 등으로 전파
된 배경은 그 배후에 소가야의 중계가 있었다(하승철, 2011, 「외래계 유물을 통해
본 고성 소가야의 대외교류」, 가야의 포구와 해상활동』, 제17회 가야사 학술회
의).

문안식

3. 백제의 서남해 海域 관리와 서해 남부 사단항로 개척

서남해지역은 백제가 웅진천도 과정에서 빚어진 정치적 혼란을 극복한 후 남진정책을 추진하면서 변화가 일어났다. 동성왕은 정국안정을 바탕으로 서남해지역에 대한 지배력을 다시 확보해 나갔다. 백제의 서남해지역 진출은 『南齊書』 백제전에 기록된 490년과 495년의 王侯 책봉[65]을 통해 유추된다. 백제는 面中王 姐瑾, 辟中王 贊首流 등의 책봉을 전후하여 서남해지역으로 영향력을 확대했을 가능성이 있다.[66]

백제는 서남해지역의 토착집단이 독자적인 대외교섭을 추진하자 큰 부담이 되었다. 동성왕은 498년에 서남해지역을 장악하기 위해 군대를 이끌고 탐라 정벌을 구실삼아 무진주까지 親征에 나섰다.[67] 동성왕은 무진주 친정과 왕후제 시행을 통해 서남해지역의 토착세력을 견제하고 중앙정부의 영향력을 확대하였다.

백제의 영향력 확대에 따른 토착사회의 변모 양상은 고고 유적과 유물을 통해서도 입증된다. 漢城期의 백제양식은 흑색마연토기·초기 개배·직구소호 등을 중심으로 보이지만, 웅진천도 이후 여러 분야에 걸쳐 본격적으로 확산되기 시작했다.[68] 중앙의 문화양식이 지방사회 깊숙이

---

65) 『南齊書』 권58, 列傳39, 東南夷, 百濟.

66) 동성왕은 495년에 찬수류를 辟中王에 임명하였는데, 벽중을 김제로 보는 데에 거의 모든 연구자들이 동의하고 있다. 따라서 김제지역은 늦어도 495년 이전에 백제에 복속되었음을 알 수 있다. 서남해지역 역시 동성왕이 面中王을 책봉한 490년과 495년 무렵에 이르러 백제에 복속되었을 가능성이 높다(문안식, 2007, 『백제의 흥망과 전쟁』, 혜안, 301쪽).

67) 『三國史記』 권26, 百濟本紀4, 東城王 20年.

68) 서현주, 「웅진·사비기의 백제와 영산강유역」, 『백제의 邊境』, 백제연구 국내학술

침투했음을 반영한다. 백제의 영향력 확대는 5세기 말부터 6세기 전엽 사이에 제작된 나주 복암리 금동신발,[69] 신촌리 금동관,[70] 함평 마산리 장고분에서 출토된 백제토기,[71] 해남 용운고분의 錢紋陶器[72] 등을 통해 확인된다. 그러나 서남해지역에 대한 백제의 영향력은 한정되었고, 가야 와 신라 및 왜국 역시 토착집단과 관계를 계속 유지했다.

서남해 토착집단이 가야 등과 접촉한 사실은 고고자료를 통해 입 증된다. 가야 계통의 유물은 담양 대전면 서옥고분,[73] 해남 옥천면 만 의총,[74] 해남 신금유적,[75] 나주 영동리고분,[76] 영암 옥야리 방대형고분,[77] 신안 안좌도 배널리고분[78] 등에서 조사되었다.[79]

회의, 2004, 162쪽. 또한 5세기 후엽을 전후하여 영산강유역에 등장하는 고배 등 의 유물과 백제와의 관련성에 대해서는 다음의 글을 참조하기 바란다(金洛中 외, 2001, 「五~六世紀の榮山江流域における古墳の性格」, 『朝鮮學報』 79, 朝鮮學會;酒井清治, 2004, 「5·6세기 토기에서 본 羅州勢力」, 『백제연구』 39).

69) 국립문화재연구소·전남대학교박물관, 2001, 『나주 복암리 3호분』.

70) 국립광주박물관, 1998, 『나주반남고분군』.

71) 동신대학교문화박물관, 2013, 「함평 마산리 표산고분」, 지도위원회 회의자료.

72) 국립광주박물관, 2004, 『해남 용일리 용운고분』.

73) 호남문화재연구원, 2007, 『담양 서옥고분군』.

74) 국립광주박물관, 2009, 『해남 만의총 3호분』.

75) 호남문화재연구원, 2005, 『해남 신금유적』.

76) 동신대학교문화박물관, 2006, 「나주 영동리고분 발굴조사」, 지도위원회 회의자료.

77) 국립나주문화재연구소, 2007, 「영암 옥야리 방대형고분」, 지도위원회 회의자료.

78) 동신대학교문화박물관, 2011, 「신안 안좌도 배널리고분」, 지도위원회 회의자료.

79) 서남해 토착집단과 접촉한 가야세력은 경남 고성을 중심으로 한 '소가야'였을 가 능성이 높다. 서남해 지역에서 확인된 소가야 계통의 유물은 토기를 중심으로 대 부분 5세기대에 해당된다. 해남 신금, 장흥 상방촌과 지천리, 나주 장등, 함평 노적 유적 등이 대표적이다. 소가야 계통 토기는 정치적 진출을 반영하기보다는 교역품 일 가능성이 높은 것으로 보고 있다(李東熙, 2006, 「전남동부지역 복합사회 형성과

신라의 영향을 받은 유물도 여러 유적에서 확인되었다. 해남 만의총 3호분[80]과 나주 영동리 3호분[81] 등에서 신라 토기가 조사되었다. 나주 복암리 3호분에서도 재갈과 행엽 등 신라계 유물이 조사되었고,[82] 해남 용운고분에서 출토된 장경호 역시 신라 계통에 해당된다.[83]

왜국과 접촉을 반영하는 유적과 유물도 서남해지역 여러 곳에서 조사되었다. 일본의 前方後圓墳과 유사한 長鼓墳의 축조를 대표적인 사례로 들 수 있다. 장고분의 축조 배경에 대해서는 在地勢力이 왜국과 교류하면서 나타난 산물로 이해한다.[84] 왜국 계통의 유물은 나주 영동리 1

정의 고고학적 연구」, 성균관대 대학원 박사학위논문, 181쪽). 그 반면에 대가야는 5세기 중엽부터 고령·거창·함양·남원·구례·하동 등을 연결하는 교역루트를 개척하기 시작하여, 5세기 후엽에는 이들 지역을 장악해 대가야권을 형성한 것으로 보고 있다(朴天守, 1996, 「대가야의 고대국가 형성」, 『碩晤尹容鎭教授 停年退任紀念論叢』). 서남해지역에서 대가야 토기가 광주 명화동고분 등을 제외하고 거의 확인되지 않는 사실 등을 볼 때 교류활동이 활발하게 추진되지 못했을 가능성이 높다.

80) 국립광주박물관, 2009, 『해남 만의총3호분』.

81) 동신대학교문화박물관, 2006, 「나주 영동리고분 발굴조사」, 지도위원회 회의자료.

82) 전남대학교박물관, 1999, 『복암리고분군』.

83) 국립광주박물관, 2004, 『해남 용일리 용운고분』.

84) 吉井秀夫, 1996, 「백제 지방통치에 대한 제문제」, 『백제의 중앙과 지방』 백제연구 논총5, 191~193쪽. 그 외 장고분의 피장자를 토착전통에 기반한 재지세력(姜仁求, 1984, 『三國時代 墳丘墓硏究』, 일지사, 299~300쪽), 일본열도로 이주하였다가 귀향한 마한계 이주민(林永珍, 1997, 「전남지역 석실봉토분의 백제계통론 재고」, 『호남고고학보』 6, 53쪽), 왜와 교류관계를 유지하던 在地의 수장층 내지 교역에 종사하던 倭系의 이주 집단(岡內三眞, 1996, 「前方後圓墳のモデル」, 『韓國の前方後圓墳』, 雄山閣), 倭系 백제관료(朱甫暾, 1999, 「백제의 영산강유역 지배방식과 前方後圓墳 피장자의 성격」, 『한국의 전방후원분』, 충남대학교 백제연구소) 등으로 보고 있다. 한편 남해안 및 남강 유역의 왜계고분, 영산강유역의 전방후원형고분에 묻힌 피장자를 왜국에서 이주하여 정착한 왜인으로 보기도 한다(하승철, 2011, 「삼한~삼국시대 한반도 출토 왜계토기에 대한 고찰」, 『한국 출토 외래유물②-초기 철기시대~삼국시대』, 1425쪽).

호분,[85] 함평 신덕 1호분,[86] 해남 현산면 월송리 조산고분[87] 등에서 확인되었다. 고흥 길두리고분과 장성 만수리에서 출토된 갑옷도 倭와 관련된 유물로 보고 있다.[88]

가야 등이 서남해지역으로 진출한 목적은 물산 확보, 백제 및 남중국 등으로 향하는 항로 개척에 필요한 거점 마련 등을 위해서였다.[89] 남해만의 여러 포구는 가야와 왜국, 서남해 여러 도서 및 연안 일대의 사절과 상인들이 교역 물자를 가지고 왕래했다. 영산강의 상류지역에 살던 내륙 사람들도 지석강과 황룡강 및 극락강의 水路를 이용하였다.

서남해지역은 특정 집단이 대두하여 해상권을 장악한 것이 아니라 여러 군소 해상세력이 해당지역의 포구를 중심으로 활동했다.[90] 이들은 백제의 영향력 확대에도 불구하고 가야 등과 다양한 관계를 맺으면서 독자적인 세력을 유지하였다. 반남을 중심으로 대형옹관분의 축조 전통이 6세기 중엽까지 지속된 사실이 참조된다. 또한 나주 다시면 영동

---

85) 동신대학교문화박물관, 2006, 「나주 영동리고분 발굴조사」, 지도위원회 회의자료.

86) 국립광주박물관, 1995, 「함평 신덕고분 조사개보」.

87) 국립광주박물관, 1984, 『海南 月松里 造山古墳』.

88) 전남지역 고고 자료의 연구 성과에 대해서는 다음의 글을 참조하기 바란다. 임영진, 2006, 「마한·백제 고고학의 최근 연구 성과와 과제」, 『한국 선사고고학보』 12.

89) 문안식, 2012, 「백제의 서남해 도서지역 진출과 해상교통로 장악」, 『백제연구』 55, 282쪽.

90) 영산강유역은 각 지역마다 특징적인 유물은 있지만, 그 유물들의 단계별 통일성이 뚜렷하지 않은 것으로 볼 때 통합의 정도가 미약했을 가능성이 높다. 따라서 영산강유역권 전체에서 중심지와 주변 혹은 중앙과 지방의 설정이 어려운 실정이라고 한다(김낙중, 2009, 『영산강유역 고분 연구』, 학연문화사). 토기를 통해 볼 때에도 통일성과 확산성이 나타나지 않는 등 여러 지역의 집단들이 짧은 기간 동안 병존한 모습을 띤다. 다만 전통성이 강한 반남을 중심으로 나주지역 경우 백제와의 관계를 이어갔을 가능성은 없지 않다(서현주, 2013, 앞의 글, 93쪽).

문안식

리 3호분의 석실묘에서 출토된 백제계통의 다리를 뗀 삼족기[91] 역시 주목된다.

이와 같이 영산내해를 비롯한 서남해 연안지역의 토착집단이 백제와 가야 등 여러 집단과 접촉한 흔적이 유적과 유물을 통해 확인된다. 그러나 서남해 도서지역은 소위 영산강식 석실분과 남해안식 석실분이 축조된 5세기 후엽부터 6세기 전엽까지 걸쳐 조성된 유적이 확인되지 않고 있다.

전자의 유형은 해남 용두리고분,[92] 나주 복암리 96석실,[93] 함평 신덕고분[94]과 마산리 표산고분,[95] 장성 영천리고분[96] 등이 대표적이다. 후자는 고흥 동호덕고분[97] 등이 해당된다. 이들 유적이 주로 서남해 연안과 榮山內海 주변지역 일대에 위치한 것으로 볼 때 활발한 해상활동의 부산물로 추정된다.

백제가 점진적인 영향력 확대에도 불구하고 서남해의 海路를 장악하거나 통제하지 못한 사실을 반영한다. 외국과 직·간접적인 접촉을 시

---

91) 이정호, 2010, 「출토유물로 본 영동리고분세력의 대외관계」, 『6~7세기 영산강유역과 백제』, 국립문화재연구소·동신대학교문화박물관. 한편 영동리 출토 유물 중에서 삼족기의 경우 다리를 떼어 낸 후 매납된 상태로 조사되었다. 다리를 떼어낸 이유는 백제와 다르다는 점을 부각하는 형태로 자신들의 정체성을 표현한 것으로 짐작된다. 묘제와 부장품 등이 매우 보수적인 성격을 띠고 있는 사실을 고려할 때 선진문화를 적극 받아들인 개방성의 토대 위에 다른 지역과 구분되는 마한의 전통을 유지하고자 했던 산물이 아닐까 한다.

92) 국립광주박물관, 2004, 『해남 용일리 용운고분』.

93) 국립문화재연구소·전남대학교박물관, 2001, 『나주 복암리 3호분』.

94) 국립광주박물관, 1995, 「함평 신덕고분 조사개보」.

95) 동신대학교문화박물관, 2013, 「함평 마산리 표산고분」, 지도위원회 회의자료.

96) 전남대학교박물관, 1990, 『장성 영천리 횡혈식석실분』.

97) 임영진, 2007, 「馬韓墳丘墓와 吳越土墩墓의 比較 檢討」, 『중국사연구』 51, 중국사학회.

사하는 장고분(전방후원형고분)이 함평과 고창 및 해남 등 해안지역, 영암과 광주 등 영산내해 주변지역에 주로 축조된 사실이 참조된다.[98]

서남해지역의 토착집단 역시 자신들의 전통과 정체성을 유지한 상태에서 백제를 비롯하여 가야와 신라 및 왜국과 다양한 관계를 맺었다. 서남해를 중심으로 백제와 가야 및 왜국을 연결하는 교역체계는 죽막동 제사유적에서 출토된 유물로 볼 때 6세기 초엽까지 유지되었다.[99]

왜국의 경우 5세기 말 이후 九州에서 대마도를 거쳐 경상도 방면의 해안을 경유하지 않고,[100] 五島列島에서 출발한 후 제주도와 청산도 해역을 통과하여 서남해지역과 접촉이 가능해졌다. 청산도는 서남해의 연안 내륙에서 출발한 선단이 三島(미시마)-五島(고시마) 등을 거쳐 일본의 九州로 향할 때 중간 거점이 되기도 했다.[101]

---

98) 영산강유역을 백제에 복속되지 않은 慕韓으로 보고, 전방후원분이 집중되는 현상을 왜의 영향력이 한반도 남부에 미친 것으로 해석하는 견해도 없지 않다(木村城, 2005, 「朝鮮三國と倭」, 『古代を考える-日本と朝鮮』, 東京:吉川弘文館). 또한 전방후원분을 임나일본부와 관련시켜 해석하기도 한다(小林敏男, 2004, 「日本古代國家形成過程-五, 六世紀を中心に-」, 『シンポゥム倭人のクニ日本-東アジアからみる日本古代國家の起源-』, 東京: 學生社).

99) 韓永熙 外, 1992, 「부안 죽막동 제사유적 발굴조사 진전보고」, 『고고학지』 4, 157쪽.

100) 당시 문화나 기술 교류의 흐름은 지정학적 조건상 한반도 서남해안을 거쳐 대마도와 北九州로 들어가는 것이 일반적인 루트였다(延敏洙, 1996, 「일본사상에 있어서 九州의 위치」, 『동국사학』 30, 393쪽).

101) 한편 여말선초 왜구의 침입 루트는 五島(고시마)-三島(미시마)-청산도-고금도 및 가리포로 연결되는 코스가 대표적 코스였다(강봉룡, 2009, 「고대 한·중 항로와 바닷길」, 『고대 동아시아의 바닷길』, 국립해양문화재연구소·목포대학교 도서문화연구소). 완도와 해남 사이의 좁은 수로보다 완도의 外海인 청산도를 지나 상추자도, 하추자도를 돌아 명량해협에 진입하는 해로를 보호할 필요가 제기되었다. 이를 위해 조선은 17세기에 이르러 고금도와 신지도 등에 水軍鎭을 신설하고, 청

문안식

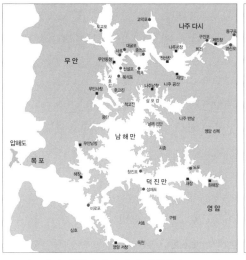 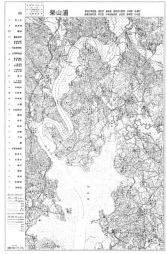

〈도면 3〉 영산내해의 당시 해안선과 포구 및
유적 분포 현황

〈도면 4〉 남해만 부근의
1918년 지형도

사실 전남지역 해안에서 일본열도로 항해하는 것은 어려운 일이 아니었다. 청산도와 추자도 등의 서남해 도서를 거쳐 제주도를 우현으로 바라보면서 해류와 바람 등을 이용하면 九州의 서북쪽으로 자연스럽게 도달할 수 있다.[102] 왜국과 한반도 서남해지역을 연결하는 신항로가 5세기 말을 전후하여 널리 활용되기에 이르렀다.

서남해지역과 筑後川 流域을 포함한 有明海 연안의 여러 집단들이 韓·倭 교섭의 중요한 역할을 수행하게 되었다. 서남해지역의 경우 규슈지역과 접촉을 반영하는 영산강식 석실분과 장고분이 등장하는 계기

산도 역시 1681년 別將鎭을 두었다(김경옥, 2005, 『조선 후기 도서연구』, 혜안, 191쪽).

102) 한반도의 서남해 연안에서 출발하여 五島列島에 이른 후 북으로 東進하면 구주 북부의 唐津에 닿고, 남쪽으로 東進하면 有明海에 도달한다. 그 연안으로 진입하여 여러 강을 역류하면 長崎, 熊本, 佐賀의 서부지역에 이른다(윤명철, 2000, 앞의 글, 186쪽).

가 되었다.[103]

또한 가야와 왜국 등이 서남해지역과 접촉한 목적이 앞선 시기와 달라졌다. 가야와 왜국은 南朝로 향하는 항로 개척 보다는 물자교류 등을 위해 서남해 토착집단과 접촉하였다. 이를 반영하듯이 왜국은 502년 梁과 접촉한 이후 국제 외교무대에서 오랜 기간 동안 사라졌다. 가야 역시 荷知王의 南齊로의 遣使 이후 南朝와 접촉한 기사가 확인되지 않는다.

이와 관련하여 백제가 무령왕 때에 신라와 梁의 통교에 개입한 사실이 주목된다.[104] 백제는 신라 외에 가야와 왜국 등의 서남해를 통한 대중교섭을 통제하거나 주선했다. 백제는 하동의 帶沙津을 장악하여 대가야가 왜국과 통교하는 길목을 차단하였고,[105] 대가야의 해상 진출을

---

103) 한반도 서남해와 일본 규슈 서북부를 연결하는 바닷길은 조선 후기에 발생한 양국 사이의 표류민 분석을 통해서도 드러난다. 1692~1840년 사이에 일어난 제주·영암·강진·해남·순천·여수 일대에 거주하던 海民들이 표류했을 때 거의 대부분이 규슈 서북부 혹은 오키나와 방면으로 밀려갔다. 그 반면에 경상지역에서 표류했을 경우에는 후쿠오카 등의 규슈 북부 혹은 혼슈 서북부에 이르렀다(정성일, 2013, 『전라도와 일본』, 경인문화사). 한반도 서남해 연안에서 일본열도를 왕래하는 '서쪽 길'이 별도로 존재했고, 경상 방면에서 연결되는 '동남쪽 길'과 다른 문화교류 양상을 띠었다. 표류기로 유명한 네덜란드 출신 하멜이 조선을 탈출할 때 여수에서 五島列島로 향한 사실 역시 잘 알려져 있다.

104) 『梁書』百濟傳에 따르면 募秦이라는 신라왕(법흥왕)이 처음으로 사신을 파견하였는데, 백제를 따라와서 방물을 바쳤다는 기록이 남아 있다(『梁書』 권54, 列傳48, 諸夷 東夷, 百濟). 백제는 고구려의 외교공작에 의해 신라가 北朝와 접촉하는 것을 견제하고, 자국의 우방으로 끌어들이기 위해 梁과의 통교를 주선하였다(鄭孝雲, 1995, 『古代韓日政治交涉史硏究』, 학연문화사, 32쪽).

105) 延敏洙, 1998, 『古代韓日關係史』, 혜안, 184쪽. 한편 대가야가 섬진강 하구에 위치한 대외교섭 통로인 帶沙津 등으로 가는 루트는 고령-거창-함양-남원-섬진강-하동을 연결하는 코스로 보고 있다(田中俊明, 1992, 『大加耶聯盟の興亡と'任那'』, 吉川弘文館, 75~77쪽).

견제하기 위해 광양의 마로산성 등을 축조하였다.[106)

백제는 신라와 梁의 교섭을 중재하는 등 국제외교 무대의 주역이 되었다. 그러나 백제 역시 고구려의 견제를 받아 해상을 통한 對中交涉이 어려운 상태에 처해 있었다. 백제는 고구려 수군의 감시를 피해 신항로 개척에 나설 수밖에 없었다. 백제가 바다를 건너 중국왕조와 접촉하는데 어려움을 겪기 시작한 것은 404년에 倭와 연합하여 고구려를 공격한 이후였다.[107)

백제는 대방지역에서 밀려난 후 산동반도로 향하는 횡단항로[108)를 이용할 수 없게 되었다. 고구려는 백제로 향하는 北魏의 사절이 서해 횡단항로를 이용하여 항해하는 것을 차단할 정도였다.[109) 백제는 고구려의 견제를 피해 새로운 항로 개척에 적극 나서게 되었다. 이와 관련된 사실이『魏書』百濟傳에 기록되어 있다.

개로왕이 파견한 사절단은 백령도를 경유하여 산동반도의 登州로 향하지 않고, 서해를 횡단하여 산동반도 남쪽지역의 密州 방면으로 나아갔다. 그러나 백제가 한성에서 웅진으로 천도한 이후에는 개로왕 때에 개척된 서해 횡단항로의 남부 노선마저 이용하기 어렵게 되었다. 백

---

106) 문안식, 2007,「백제의 광양 마로산성 축조와 활용」,『신라문화』29.

107) 이영식, 2006,「5~6세기 고구려와 왜의 관계」,『북방사논총』11, 190쪽.

108) 서해 횡단항로는 백령도 혹은 대청도에서 산동반도의 성산각에 이르는 해로이며, 직선거리 98마일(157km) 정도이다. 공손씨가 3세기 초에 대방군을 설치한 목적을 서해횡단 항로 개척과 연결시키는 견해도 있다(윤명철, 2003,『고구려 해양교섭사 연구』, 사계절, 103쪽). 백제의 근초고왕 27년에 이루어진 東晋과의 교섭 역시 서해 횡단항로가 이용되었을 가능성이 높다. 백제는 근구수왕 5년, 침류왕 원년, 진사왕 2년, 전지왕 2년과 12년에도 꾸준히 東晋과 교섭하였다.

109)『魏書』권100, 列傳88, 百濟.

제가 수도를 웅진으로 옮긴 뒤 문주왕 2년[110]과 동성왕 6년[111]에 파견한 사절이 고구려에 수군의 감시를 뚫지 못하고 되돌아오는 사태마저 발생하였다.

백제는 고구려가 서해를 횡단하는 남부항로를 차단하자 斜斷航路 개척에 나섰다. 한반도 방면에서 바다를 통한 중국 동부지역과 접촉은 연안 항로, 서해 중부 횡단항로, 서해 사단항로, 서해 남부 사단항로 등을 통해 이루어졌다. 이들 항로 중에서 서남해 연안에서 흑산도를 경유하여 남중국으로 향하는 루트가 서해 남부 사단항로이다.

서해 남부 사단항로는 신라 말에 이르러 장보고 선단에 의해 개척된 것으로 알려져 있다. 그러나 장보고 선단에 의해 개척되기 이전에 서해 남부 사단항로가 이용된 것으로 보는 견해도 없지 않다.[112] 신라의 통일 직후 서남해와 중국 吳越地方을 연결하는 해상교통로가 열려 있었다.

이와 관련하여 『삼국유사』에

C. 禺金里의 가난한 여자 寶開는 長春이라는 아들이 있었는데, 바다의 장사꾼을 따라 가더니 오래도록 소식이 없었다. 그 어머니가 敏藏寺 [敏藏 角干이 집을 희사하여 절로 만든 것이다] 관음보살 앞에 나아가 7일 동안 기도를 드렸다. 그러자 장춘이 갑자기 돌아왔다. 그 사연을 물어보았더니 이렇게 말하였다. "바다 한가운데에서 회오리바람을 만

---

110) 『三國史記』 권26, 百濟本紀4, 文周王 2年.

111) 『三國史記』 권26, 百濟本紀4, 東城王 6年.

112) 신형식, 2005, 『백제의 대외관계』, 주류성, 105쪽 ; 김인홍, 2011, 「해상 실크로드를 통한 한·중 해상 교류 : 4~5세기 한·중간 항로변화에 대한 검토」, 『문명교류연구』 2, 한국 문명교류연구소.

나 배는 부서졌고 동료들은 모두 죽음을 면치 못하였습니다. 저는 널 빤지를 타고 오나라 바닷가에 닿았고, 오나라 사람이 저를 데리고 가 들에서 농사를 짓게 했습니다. 그런데 이상한 스님 한 분이 마치 고향 에서 오신 것 같이 은근히 위로해 주시더니 저를 데리고 함께 길을 나 섰습니다. 앞에 깊은 도랑이 있었는데 스님이 제 겨드랑이를 끼고 뛰 어넘었습니다. 그런데 어렴풋이 우리 마을의 말소리와 우는 소리가 들리기에 바라보았더니 곧 벌써 여기에 이르렀습니다." 해질 무렵에 오나라를 떠났는데 여기 도착한 것이 겨우 戌時였다. 곧 天寶 4년 乙酉 4월 8일이었다. 景德王이 소식을 듣고 민장사에 밭을 시주하고 또 재 물도 바쳤다.[113]

라고 하였듯이, 해질 무렵에 출발하여 술시(오후 7~9시)에 도착한 것처 럼 최대한 짧은 항로를 이용한 사실이 참조된다.

사료 C에 보이는 조난은 신라의 서해안 관문이었던 당은포에서 산 동반도의 登州로 항해하는 과정에서 발생했다. 헌덕왕 8년에 견당사 金 士信이 서해에서 惡風을 만나 江淮地域의 楚州 鹽城縣 해안에 표착하기 도 했다.[114] 다음해 10월에도 金張廉이 바람에 떠밀려 명주에 도착한 기 록[115]이 남아 있다. 이들이 北路의 기착지인 등주로 향했다가 중간에 표 류하여 강회지방에 이른 것으로 보고 있다.[116]

그 반면에 長春의 귀국 항로는 거리가 짧은 남부 사단항로였을 가

---

113) 『三國遺事』 권3, 塔像4.

114) 『舊唐書』 권199, 新羅.

115) 『三國史記』 권10, 新羅本紀10, 憲德王 9年 10月; 『三國史記』 권46, 列傳 崔致遠.

116) 권덕영, 1996, 「新羅 遣唐使 硏究」, 한국정신문화연구원 한국학대학원 박사학위논 문, 26쪽.

능성이 높다.[117] 서해 남부 사단항로는 동중국해 사단항로로 불리기도 한다. 중국의 明州 定海縣과 台州 黃岩縣 및 揚州·泉州·廣州 등에서 흑산도를 경유하여 서남해 연안지역으로 연결되는 항로이다.

서해 남부 사단항로 이용은 海流를 활용하면 불가능한 것은 아니었다. 중국 강남지역에서 한반도 서남해 방향으로 사람과 물자의 이동은 선사시대 이래 계절풍을 이용해 꾸준히 전개되었다. 원양항해는 육지나 物標 없이 천체나 태양을 관찰해 위치와 항로를 측정하는 천문항법이 이용되었다.

해양민들은 경험이나 소박한 자연관측을 통해 일찍부터 원양항해의 어려움을 극복했다.[118] 서해 남부 사단항로의 개척은 선원들이 계절풍과 해류의 흐름을 정확히 파악하고 있었기 때문에 가능했다.[119] 고대의 항해는 바람에 절대적으로 의존하였다. 바람은 표류 등에 의하여 우발적인 교섭을 낳고, 지속적으로 접촉하는 계기를 만들어 문화교섭과 역사적인 사건을 발생시켰다.[120]

중국 동남부와 한반도 서남해 사이에는 신석기시대부터 해상을 통해 접촉이 이루어졌으며,[121] 주산군도와 흑산도를 징검다리로 삼아 왕

---

117) 권덕영, 1996, 위의 글, 16쪽 각주 50.

118) 윤명철, 2000, 앞의 글, 187쪽.

119) 절강 동부지역의 해류는 1월부터 4월까지는 북쪽에서 남쪽으로 흐르고, 5월부터 남쪽에서 북동쪽으로 방향을 전환해 6월부터 8월까지 남쪽에서 북동쪽으로, 9월부터 이듬해 4월까지는 다시 북쪽에서 남쪽으로 흐른다(윤명철, 1995, 「海洋條件을 통해서 본 古代韓日 關係史의 이해」, 『日本學』 15, 동국대학교 일본학연구소).

120) 윤명철, 1995, 앞의 글.

121) 황해 바닷길은 여러 차례의 실패와 성공적인 항해를 거듭한 후에 만들어졌는데, 한반도와 중국 사이의 해상교류 루트는 신석기시대부터 개척된 것으로 이해한다(최

래하였다.[122] 중국지역에서 출발한 異國船이 표류할 때 주로 신안군의 여러 섬에 표착한 사실이 참조된다.[123] 처음에는 중국에서 한반도 방향으로 이루어졌지만, 점차 그 반대 방향으로 이동 역시 생겨났다.[124]

해상을 통한 남방문화 유입은 동남아시아와 중국 황해연안, 한반도 남부, 일본 규슈지역 등에서 공통으로 확인되는 벼농사[125]와 난생설화[126] 등을 통해 확인된다. 남방문화 유입을 문신과 편두가 삼한지역에서 성행한 사실과 관련시켜 생각하는 견해도 있다.[127]

마한지역에서 조사되는 분구묘의 기원을 吳越의 土墩墓가 해상을 통해 전파되었을 가능성을 염두에 두기도 한다.[128] 해상을 통한 양측의 접촉과 관련하여 중국 절강성 瑞安市, 平陽市, 蒼南縣 일대에서 50여 기 이상 조사된 지석묘를 거론하기도 한다.[129] 전북 완주 상림리에서 발견

몽룡, 1988, 「고고학 자료를 통해 본 황해교섭사연구 서설」, 『진단학보』 66, 176쪽 ; 정진술, 2009, 『한국의 고대 해상교통로』, 한국해양전략연구소, 199~208쪽).

122) 고대 중국 강남지역과 한반도 사이의 해상교류에 대해서는 다음의 글을 참조하기 바란다. 毛昭晳(박양진·김형진 역), 2000, 「古代 中國 江南地域과 韓半島」, 『지방사와 지방문화』 3, 역사문화학회.

123) 이에 대해서는 다음의 글을 참조하기 바란다. 신안군·목포대 도서문화연구소, 1998, 『備邊司謄錄』, 신안군 관계기사자료집.

124) 明州 昌國縣에 위치한 梅岑山이 고구려와 신라 및 발해, 일본 등의 선박이 바람을 기다리던 장소라는 기록이 참조된다(『輿地氣勝』 권11).

125) 시아루빙, 2009, 「중국 벼농사 기술의 한국과 일본으로의 확산」, 『쌀삶문명연구』 3.

126) 김병모, 2006, 「한국 속의 남방문화 인자」, 『김병모의 고고학 여행 1』, 고래실.

127) 『三國志』 권30, 魏志30, 東夷 韓.

128) 임영진, 2007, 「馬韓墳丘墓와 吳越土墩墓의 比較 檢討」, 『중국사연구』 51, 중국사학회.

129) 毛昭晳, 1997, 「浙江支石墓的形制與朝鮮半島支石墓的比較」, 『中國江南社會與中漢文化交流』, 杭州出版社.

된 桃氏劍,[130] 신라 고분에서 출토되는 '로만 글라스' 유리 제품을 주목하는 견해도 있다.[131]

남중국에서 한반도 방면으로 선진 문화의 전파와 물자의 이동이 일방적으로 이루어진 것은 아니었다. 일찍부터 한반도의 상인들도 바다를 건너 남중국을 왕래하며 교역활동에 직접 참여했다.『三國志』孫權傳에 보이는 會稽(절강성 소흥)와 東冶(복건성 복주)를 왕래하며 피륙을 사고팔던 亶州 출신 상인들의 활약[132]이 참조된다. 단주의 위치에 대해 여러 견해가 제기되었는데, 한반도 서남해 연안 혹은 제주도로 비정하는 견해도 있다.[133]

남방문화 전래와 관련하여『삼국유사』에 기록된 허황후 관련 설화 역시 참조할 필요가 있다. 불교 전파가 대륙을 통한 北來보다 200~300년 앞서 바닷길을 이용해 인도 방면에서 직접 들어왔을 가능성을 시사한다.[134]

이와 같이 서해 남부 사단항로는 선사시대 이래 남방문화의 전파 루트로 활용되었다. 서해를 횡단하는 항로는 선사시대부터 열려 있었지만, 백제의 웅진 천도를 전후하여 널리 이용되었다. 백제와 고구려가 치

---

130) 桃氏劍은 春秋時代 후기부터 後漢 때까지 사용되었는데, 서해를 직항해서 강남지방과 교역이 이루어진 사실을 반영한 것으로 이해한다(권오영, 1988,「고고자료를 중심으로 본 백제와 중국의 문물교류」,『진단학보』66).

131) 김차규, 2009,「로마(비잔티움) 유리용기의 신라유입 과정에 대한 해석:5~6세기 초 비잔티움의 동방 교역정책과 관련하여」,『서양중세사연구』24.

132)『三國志』권47, 吳書, 孫權傳.

133) 손권 전에 보이는 夷州는 대만, 亶州는 呂宋島와 海南島 및 일본 등으로 이해한다. 이와는 달리 단주를 제주도 혹은 서남해 연안지역으로 보는 견해도 있다(김성호, 1996,『중국 진출 백제인의 해상 활동 천오백년』, 맑은소리, 61쪽 ; 정수일, 2002,『문명교류사 연구』, 사계절, 225쪽).

134) 정수일, 1989,「한국 불교 남래설 試考」,『史學志』22.

문안식

열하게 전쟁을 치르고 있던 상황을 고려하여, 백제와 동진의 사절 왕래가 남부 사단항로를 통해 이루어진 것으로 추정하기도 한다.[135]

백제의 항로 개척에 대해 사단항로는 물론이고 횡단항로의 운영마저 힘든 것으로 이해하는 견해도 있다.[136] 횡단항로와 사단항로는 기술적인 차이가 있고, 후자는 나침반이 항해에 사용된 이후 가능했던 것으로 보기도 한다.[137] 그러나 횡단항로와 사단항로는 모두 바다를 가로지르는 방식에서 동일하며, 비슷한 시기에 활용되지 않았을까 한다.[138]

백제는 4~5세기에 南朝와 벌인 정치적 교섭과정에서 사단항로를 이용하였다.[139] 백제는 서해 남부 사단항로와 서해 중부 사단항로를 모두 활용한 것으로 짐작된다. 백제는 동성왕과 무령왕 시대를 거치면서 서해 남부 사단항로를 적극적으로 이용했다.[140] 南齊를 비롯한 여러 왕조와 활발한 교섭활동은 서해 남부 사단항로를 통해 주로 이루어졌다.[141]

---

135) 정수일, 2002, 앞의 책, 238쪽.

136) 강봉룡, 2009, 「고대 한·중 항로와 바닷길」, 『고대 동아시아의 바닷길』, 국립해양문 화재연구소·목포대학교 도서문화연구소, 36~39쪽.

137) 정진술, 2009, 「장보고시대 항해술과 한·중항로에 대한 연구」, 『장보고와 미래대화』, 해군사관학교 한국해양연구소.

138) 강봉룡, 2009, 앞의 글.

139) 김인홍, 2011, 앞의 글.

140) 신형식, 2005, 『백제의 대외관계』, 주류성, 105쪽.

141) 서영수, 2007, 「백제의 대외교섭」, 『백제문화사대계 연구총서』 9, 충청남도 역사문화연구원, 213쪽.

4. 백제의 도서지역 군현 설치와 문화양식의 전파

한반도 서남해지역과 남중국을 연결하는 서해 남부 사단항로가 열리면서 흑산도를 비롯한 여러 도서는 해로의 요충지로 중요성이 더해졌다. 남부 사단항로의 코스는 徐兢이 편찬한 『高麗圖經』을 통해 엿볼 수 있다. 서긍 일행은 절강성의 定海縣을 출발한 후 흑산도를 경유하여 영광 낙월도와 안마도 등의 주변 해역을 거치면서 東北上했다.[142]

李重煥이 편찬한 『擇里志』에도 영암군 바닷가에서 배를 타고 흑산도를 거쳐 寧波府 定海縣으로 가는 일정이 기록되어 있다.[143] 여러 섬들을 나침반과 이정표로 삼은 원양항해는 항상 많은 위험이 도사리고 있었지만 불가능한 것은 아니었다. 그러나 신의도를 비롯한 서남해의 도서지역은 국제항로의 신설과 선단 왕래에도 불구하고 직접적인 여파가 미친 것은 아니었다.

백제시대의 서해 남부 사단항로는 웅진도성을 출발하여 금강 하구를 거쳐 군산과 영광의 도서 부근을 통과한 후 흑산도를 경유하여 중국 영파 부근으로 이어졌다. 백제 외에 가야와 왜국 등이 서해 남부 사단항로를 통해 南朝와 접촉했는지의 여부는 잘 알 수 없다. 다만 倭國이 梁과 접촉한 이후 국제 외교무대에서 사라진 사실이 참조된다. 왜국 등의 對中外交가 중단된 사실을 고려하면 남부 사단항로는 백제가 주

---

142) 『高麗圖經』 권33, 供水條. 서긍 일행은 중국을 출발하여 黑山島를 경유하여 月嶼·蘭山島·白衣島·跪苫·春草苫·檳榔焦·菩薩苫·竹島·苦苫苫·群山島 등의 주변 해역을 통과한 후 북상하여 禮成港에 이르렀다. 이들 도서의 위치 비정은 다음의 글을 참조하기 바란다. 조영록, 1997, 『한중문화교류와 남방해로』, 국학자료원, 193쪽.

143) 李重煥, 「八道總論 全羅道」, 『擇里志』.

문안식

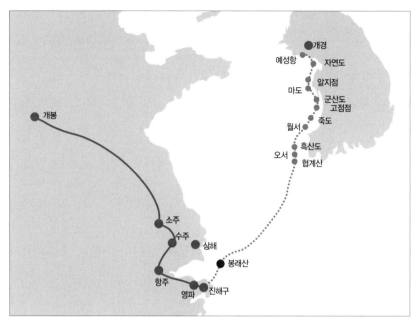

〈도면 5〉 송나라 선화봉사 서긍의 항해로

로 이용했을 가능성이 높다.

한편 6세기 전후 서남해의 교역 중심지는 서해 남부 사단항로의 주변지역이 아니라, 연안 내륙과 영산내해 일대의 여러 포구였다. 신의도와 안좌도 등의 도서지역은 그 중심에서 벗어나 있었다. 신의도 등에서 5세기 후엽부터 6세기 전엽 사이에 걸쳐 조성된 유적이 조사되지 않는 사실이 참조된다.

신의도를 비롯한 서남해 도서지역은 538년 사비 천도를 전후하여 다시 주목받게 되었다. 백제는 서남해 도서지역에 군현을 설치하고 지방관을 파견하는 등 海域 관리에 나섰다. 백제는 전국에 걸쳐 5方 37郡 200縣(혹은 城)을 설치하였는데, 서남해지역을 비롯한 전남 일원에 14군과 44현을 두었다. 전남의 44현 중에서 34현이 영산강유역을 비롯한 서부지역에 분포한다. 도서지방의 여러 곳에도 縣이 설치되었다.

『삼국사기』 지리지에 따르면 因珍島郡을 비롯하여 8곳의 군현을 도서지방에 둔 것으로 되어 있다.[144] 그런데 『翰苑』 百濟傳과 『隋書』 百濟傳에는 백제가 남쪽 바다에 설치한 군현의 숫자가 15곳으로 전해진다. 『삼국사기』의 기록과 달리 7곳 정도의 군현이 더 존재했을 가능성이 높다. 신라의 통일 이후 폐지된 군현이 기록에서 누락된 것으로 짐작된다.[145]

현재 문헌을 통해 확인 가능한 것은 갈초현(자은도)과 고록지현(임자도), 거지산현(장산도)이다.[146] 그 외에 상당한 숫자의 군현이 더 존재했지만, 문헌을 통해서는 확인할 수 없는 실정이다. 이와 관련하여 백제시대에 축조된 고분과 성곽이 남아 있는 서남해의 여러 도서들이 주목된다.

서남해 도서에서 백제 계통의 석실분이 확인된 지역은 압해도와 임자도 및 지도·비금도·신의도·하의도·안좌도·장산도 등이다.[147] 또한 완도 대신리·청산도 당락리·고금도 덕동리 등에서도 삼국시대 고분이 조사되었다.[148] 그 외에 전북 부안 위도에서도 다수의 백제 계통의 석실분이 확인되었다.

---

144) 『三國史記』 권37, 雜誌6, 地理4. 百濟.

145) 문안식, 2012, 앞의 글, 286쪽.

146) 갈초현과 고록지현 등의 위치 비정에 대해서는 다음의 글을 참조하기 바란다. 이해준, 1987, 「신안 도서지역 문화의 역사적 배경」, 『신안군의 문화유적』, 38쪽.

147) 신안 도서지역의 백제계통 석실분과 성곽의 분포에 대해서는 다음의 글을 참조하기 바란다. 최성환 편저, 2008, 『신안군의 문화유산』, 신안군·신안문화원.

148) 마한과 백제 때의 주거지와 목관묘·옹관묘·석실묘 유적 등의 분포 현황에 대해서는 다음의 글을 참조하기 바란다. 임영진, 2012, 「고고학 자료로 본 전남지역 마한 소국의 위치」, 『전남지역 마한 소국과 백제』, 2012년 백제학회 국제학술회의.

〈사진 3〉 신의도의 고분군 분포 전경 (항공촬영)[149]

이들 고분 유적은 금강 하구의 군산 앞바다에서 신안 도서지역과
진도를 거쳐 완도 등의 남해안지역으로 이어지는 海路 주변에 분포한
다. 고분이 조사된 하의도와 신의도 및 안좌도 등은 문헌에서 사라진
7縣이 설치된 지역과 관련이 있지 않을까 한다.

백제는 서남해에 분포한 여러 도서를 관리하기 유리한 압해도와 인
구가 많고 면적이 넓은 진도에 각각 阿次山郡과 因珍島郡을 두었다. 아
차산군은 북쪽의 금강 하구와 남쪽의 완도 방면을 연결하는 거점이었
다. 백제의 도서지역 군현은 군산 위도에서 신안 장산도에 이르는 海路
주변에 분포하였다. 육지에서 멀리 떨어진 갈초현과 고록지현, 거지산
현 등은 近海航路를 통제하는 역할을 하였다.

---

149) 마한문화연구원, 2013, 「신안 신의 상서고분군 발굴조사 약식보고서」.

백제가 서남해의 여러 도서에 군현을 설치하면서 토착세력과 밀접한 관계를 맺게 된 결과 6세기 중엽 이후 사비식 석실분이 조성된 것으로 짐작된다. 백제 때의 고분이 조사된 자은도와 임자도 및 장산도 등은 평야지대가 넓고 지세가 완만하여 사람들이 살기에 적당한 지역에 해당된다. 그러나 신의도는 구릉과 야산으로 이루어져 평야가 거의 없고, 장산도 등과 비교할 때 협소한 지역에 속한다. 또한 자급자족이 어려워 군현이 들어설 만한 입지를 갖추지도 못했다.

신의도 일대는 사람이 살아가는 데 불리한 여건에도 불구하고 백제 고분이 집중 분포한다. 신의도는 원래 상태도와 하태도로 불린 2개의 큰 섬과 그 주변의 작은 섬 3개로 이루어졌다. 근래에 신원방조제 등이 축조되면서 현재의 모습으로 변모되었다. 상태도와 하태도 사이의 海峽을 간척하여 넓은 염전을 만들었다.

신의도의 고분군은 원래의 상태도에 속한 지역에 분포한다. 상태서리 A지점에 16기, B지점에 19기, C지점에 2기, D지점에 1기의 석실분이 분포한다. 자실리의 뒷산 골짜기에도 20여 기가 분포한다. 상태서리고분군과 자실리고분군 사이에 위치한 낮은 야산에서도 10여 기의 수혈식 석곽묘가 확인되었다.[150]

신의도의 고분군은 내륙지역에서도 보기 드문 집중 분포 양상을 보인다. 이곳에 묻힌 피장자는 신의도의 주변 海域을 관리하던 사람들로 짐작된다. 신의도는 금강 하구에 위치한 古群山群島에서 부안 위도-영광 안마도를 거쳐 진도 서부 해안으로 우회하는 近海航路의 요충지에

---

150) 마한문화연구원, 2013, 「신안 신의 상서고분군 발굴조사 약식보고서」.

문안식

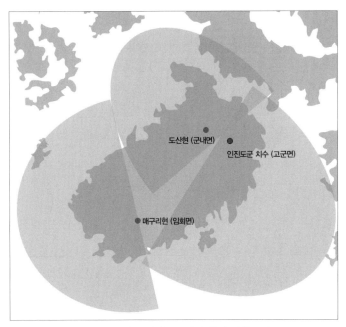

〈도면 6〉 백제 인진도군과 속현의 관할구역

자리한다. 沿岸航路上의 명량해협을 통과하지 않고, 진도를 우회한 후 청
산도 등을 경유하여 가야와 왜국 방면으로 연결되는 길목에 해당된다.

　백제는 서남해 해로를 통제하고 해역을 관리하기 위해 진도에 인진
도군을 설치하였다. 인진도군은 고군면 일대를 치소로 하여 도산현(군
내면)과 매구리현(임회면)을 두어 진도 북부지역과 남부지역을 관할하
였다.[151] 인진도군 本郡은 명량해협과 그 남쪽 해역을 관할하고, 도산
현은 북쪽 해역을 주로 통제하였다. 그 반면에 매구리현은 진도 남쪽

---

151) 고려시대의 진도현 치소는 고군면 고성리 및 오산리 일대(최연식, 2011, 「삼별초 이
　　전 진도 관련 역사자료의 재검토」, 『지방사와 지방문화』 14-1), 가흥현 치소는 군
　　내면 분토리, 임회현 치소는 임회면 상만리 일대로 비정된다(박종진, 2011, 「고려시
　　기 진도현의 위상과 변화」, 『도서문화』 38, 133~134쪽).

의 南桃鎭을 돌아 신의도를 거쳐 안좌도와 자은도 등을 통과해 임자도 방면으로 북상하는 近海航路를 통제하였다.

백제는 서남해 연안에도 여러 군현을 두어 해로 통제와 해역 관리 등을 담당하게 하였다. 勿阿兮郡의 屈乃縣(함평만)과 道際縣(무안 해제반도), 道武郡의 黃述縣(해남 우수영) 등이 대표적이다. 예컨대 황술현은 화원면을 비롯한 화원반도 일대를 관할하였는데, 내륙 방면에서 명량해협을 통제하는 역할을 하였다.

명량해협은 훗날 이순신장군이 벽파진에서 전라 우수영으로 鎭을 옮긴 뒤 장병들에게 "一夫當逕 足懼千夫"라고 언급할 정도로 중요한 요충지였다. 고려와 조선 때에 서남해를 거쳐 개경과 한양을 왕래하던 漕運船의 이동 통로이기도 했다.[152] 그러나 명량해협은 현지 사정에 밝은 선원들이 아니면 통과하기 매우 어려웠다.

육지와 가까운 곳을 항해하는 연안항해를 가장 쉽고 안전한 루트로 오해하기 쉽지만, 토착 해양민이 아닌 먼 지역이나 바다를 건너 온 항해자들은 거의 불가능하였다. 물길을 몰라 헤맬뿐더러 암초와 뻘로 인해 좌초되는 일도 자주 발생하였다.[153] 목포에서 해남에 이르는 해역은 리아스식 해안과 많은 섬들로 인해 물길이 매우 복잡하고, 강물과 바닷물이 섞이는 등 조류의 흐름마저 불규칙하다.

따라서 서남해 해역에 익숙하지 못한 외지 선박은 육지에서 멀리 떨

---

152) 바닷길의 요충지에 위치한 명량해협의 중요성에 대해서는 다음의 글을 참조하기 바란다. 국립해양문화재연구소, 2011, 『전라우수영』 조선시대 수군진조사 I, 264쪽.

153) 윤명철, 2000, 「고대 東亞지중해의 해양교류와 영산강유역」, 『지방사와 지방문화』 3권 1호, 186쪽.

문안식

어져 조류의 영향을 덜 받는 근해항해가 안전하고 편리하였다. 隋의 裴淸이 서해를 건너 백제 영해에 도착한 후 육지에서 떨어진 竹島(영광 안마도)를 경유 羅國(제주도) 해역을 통과하여 왜국의 都斯麻國으로 건너간 사실이 참조된다.[154]

백제가 신의도 등 육지에서 떨어진 도서에 군현을 설치한 배경 역시 근해항로를 통제하기 위한 목적과 관련이 있다. 신의도 일대의 해양 전략적 가치는 청일전쟁과 러일전쟁을 전후하여 玉島에 일본 해군기지가 설치된 사실을 통해서도 드러난다.[155] 그러나 백제 때는 옥도에서 10km 남짓 떨어진 신의도가 중시되었다.

신의도에 파견된 관리가 여덟 개의 물길이 열려 外洋과 목포 앞바다를 연결하는 '八口灣'을 관할했을 가능성이 높다. 또한 신의도는 주민 통치를 위한 일반 군현이 아니라 海上軍鎭이 설치된 것으로 짐작된다. 백제는 신의도에 해상 군진을 두어 해역 관리 등에 만전을 기울였다. 이를 위해 적지 않은 숫자의 병력이 주둔했을 가능성이 높다.

신의도의 중앙부에 위치한 채 상서고분군을 굽어보는 안산성(해발 120.5m)에 병력이 주둔했을 것이다. 신의도 고분군에 묻힌 주인공은 水軍 지휘관과 海路 안내 등을 하던 토착 해상세력으로 짐작된다.

한편 신의도의 주변 해역을 통제하고 감시하는 역할은 장산도 대성

---

154) 『隋書』 권81, 列傳46, 東夷 倭國.

155) 옥도 해역은 중국 대륙으로 나가는 먼 바다와 목포를 비롯한 한반도 육지부와 연결되는 중간 길목에 해당된다(朝鮮總督府, 『韓國水産誌』, 1907~1911). 옥도는 조선 시대의 경우 木浦鎭이 관할하는 8군데 要望臺의 한 곳이었으며, 청일전쟁과 러일전 쟁을 전후하여 일본 해군의 근거지가 마련된 전략적 요충지였다. 옥도의 해군기지 운영 사례는 다음의 글을 참조하기 바란다(최성환, 2011, 「러일전쟁기 일본해군의 玉島 八口浦防備隊 설치와 활용」, 『도서문화』 38, 217쪽).

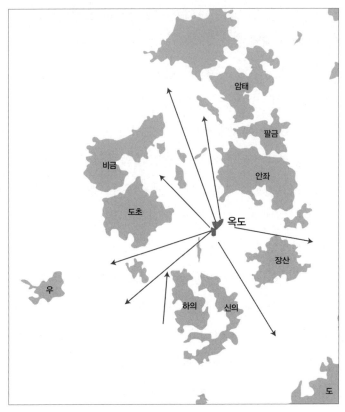

〈도면 7〉 팔구포 해역의 水道와 옥도의 위치

산성(해발 189m)이 담당했을 가능성이 높다.[156] 대성산성 정상에 오르면 동으로 명량해협과 해남반도, 서쪽으로 신의도와 하의도 및 옥도 일원, 남으로 진도, 북으로 안좌도를 비롯한 여러 도서지역이 한 눈에 조망된다.

대성산성은 서해와 남해를 연결하는 길목에 자리한 채 진도의 쉬미

---

156) 안산성과 대성산성은 아직 정식 발굴조사가 이루어지지 않아 백제 때에 축조된 것으로 단정하기 어렵다. 그러나 서남해지역의 여러 섬에 백제계 횡혈식석실분과 그에 짝하여 성곽시설이 남아 있는 것으로 볼 때 백제가 연안항로를 鎭守하는 거점으로 활용하였을 가능성이 있다(강봉룡, 2003, 「영산강유역 '옹관고분사회'의 형성과 전개」, 『강좌 한국고대사』 10, 가락국사적개발연구원).

문안식

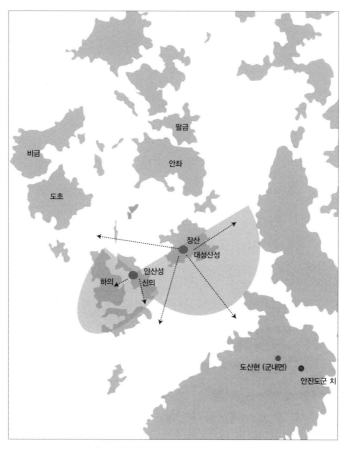

〈도면 8〉 신의도 안산성과 장산도 대성산성의 해역 통제 범위

항과 팽목항 방면으로 우회하는 近海航路를 통제하는 역할을 했다. 그 반면에 안산성은 신의도와 하의도 일대의 좁은 해협을 통과하는 선박을 통제하고 감시하는 역할을 담당했다. 백제의 서남해 海域 관리는 6세기 중엽 도서지역에 군현을 설치한 이후 한 동안 별다른 어려움에 직면하지 않았다.

신의도를 비롯해 서남해 도서지역에 설치된 郡縣 혹은 水軍鎭의 전략적 가치는 7세기를 전후하여 높아졌다. 왜국이 隋의 중국 통일을 전후하여 백제 위주의 一國外交를 벗어나 동아시아 諸國을 상대로 多國外交[157]를 추진하면서 변화가 일어났다.[158]

왜국은 600년 제1차 遣隋使를 파견한 이래 618년까지 5회에 걸쳐 보내는 등 외교적 고립을 벗어나기 위해 노력했다. 隋와 한반도의 사정을 살펴 국제 정세변화에 유연하게 대처하려는 측면도 없지 않았다. 그러나 왜국의 견수사 파견과 서남해 해역 통과는 백제의 견제를 받아 어려움에 처했다.

백제는 제2차 견수사 小野妹子가 隋의 裵世淸 일행과 함께 돌아올 때

> D. 妹子臣이, "(臣이) 돌아올 때에 당나라 황제가 서찰을 신에게 주었습니다. 그러나 백제를 지나올 때 백제인이 조사하여 빼앗았으므로 올릴 수 없게 되었습니다"라고 하였다.[159]

라고 하였듯이, 煬帝가 보낸 서찰을 탈취하였다. 왜국의 선박은 견제와 감시가 쉬운 연안항로를 택하지 않고, 내륙에서 멀리 떨어진 근해항로를 택했을 가능성이 높다.

백제와 왜국 사이에 긴장관계가 조성되자, 왜국은 신라의 도움을 받아 對中交涉에 나섰다. 신라는 隋에서 돌아오는 왜국 사절을 자국의 선박을 이용하여 귀국시켜 주는 등의 편리를 제공하였다.[160] 왜국은 隋가

---

157) 연민수, 2004, 「7세기 동아시아 정세와 왜국의 對韓政策」, 『新羅文化』 24, 47쪽.

158) 왜국의 다면외교 속에 내재된 지배층 내부의 대립양상에 대해서는 다음의 글을 참조하기 바란다. 石母田正, 1971, 『日本の古代國家』, 岩波書店, 51~52쪽.

159) 『日本書紀』 권22, 推古紀 16年 夏四月.

160) 田村圓澄, 1979, 「新羅送使考」, 『朝鮮學報』 90.

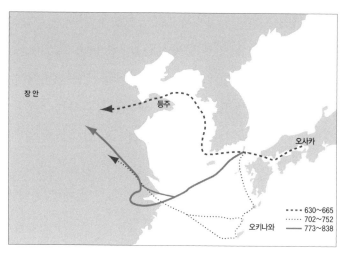

〈도면 9〉 遣唐使의 시기별 항해 루트

망하고 唐이 들어선 이후에도 한 동안 신라의 도움을 받았다.

왜국은 630년부터 894년까지 200여 년에 걸쳐 19차례의 遣唐使를 파견하였다.[161] 제1차 견당사 파견은 630년에 이루어졌는데, 사절단이 귀국할 때 唐의 高表仁을 대동하였다.[162] 당은 고표인을 왜국으로 보내, 신라와 왜국의 관계 개선을 도모한 후 고구려 견제를 기대하였다.[163]

고표인 일행은 백제가 장악한 서남해 海域을 통과하지 못했다. 고표인이 신라를 경유한 사례, 신라가 送使를 파견하여 왜국 사절의 귀국을 도와준 사실[164] 등이 참조된다. 일본의 견당사는 新羅使節과 함께 신라

---

161) 일본의 遣唐使 파견 시기와 목적 등에 대해서는 다음의 글을 참조하기 바란다. 關晃, 1962, 「大化改新」, 『岩波講座 日本歷史 2』; 西本昌弘, 1987, 「東アジアの動亂と變革」, 『日本歷史』 468.

162) 『舊唐書』 권199上, 東夷倭國.

163) 井上光貞, 1975, 「大化改新と東アジア」, 『岩波講座 日本歷史』, 岩波書店, 133쪽.

164) 『日本書紀』 권23, 舒明 4年 冬 10月.

선박에 동승하여 入唐하는 경우가 대부분이었다.[165]

왜국의 선단은 백제와 관계가 개선된 653년 이후 서남해 해역을 통과할 수 있게 되었다.[166] 왜국은 656년에 백제를 경유하여 唐에 사절을 보냈다.[167] 吉士長丹 일행 121명은 백제 해역을 통과하는 北路를 이용해 唐으로 건너갔다.[168] 659년에 보낸 제4차 견당사 역시 백제 해역을 통과해 당으로 갔다.[169]

백제의 서남해 해역 관리는 자국의 선단 보호 및 왜국 등의 사절 통제 등에 목적이 있었다. 서남해에 동남아시아 및 서역의 선단이 나타난 경우도 없지 않았다. 의자왕 1년(641)에 왜국으로 항해하던 崑崙의 사신들을 바다에 수장시킨 사건이 발생하였다.[170]

곤륜은 지금의 동남아시아 전체를 일컫는다. 당시 동남아시아의 상인들이 왜국과 교역하려는 것을 백제가 가로막은 것으로 보고 있다.[171]

---

165) 조이옥, 2003, 「8세기 중엽 일본의 遣唐使와 渤海」, 『한국사상과 문화』 20, 183쪽.

166) 2차 견당사는 2팀으로 나누어 구성되었는데, 吉士長丹 일행 121명은 北路를 택해 당으로 갔고, 高田首根麻呂 등 120명은 새로 南島路를 개척하던 중 薩麻 부근에서 조난당하였다(김은숙, 2007, 「7세기 동아시아의 국제관계」, 『한일관계사연구』 25, 78쪽). 길사장단은 중간에 백제 조정에 들러 백제와 동맹관계를 유지하겠다는 孝德의 뜻을 전하였는데, 『三國史記』 백제본기 의자왕 13년 조의 왜국과 우호를 통하였다는 기록과 관련된 것으로 이해한다(山尾幸久, 1989, 『古代の日朝關係』, 塙書房, 405쪽).

167) 『日本書紀』 권26, 齊明 元年 是歲.

168) 北路는 難波의 三津浦에서 승선하여 瀨戶內海-筑紫의 大津浦-壹岐島-對馬島-제주도-전남 竹島-서해안-산동반도 登州 및 萊州 노선으로 이해한다(森克己, 1966, 『遣唐使』, 至文堂, 30쪽).

169) 김은숙, 2006, 앞의 글, 86쪽.

170) 『日本書紀』 권24, 皇極 元年二月.

171) 이도학, 2003, 『살아있는 백제사』, 휴머니스트.

곤륜 사신은 중국의 江淮地方에서 일본으로 항해하지 않고, 서해 남부 사단항로 혹은 황해 횡단항로를 이용하한 후 서남해 도서지역을 통과하는 항로를 택했다.

〈사진 4〉 함평 창서유적 출토,
토기에 새겨진 서역 사람의 모습

659년 4월에는 서역의 吐火羅國(이란 동북부) 출신 남녀 각각 2명, 舍衛 (인도 갠지스강 유역) 출신 여자 1명이 탄 배가 풍파를 만나 일본의 日向(宮崎縣)에 표착한 사건이 발생했다.[172] 이들은 남중국해에서 거센 풍랑을 만나 일본 방면으로 표류했거나, 백제 해역을 경유하여 일본으로 항해하던 과정에서 표류하였을 가능성이 높다. 서남해 토착집단과 서역인이 직접 교류했을 가능성도 없지 않다. 함평군 해보면 대창리 창서마을 유물산포지에서 발굴된 토기에 새겨진 西域人을 닮은 '사람 얼굴'이 참조된다.[173]

서남해 해역은 백제 멸망 직전까지 왜국을 비롯하여 동남아시아와 서역 사람들이 왕래하는 국제 교류의 통로였다. 신의도의 백제고분이 6세기 중엽 이래 수혈식과 횡구식 및 횡혈식 등 여러 양식이 중단되지 않고 이어진 사실과 관련된다.

---

172) 『日本書紀』 권25, 齊明 5年4月.

173) 이 토기는 경사면의 퇴적된 흙을 제거하는 과정에서 바닥 일부만 남은 조각 형태로 수습되었다. 사람 얼굴은 토기 밑바닥에 한쪽으로 치우친 채 어떤 날카로운 도구로 긁어 새겨 놓았으며, 정면에서 바라본 것이 아니라 옆모습을 묘사하고 있다. 얼굴 그림은 큰 코에 머리를 뒤로 넘겨 경주 괘릉의 '武人像과 닮은 서역 계통 인물이 묘사되어 있다. 제작 연대는 사비시대 백제계 토기로 보고 있다(호남문화재연구원, 2003, 『함평 창서유적』).

① A-1호분 트렌치 조사 후(남에서)	② A-1호분 남단벽·연도부 축조상태
③ B-7호분 바닥석 축조상태	④ B-7호분 문비석 및 연도부

〈사진 5〉 신의도 상태서리 고분군[174]

신의도 상태서리고분군은 규모와 양식 등을 통해 볼 때 오랜 기간 동안에 걸쳐 축조된 사실이 확인된다. 석실의 형태는 횡혈식(B-7호, A-1·4·8호)과 횡구식(A-11호), 수혈식(A-16호) 등 여러 양식이 조사되었다. 상태서리고분군의 일부만 발굴되어 변화 양상을 명확히 제시할 수 없으나, 입지와 시간 흐름에 따른 구조 변화가 확인된다.

석실의 축조기법은 산사면을 삭토한 후 지하식과 반지하식이 배합된 L자형의 사비식의 형태를 따르고 있다. 전반적으로 사비식 석실과 유사한 측면이 보이지만 거대한 천장석을 사용하고, 기반암을 벽석과

---

174) 마한문화연구원, 2013, 「신안 신의 상서고분군 발굴조사 약식보고서」.

문안식

바닥석으로 이용하는 등 독자적인 양상도 엿보인다.

상태서리고분군의 중심은 A지점→B지점으로 옮겨갔을 가능성이 있다. A지점을 선행 시기로 보는 근거는 1호분과 7호분 등 규모가 큰 중심 고분에 배수구가 설치되지 않은 사실을 들 수 있다. A지점의 고분들은 신안군에서 향토자료로 등록할 때 지석묘로 착각할 만큼 조잡하고 거친 구조를 보인다.

그 반면에 B지점의 중심을 이루는 1호분과 2호분은 배수구가 설치되었을 뿐만 아니라 단정하고 세련된 구조를 하고 있다. 그 외에 A지점에서 B지점으로 갈수록 장폭이 커지고 치석을 잘 갖추고 있다. 따라서 상태서리고분군은 배수구 등이 설치되지 않고 거친 구조를 보인 A지점에서 완성된 구조를 띤 B지점으로 옮겨가면서 축조된 것으로 이해한다.[175]

B지점에서 A지점 방향으로 이동하였을 가능성도 없지 않다. B지점을 대표하는 7호분의 경우 현실의 규모가 장축 300cm, 단축의 북쪽과 남쪽이 각각 140cm와 150cm, 높이 115cm에 이르는 대형에 해당된다. 7호분의 경우 규모가 클 뿐만 아니라 현문구조를 비롯한 전체적인 양상이 사비형 석실의 영향을 크게 받았다.

측벽의 축조 형태 역시 복암리 3호분의 5호 및 12호 등과 비슷하게 활석을 이용하였다. 또한 문주석을 잘 다듬고, 바닥에 장판석을 깐 형태, 안쪽 벽에 큰 자연 판석 1매를 설치한 사실 등 사비형 석실의 영향

---

175) 발굴을 담당한 마한문화연구원은 신의도 상태서리고분의 A지점에서 B지점으로 중심 시기가 옮겨진 것으로 이해한다(마한문화연구원, 2013, 「신안 신의 상서고분군 발굴조사 약식보고서」).

〈사진 6〉 신의도 상태서리 A-4호분에서
출토된 병형토기와 자기류[177]

이 잔존한다. B-7호분의 경우 완성된 사비형 석실이 퇴화된 모습을 보여 6세기 후엽 이후 축조되었을 가능성이 있다.[176]

그 반면에 A지점의 경우 4호분에서 확인되듯이 횡혈식의 석실 구조가 퇴화되면서 추가장이 어려운 橫口化 혹은 細長化된 양상이 드러난다. 또한 인위적으로 2인 매장을 위해 쌍실 형태의 구조를 취한 사실 등을 고려할 때 B지점보다 늦은 6세기 후엽에서 7세기 전엽에 걸쳐 축조된 것으로 짐작된다. A-4호분에서 출토된 병형토기 2점의 편년 역시 6세기 후엽에서 7세기 전엽으로 볼 수 있다.

한편 D-1호분은 현문이 없는 횡구식 구조를 하고 있기 때문에 7세기 전엽에 축조되었을 가능성이 있다. 2인 추가장을 위해서는 현실의 폭이 130cm 이상 필요한데, 상태서리 D-1호분의 경우 장축 280cm에 넓이가 70cm에 불과하여 매우 늦은 시기에 축조되었을 가능성이 높다.

전형적인 사비식 석실분은 6세기 후엽에 이르면 1인 만을 매장하는 방식이 성행한다. 추가장이 필요하지 않아 현문 구조를 만들지 않고, 입구 부분만 막는 횡구 형태로 변화가 이루어졌다. 부여 염창리고분군 및 서천 추동리고분군, 청양 장승리고분군 등에서 확인되며, 상태서리 A군에서도 유사한 형식이 조사되었다.

---

176) 사비기 석실분의 형식 변천과 계통관계에 대해서는 다음의 글을 참조하기 바란다. 최영주, 2013, 「百濟 橫穴式石室의 型式變遷과 系統關係」, 『백제문화』 48.

177) 마한문화연구원, 2013, 「신안 신의 상서고분군 발굴조사 약식보고서」.

이와 같이 볼 때 상태서리고분군은 6세기 후엽부터 7세기 전반 사이에 걸쳐 조성되었을 가능성이 높다. 상태서리고분군의 축조 기간은 서남해 도서지역의 해양 전략적 가치가 높아진 시기와 일치한다. 백제가 서남해 해역의 긴장이 고조된 시기에 신의도를 비롯한 해상 도서지역 통치에 많은 노력을 기울인 사실을 반영한다.

5. 맺음말

이상에서 신안 신의도 고분군의 축조 배경을 백제의 해상 활동과 海路 관리 등의 측면에서 살펴보았다. 본론에서 서술한 내용을 요약 정리한 것으로 결론에 대신하고자 한다.

서남해 일대에는 2,000여 개 이상의 도서가 분포하는데, 신석기시대 이래 내륙 연안지역과 긴밀한 정보 교환 및 물자 이동이 이루어진 사실이 여러 유적을 통해 확인된다. 서남해 도서지역은 청동기시대를 거치면서 지속적인 발전을 하였다. 그러나 세형동검과 점토대토기 등이 등장하는 초기 철기시대에 이르면 사회발전 양상에서 확연한 차이를 보인다.

서남해의 연안내륙과 남해만 일대의 토착사회가 철기문화를 받아들여 점진적인 사회발전을 이룬 것과는 달리 도서지역은 한 동안 정체상태에 머물렀다. 서남해 도서지역은 패총을 거쳐 옹관고분이 조성되는 단계로 성장한 모습이 잘 드러나지 않는다.

서남해 일대는 4세기 후반에 이르러 근초고왕의 경략을 받아 백제의 영향력 하에 놓이게 되었다. 백제는 바닷길을 통제하고 공물을 징수하는 등 간접지배 방식을 택했다. 서남해 도서지역은 5세기 중반을 전후하여 신안 안좌도 배널리 3호분 등에서 수혈식 석곽묘가 등장하는 획기적인 변화가 일어났다. 신의도 역시 자실리 가군에서 10여 기에 이르는 수혈식 석곽묘가 확인되는 등 변화의 중심에 있었다.

가야와 왜국 등이 백제의 변방에 대한 영향력이 약화된 틈을 타고 서남해 도서지역 해상집단과 접촉한 사실을 반영한다. 이들은 중국 南朝로 향하는 항로 개척 과정에서 서남해의 해상세력의 도움을 받았다. 수혈식 석곽묘에 묻힌 피장자는 서남해지역의 해상세력 혹은 가야 등에서 옮겨온 이주민으로 짐작된다. 이들은 海路 안내 등의 해상활동 및 토착집단과의 교역을 중개하는 역할을 하였다.

서남해지역은 백제가 웅진천도 과정에서 빚어진 정치적 혼란을 극복한 후 남진정책을 추진하면서 다시 변화가 일어났다. 동성왕은 정국안정을 바탕으로 왕후제 시행과 무진주 친정에 나서는 등 서남해지역에 대한 영향력을 확대해 나갔다. 그러나 서남해지역에 대한 백제의 영향력은 한정되었고, 가야와 신라 및 왜국 역시 토착집단과 다양한 관계를 유지하였다.

가야 등이 서남해지역으로 진출한 목적은 대외교역, 풍요로운 곡창지대에 산출된 물산 확보, 남중국으로 향하는 항로 개척에 필요한 거점을 마련하기 위해서였다. 서남해 도서지역은 소위 영산강식 석실분과 남해안식 석실분이 등장하는 5세기 후엽부터 6세기 전엽 사이에 걸쳐 조성된 유적이 확인되지 않고 있다. 백제의 점진적인 영향력 확대에도 불구하고 서남해의 海路를 장악하거나 통제하지 못한 사실을 반영한다.

문안식

백제의 웅진천도 이후 한반도 서남해지역과 남중국을 연결하는 서해 남부 사단항로가 열리면서 흑산도를 비롯한 도서지역은 해로의 요충지로 중요성이 더해졌다. 그러나 서남해지역의 대외교섭 활동의 중심지는 서해 남부 사단항로의 주변지역이 아니라, 연안 내륙과 영산내해 일대의 여러 포구였다.

신의도를 비롯한 서남해 도서지역이 다시 주목 받은 시기는 백제가 사비 천도를 전후하여 方郡城制를 실시한 이후였다. 백제는 전국을 5방으로 나눈 후 그 밑의 郡과 城에 지방관을 파견하였다. 백제의 군현을 설치와 지방관 파견 이후 사비식 석실분이 서남해 도서지역 곳곳에 조성되기에 이르렀다.

백제 계통의 고분이 조사된 자은도와 임자도 및 장산도 등은 평야가 넓고 사람들이 거주하기 유리한 지역이다. 그러나 신의도는 낮은 야산으로 이어진 구릉지대가 펼쳐져 있어 자급자족이 어려운 지역이다. 신의도는 일반 군현이 아니라 海上軍鎭이 설치되었을 가능성이 높다.

신의도 일대에서 조사된 60여 기에 이르는 많은 숫자의 고분에 묻힌 사람들은 水軍鎭營의 지휘관 및 그를 보좌하던 해상세력 등으로 짐작된다. 신의도 水軍鎭은 古群山群島에서 부안 위도-영광 안마도-신안 임자도-자은도-팔금도-안좌도 등의 해역을 통과한 후 진도를 우회하여 추자도 및 제주도 방면으로 연결되는 近海航路를 통제하는 역할을 하였다. 신의도 중앙부에 위치한 안산성이 수군진의 거점 역할을 하였다.

신의도를 비롯하여 서남해 도서지역에 설치된 郡縣 혹은 軍鎭의 전략적 가치는 7세기를 전후하여 높아졌다. 백제 멸망 직전까지 중국의 隋

唐과 일본 및 동남아시아 등의 선단들이 서남해 도서지역을 경유한 사실이 여러 문헌을 통해 확인된다. 신의도 상태서리고분군의 축조 기간 역시 서남해 도서지역의 해양 전략적 가치가 고조된 시기와 일치한다.

그러나 신의도의 해양 전략적 가치는 신라의 통일 이후 급격히 약화되었다. 신라와 중국을 왕래하는 선단들은 榮山內海의 회진과 구림 등의 포구를 출발하여 압해도 인근 해역을 통과한 후 흑산도 해역을 경유하였다. 일본 역시 서남해를 경유하지 않고 肥前國 松浦郡 庇良島에서 출발하여 동지나해를 횡단하여 양자강 하구에 이르는 南路를 개척하였다. 신의도 일대에서 백제 이후에 조성된 고분들이 조사되지 않는 까닭은 항로의 변화와 관련이 있다.

문안식

토 론

문 동 석 (서울여자대학교)

본고는 신의도 일대에 백제고분이 집중 분포한 이유를 백제의 해양 정책 및 해양 활동과 관련하여 탐색한 것으로, 해양사의 관점에서 고고자료를 해석한 연구시각과 방법이 주목된다.

01　5세기 후반 안좌도 수혈식 석곽묘의 출현을 가야 및 왜의 근해항해와 관련하여 해석하였다. 이러한 해석이 보다 설득력을 갖기 위해서는 연안항해에서 근해항해로의 변화가 보다 명확히 제시될 필요가 있다. 그런데 본고는 수혈식 석곽묘의 주인공이 가야 및 왜와 밀접하였다는 점을 전제로, 반대로 그러한 변화를 추정하고 있다. 왜의 항해술이나 선박형태처럼 이를 방증할 자료가 있는지 궁금하다.

02　안좌도 배널리 3호분의 성격에 대해서는 가야 혹은 왜국인의 이주 가능성과 토착세력 중 항로 개척의 조력자 집단의 가능성을 제시하고 있다. 그러나 두 경우 모두 매장 시설은 가야계 석곽, 출토 유물은 왜계 갑주라는 괴리를 설명하지 못하고 있다. 또한 가야계

석곽의 규정도 매우 모호하다. 가야 고분의 지역성을 고려한다면 유구 구조에 대한 구체적인 비교 필요하다. 가야 수혈식 석곽의 어떠한 특징을 공유하는지, 어느 지역권과 유사한지 등의 문제가 설명되어야 한다. 왜냐하면 가야의 세력 중심의 이동이라는 측면에서, 구체적으로 지역성을 염두에 두고 가야와 비교 검토된다면, 가야 해상권의 경영의 주체 문제 등의 실마리로 작용할 수 있기 때문이다.

03 가야와 왜의 관계 설정은 어떻게 하고 있는 것인지 궁금하다. 동일한 유구에서 가야와 왜의 성격이 같이 나타나는 이유가 무엇이라고 보는지.

04 특정한 물자의 출토 여부를 통해 피장자의 성격을 이야기할 때, 영향력의 확대 혹은 문화적 접촉과 직접 이주를 구분하는 기준을 어떻게 상정하고 있으신지? 발표자는 이주 가능성, 영향력 내지는 접촉, 왜국과 교류 등, 특정한 물품이 다른 지역에서 출토된다는 점에서 같은 경우이지만 다른 해석을 내리고 있다.

05 5C 중반 개로왕의 한성 함락과 중앙의 영향력 약화가 원인이 되어, 가야와 왜국 사절단의 해로 개척 과정에서 서남해도 서지역과 접촉하였을 가능성을 이야기하고 있다. 그런데 5C말 가야와 왜국은 남조로 향하는 항로 개척보다 물자 교류를 위한 서남해 토착 세력과의 접촉으로 중국 물자의 수입 방식의 전환으로 상정하고 있다. 그 원인은 무엇인가? 이는 "서남해지역은 특정 집단이 대두하여 해상권을 장악한 것이 아니라 여러 군소 해상 세력이 해당 지역을 포구를 중심으로 활동"이라는 기술을 참고하면, 중앙 직접지배 노력의 적극성의

차이는 있었어도 가야·왜의 무역 전략 변경의 바탕이 될 정도는 아니라는 것인데, 갑자기 무역 전략 내지는 대중국교섭 전략에 변화가 생긴 것인지 설명되어야 한다.

06 서남해지역의 여러 군소 해상세력이 다리를 떼는 삼족기로 자신의 정체성을 표현한 것으로 해석하고 있다. 그러나 웅진, 사비기 고배의 대각 혹은 삼족기의 다리를 훼기하는 무덤 의례가 다수 확인되고 있다. 이는 지나친 의미 부여로 보여진다.

07 서남해지역의 토착 집단이 자신의 전통과 정체성을 유지한 상태에서 백제 및 주변과 관계를 맺었음을 기술하며 죽막동 제사를 언급하고 있다. 그러나 죽막동 제사에 백제 중앙 토기가 다수 출토되고 있고, 국가주관 제사(유병하)로 보는 관점을 고려한다면, 이 제사 자체가 백제 중앙의 지배력을 보여주는 것이다.

08 사단항로의 개척 결과를 남방문화의 유입으로 설명하였다. 이때 남방문화의 의미가 무엇인지 궁금하다. 대체로 남방문화를 강조하는 시각은 三品彰英로부터 비롯되었는데, 이를 통해 그는 남북이질문화권을 주장하였다. 난생설화 등이 대표적인 근거였다. 그러나 이러한 三品彰英의 주장이 잘못된 것임에 대해서는 이기백의 비판이 있었다. 중국남부와 동남아시아 지역을 구분하고, 그 문화요소를 보다 면밀히 검토했으면 한다.

09 4장에서는 백제의 서남해 관리를 서술하고, 이어 신의도 상태 서리고분군이 6세기 후엽부터 7세기 전반에 축조되었다고 하였는데, 논의는 반대로 되어야 하지 않을까. 앞 장에서의 논의처럼 먼저

고고자료를 제시하고, 그 배경으로 해양사적 분석이 진행되는 편이 순
조로워 보인다.

10 본 논문은 고고자료의 해석에 문화전파론의 영향이 강하다.
대체로 고고자료의 변화양상을 이주와 전파의 시각에서 해
석하고 있는데, 반대로 이 지역의 관점에서 동아시아 해양사를 서술할
여지는 없는지 궁금하다.

5·6世紀における百済、栄山江流域と倭の交渉
'倭系古墳'·前方後円墳の造営背景を中心に

5·6세기 백제, 영산강유역과 왜의 교섭
'왜계 고분'·전방후원분의 조영배경을 중심으로

高田貫太 (日本 国立歴史民俗博物館)
번역_ **이 택 구** (전북대학교)

1. はじめに

これまで様々な機会で述べてきたが、日本考古学における古墳時代の日朝関係に関する研究には、大きく3つの課題があるように思われる。

1つは、倭が朝鮮半島系の文物·技術を受容する主な契機として、倭王権による朝鮮半島における軍事的活動を過度に重視してきた点である。この解釈の枠組みは、1970年代までの'大和朝廷による任那支配'という古代史の枠組みを若干変更しつつ、踏襲してきたものと判断せざるを得ない[1]。しかし、1970年代以後の日本の古代史学界においては、史料批判を徹底させることで、倭王権主導の'任那支配'や'朝鮮出兵'の架空性を浮き彫りにしてきた。現在においても百済や加耶との連携の中で、倭が軍事的な活動を行ったことは史料上から指摘されているが、考古学的な方法論に則って、その活動の実態を再検討していく必要がある。

---

1) 山尾幸久, 1999, 「倭王権と加羅諸国との歴史的関係」, 『青立学術論集』15, 韓国文化研究振興財団;朴天秀, 2005, 「栄山江流域における前方後円墳からみた古代の韓半島と日本列島」, 『日韓交流展 海を渡った日本文化』, 宮崎県立西都原考古博物館.

2つめとして、倭王権による対外交渉権の一元的な掌握という解釈の再検討である。日本考古学においては、外来系文物や技術の流通機構を古墳時代当初から畿内地域が掌握していたという解釈が主流をなしてきたが、その前提として『広開土王碑文』や『日本書紀』神功摂政49年条などを根拠とした倭主体の軍事的活動が、暗黙裡に想定されている場合が多い。

　そして最後に、朝鮮半島諸勢力の側から日朝関係を検討していく必要性である。これまでの朝鮮三国時代に焦点を当てた古代史や考古学の成果を見れば、朝鮮三国と諸加耶それぞれが社会統合を志向する中で、様々な政治的な緊張関係が生じていたことが明らかにされつつある。その中で、諸勢力が明確な交渉意図を有して、倭との交渉に臨んでいた可能性は高く、それを具体的に明らかにする必要がある。

　上述の課題を克服しつつ、日朝関係史像を再構築していくためには、倭、朝鮮三国、諸加耶それぞれの王権間の関係の動向に焦点を定めるだけでは、不十分である。それとともに、王権に属した(あるいは反発した)多様な地域社会が、王権の圏域の内部で、あるいはその境界を往来し、他の社会とどのような関係を構築したのかについて、追究していくことが必要となる[2]。

　以上のような問題意識に基づけば、近年、朝鮮半島南海岸地域で確認が相次ぐ倭の墓制を総体的に採用した古墳(以下、'倭系古墳'と呼称する。ここでは5、6世紀に造営された古墳を検討対象とする)や、栄山江流域の前方後円墳の分析を通して、当時の倭と百済、栄山江流域との交渉の様態を明らかにすることには大きな意義がある。この課題に迫ることが本稿の主たる目的である。

---

2) 高田貫太, 2006,「5・6世紀の日朝交渉と地域社会」,『考古学研究』53-2;2014,『古墳時代の日朝関係-百済・新羅・大加耶と倭の交渉史-』, 吉川弘文館.

　　　　　　　　　　　　　　　　　　　　　　　　　　　　　高田貫太

まず第1節において、5世紀前半頃に相次いで造営された南海岸地域の‘倭系古墳’に焦点を定めて、当時の倭と百済、栄山江流域の交渉の様態を予察的に検討する。次に第2節において、5世紀後葉から6世紀前半頃に造営された栄山江流域の前方後円墳の築造の歴史的背景について、同時期の在地系高塚古墳との比較や古代交通路との関わりの検討を通して考察したい。そして、論を展開する中で、日本列島諸地域に分布する百済や栄山江流域と倭の交渉を示す具体的な資料について、いくつか紹介してみたい。

2. ‘倭系古墳’からみた5世紀前半の百済、栄山江流域と倭

1) ‘倭系古墳’を構成する諸属性の概観

　近年、南海岸地域を中心に5世紀前半頃の築造と想定される‘倭系古墳’の確認が相次いでいる(図1)。正式な調査報告書が刊行される前ではあるが、ここでは公表された資料や先学の成果[3]に基づきつつ、高興野幕古墳[4]、同吉頭里雁洞古墳[5]、海南外島1・2号墳[6]、新安배널리3号墳[7]を中心に、古墳を構成する諸属性について概観してみたい[8]。

---

3) 金洛中, 2013, 「5〜6世紀南海岸地域の倭系古墳の特性と意義」, 『湖南考古学報』45, 湖南考古学会.

4) 権宅章・이건용・이진우, 2013, 「高興野幕古墳の発掘調査」, 『2013年遺跡調査発表会発表資料集』, 韓国考古学会・韓国文化財調査研究機関協会.

5) 全南大学校博物館, 2011, 『高興吉頭里雁洞古墳の歴史的性格』.

6) 国立光州博物館・海南郡, 2001, 『海南方山里長鼓峰古墳試掘調査報告書』.

7) 新安郡・東新大学校, 2011, 『安佐面邑洞古墳および배널리古墳発掘調査 現場説明会資料』.

8) 筆者は、日本国国立歴史民俗博物館と大韓民国国立文化財研究所との学術交流の一環と

立地 高興野幕古墳は高興湾を眺望できる丘陵の頂部に位置している。丘陵の高さは海抜35m程で、高興湾とその周辺の景観を一望できる良好な立地である。他の古墳もそれぞれ海に面した低丘陵(雁洞)や小島(外島、배널리)に築かれている。いずれの古墳も臨海性が高く、独立的に立地し、その築造を契機として周囲に古墳群が形成されることはない。また、周辺に同時期の上位階層の墳墓が見当たらないようであるが、この点については今後の調査が必要であろう。例えば、外島1・2号墳の場合には周辺に海南新月里古墳が位置しており、両者の関係が注目される。

墳丘と外表施設 野幕古墳は径24m程の円墳、雁洞古墳は径36m程の円墳、外島1号墳も径23m程の円墳と推定されている。一方で、배널리3号墳も8m×6.4m程の円墳と推定され、他の古墳に比して小型である。また、野幕古墳と雁洞古墳では墳丘斜面における葺石の存在が明らかとなっている。

埋葬施設 細部の検討は調査報告書が刊行された後に行う必要はあるが、すでに指摘のあるように[9]、野幕、外島1・2号、배널리3号の埋葬施設は、北部九州地域に分布する竪穴式石室や箱式石棺との関連を考慮する必要がある。例えば、배널리3号墳の竪穴式石室(図2右)は両短壁に板石を立てている点、平面形が2m×0.45mと細長方形で直葬の可能性が高い点などから、北部九州地域で盛行したいわゆる'石棺系竪穴式石室'の範疇に属するものと判断できる。

して、2012、2013年度の各10日間程度、国立羅州文化財研究所に滞在した。その際に高興野幕古墳の発掘調査に参加させていただき、栄山江流域や朝鮮半島西・南海岸地域の'倭系古墳'と関連遺跡を踏査することができた。調査においては野幕古墳調査担当者の権宅章氏をはじめとする国立羅州文化財研究所の皆様に大変お世話になった。第1節の記述はその時の知見に大きく依っていることを明記しておく。

9) 金洛中, 2013, 「5~6世紀南海岸地域の倭系古墳の特性と意義」, 『湖南考古学報』45, 湖南考古学会.

高田貫太

また、野幕古墳の埋葬施設(図2左)も平面細長方形で控え積みの幅が幅広い点などは、北部九州地域の竪穴式石室と類似する。調査担当者は、四壁の石の積み方が粗雑である点、副葬品が床面直上ではなく堆積土の下部から出土した点などから、石室内部に木製構造物(木棺?)が存在した可能性を想定している[10]。また、蓋石が確認されず木蓋の可能性(もしくは木製構造物の蓋が石室上面を覆う機能を兼ねていた可能性)が指摘されている点も特徴的である。北部九州地域の竪穴式石室の中にも、例えば福岡県七夕池古墳(図3-1)のように、石室内部に木棺が存在したと推定できる事例はある。そして、墳丘盛土の途中に埋葬施設構築用の作業面を設けた後に、埋葬施設の構築と墳丘の盛土を並行して行うという造営過程についても、野幕と七夕池は共通的である。

雁洞古墳の埋葬施設については、平面形がいわゆる'羽子板'形を呈する点、壁面に赤色顔料を塗布する点などに倭系の要素が認められることは確かである。ただし、その構造については調査報告書の刊行後に、より詳細な検討が必要である。あるいは竪穴系横口式石室の可能性はないのであろうか。

副葬品 副葬品についても、正式な調査報告書の刊行後に詳細な検討を行う必要がある。ただし、野幕古墳(三角板革綴短甲、三角板革綴衝角付冑)、雁洞古墳(長方板革綴短甲、小札鋲留眉庇付冑2点)外島1号墳(三角板革綴短甲)、배닐리3号墳(三角板革綴短甲、三角板鋲留衝角付冑)と、いずれの古墳にも倭系の帯金式甲冑が副葬されている点は特筆される。詳述は避けるが、日本における甲冑研究を参考とすれば、いわゆる'鋲留技法導入期'、古墳時代中期中葉

---

10) 権宅章・이건용・이진우, 2013, 「高興野幕古墳の発掘調査」, 『2013年遺跡調査発表会発表資料集』, 韓国考古学会・韓国文化財調査研究機関協会.

頃(おおむね5世紀前葉頃)に対応する資料と評価できる。

　また、野幕古墳や배널리3号墳で出土した鉄鏃についても鳥舌鏃や短頸片刃鏃などからみて、甲冑と並行する時期に位置付けられるものが主体を占めているようである。特に、この2古墳から出土した主要な武器・武具類については、一括で倭から移入された可能性が高い。そして、竪櫛や勾玉などの装身具(野幕)、甲冑と鏡の共伴様相(野幕、雁洞、배널리3号)、埋葬施設内部に土器を副葬しない点なども倭との共通性が高い。

　一方で、雁洞古墳から出土した金銅製冠帽や飾履については、すでに詳細な検討がなされ、'百済の金属製装身具の特徴を忠実に備えて'おり、'製作技法やその水準からみれば、百済の王都たる漢城において製作されたもの'として理解されている[11]。そして、多様な玉類や鉄柄の鑷(살포)なども百済系と把握することができよう。

　このように、野幕、雁洞、外島1・2号、배널리3号の諸古墳は、外表施設、埋葬施設、副葬品など倭系の要素が色濃く認められ、総体的に倭の墓制を取り入れたものと判断できる。特に古墳の全体的な様相が明らかな野幕と배널리3号は、北部九州地域における同時期の中小古墳の様相と酷似している。'倭系古墳'として評価される所以である。一方で、雁洞古墳から出土した装身具や儀仗の鑷は、その被葬者(や造営集団)と百済王権との政治的関係を如実に示している。

木浦玉岩洞草堂山古墳　このような臨海性の高い'倭系古墳'は、今後も西・南海岸地域において確認される可能性は高い。その一例として木浦玉岩洞草堂

---

11) 李漢祥, 2011, 「高興吉頭里雁洞古墳の金銅冠帽と金銅飾履についての検討」, 『高興吉頭里雁洞古墳の歴史的性格』, 全南大学校博物館, 70頁.

　　　　　　　　　　　　　　　　　　　　　　　　　　　　　　高田貫太

山古墳[12]を挙げることができる(図4)。この古墳は現状で径18~20m程の円墳と推定されており、墳丘周辺に石材が散在している状況が報告されている。現地を踏査した結果、確かに墳丘斜面に割石が散在しており、これは墳丘に葺かれた葺石の可能性がある。また、栄山江の河口北岸の独立丘陵の頂部に位置しており、河口やその周囲の景観を眺望できる(図4下)。そして、河口堰が築かれる以前には、古墳の位置する丘陵から南方200m程まで潮が満ちることもあったとされる。

草堂山古墳は未調査であり、造営時期は不明とせざるを得ないが、立地の臨海性や葺石を有すると想定できることから、あるいは上述の'倭系古墳'と同様の性格を有している可能性もある。

2) '倭系古墳'の立地する地域の性格

海上交通を基盤とする地域集団 これまで整理したような特徴を有する'倭系古墳'の性格は、どのようなものであろうか。この点を明らかにするためには、直ちに'倭系古墳'の被葬者論を展開するのではなく、まずは、'倭系古墳'が位置する諸地域に経済的基盤を置き、おそらく'倭系古墳'の造営にも関与した地域集団の姿を浮き彫りにすることが重要である。'倭系古墳'の立地や南海岸地域の地理的特性については、次のようにまとめることができる。

① '倭系古墳'は南海岸地域の島嶼部、すなわち海岸を伝う沿岸航路の要衝地に立地する。

② この地域はリアス式の海岸で海岸線が複雑に入り組んでおり、潮汐の干

---

12) 国立羅州文化財研究所, 2011, 『栄山江流域の古代古墳精密分布調査報告書』, 169頁.

満差が非常に大きく、それによって発生する潮流は航海の上で障害となる。

③ 特に麗水半島から新安郡に至る地域は多島海地域であり、狭い海峡が連続し、非常に強い潮流が発生する。そのために、現在においても航海が難しい地域である。

①~③から推察すれば、南海岸地域を伝う沿岸航路を活用する場合、現地の複雑な海上地理や潮流を正確に把握する必要があり、それを最も熟知していたのは南海岸諸地域の集団であったと考えられる。したがって、これらの地域集団は南海岸沿いの沿岸航路を活用した海上交通を主たる政治経済的な基盤としていた可能性が高い[13]。

地域集団の墓制と集落–高興地域を事例として– このような沿岸航路の要衝を根拠地とした地域集団は、'倭系古墳'が築かれる5世紀前半頃には、どのような墓制や集落を営んでいたのであろうか。ここでは高興地域を事例として取り上げたい。野幕古墳や雁洞古墳が位置する高興半島では他の墳墓の発掘調査はほとんど行われていないが、半島の基部にあたる地域ではいくつかの調査が行われている。その中で高興掌徳里獐洞遺跡[14]に注目する(図7·8)。

獐洞遺跡では、周溝をめぐらせ内部に複数の木槨を設置するM1、M2号墳と、単独の木槨墓10基が確認された。調査報告書ではM1、M2号墳の造営時期を5世紀前半頃と想定している。ただ、M2-1号墓で出土した台付把手付壺

---

13) 権宅章·이건용·이진우, 2013, 「高興野幕古墳の発掘調査」, 『2013年遺跡調査発表会発表資料集』, 韓国考古学会·韓国文化財調査研究機関協会 ; 金洛中, 2013, 「5~6世紀南海岸地域の倭系古墳の特性と意義」, 『湖南考古学報』 45, 湖南考古学会.

14) 高興郡·大韓文化遺産研究センター, 2011, 『高興掌徳里獐洞遺跡』.

高田貫太

(図8-2)の型式からみると、もう少しさかのぼる可能性もあろう。副葬土器や周溝出土の土器をみると(図8)、金官加耶系(台付把手付壺など)、慶南西部地域系(広口壺)、栄山江流域系(蓋杯、口縁部短く外反する椀、両耳付壺など)などが出土し、さらには有孔広口小壺も確認されるなど、非常に多様である。

　獐洞遺跡とその周辺の墓制を整理した李暎澈は、M1、M2号墳を'多葬墳丘墓伝統の梯形古墳'と評価し、それが'栄山江流域圏で一般化する墓制の類型'であり、現状ではその分布の東限となることを指摘する[15]。そして、埋葬施設が単独木槨墓も含めていずれも木槨構造であり、副葬品に加耶系のものが主流を占めている点から、その造営集団は'高興半島一帯においては多少なじみの薄い埋葬風習を有していた集団'[16]であり、'小加耶や金官加耶をはじめとする加耶地域と活発な交流関係を展開していた'と想定している。氏の見解は妥当性が高く、獐洞遺跡が汝自灣から内陸へ至る交通路沿いに位置する点も勘案すれば、獐洞遺跡の造営集団は、南海岸沿いの沿岸航路を活用した海上交通を政治経済的な基盤としていたと判断できる。

　このような性格を有する地域集団が、野幕古墳や雁洞古墳が築かれた5世紀前半頃の高興半島一帯にも存在していたか否かについては、今後の発掘調査成果を期待するよりほかはない。ただし、野幕古墳の近隣で高興湾に面する微高地状には、4・5世紀代に寒東遺跡[17]や訪士遺跡[18]などの集落が営まれ

---

15) 李暎澈, 2011b, 「高興掌徳里獐洞において確認された多葬墳丘墓伝統の梯形古墳の築造背景と課題」, 『高興掌徳里獐洞遺跡』, 高興郡・大韓文化遺産研究センター, 218頁.

16) 李暎澈, 2011b, 「高興掌徳里獐洞において確認された多葬墳丘墓伝統の梯形古墳の築造背景と課題」, 『高興掌徳里獐洞遺跡』, 高興郡・大韓文化遺産研究センター, 218頁.

17) 湖南文化財研究院・益山地方国土管理庁, 2006a, 『高興寒東遺跡』.

18) 湖南文化財研究院・益山地方国土管理庁, 2006b, 『高興訪士遺跡』.

たことが確認されている。そして、これらの集落遺跡からは、栄山江流域や諸加耶に系譜を追える土器、倭系の須恵器系土器、子持勾玉などが出土しており(図5)、報告書において活発な交流関係がすでに指摘されている。したがって、高興半島にも海上交通に深く携わった、いくつかの地域集団が存在していた可能性は高い。

海南北日面一帯の地域集団 外島1・2号墳が造営された海南半島北日面一帯においても、このような地域集団の存在は想定できそうである。この想定の根拠となるのは、海南新月里古墳[19]である。新月里古墳は短辺14m×長辺20m程の規模を有する在地系の方台形墳である。埋葬施設は外島1・2号墳と同様の箱式石棺であり、壁石と天井石に赤色顔料を塗布している(図6左)。また墳丘には葺石を有している。その副葬品をみると、土器については栄山江流域に通有な土器群と判断されるが、鉄製品に鐔付鉄鉾が含まれている点に注目できる[20]。

鐔付鉄鉾は主に洛東江以東地域を中心に分布するが、鐔が袋部の上部や中間に取り付けられる古相の資料については、漢城百済圏にも分布する(図6右)。新月里古墳の鐔付鉄鉾は袋部の中間に鐔を取り付けた古相の資料であり、漢城百済圏との関係の中で、移入もしくは現地で製作された可能性がある[21]。新月里古墳の造営時期については今一つ判然としないが、出土土器や

19) 木浦大学校博物館・海南郡, 2010,『海南新月里古墳』.

20) 高田貫太, 2002,「朝鮮半島南部地域の三国時代古墳副葬鉄鉾についての予察」,『古代武器研究』3, 古代武器研究会.

21) 高田、2012の段階には当初5世紀後半頃の造営と考えていたが、副葬土器や鐔付鉄鉾の時期から判断して、外島1・2号墳とさほど造営時期の差は認めがたいと見解を修正するに至った。

高田貫太

鐔付鉄鉾から判断すれば、あるいは外島1・2号墳と同時期かそれほど遅くはない時期であった可能性もある。葺石や埋葬施設に認められる倭系要素や、鐔付鉄鉾から垣間見える漢城百済圏との関係を勘案すれば、その造営集団はやはり海上交通を基盤とした地域集団であったと考えられる。

南海岸地域に展開する'地域ネットワーク' 以上のように、海上交通を基盤としていた地域集団が南海岸地域には点在していた可能性が高い。彼らが活発な地域間交渉を行っていたとすれば、少なくとも'倭系古墳'が造営される5世紀前半頃の南海岸地域には、物資、技術、情報、祭祀方式などをやりとりする'地域ネットワーク'とでも呼ぶべき関係網が形成されていた、と想定できる。

3) '倭系古墳'築造の歴史的背景

'倭系古墳'の被葬者像 次に、これまでの検討に基づいて'倭系古墳'の被葬者像を想定してみたい。'倭系古墳'に認められる倭系あるいは百済系の属性(雁洞古墳出土の装身具や儀仗用の鏈など)、そして扶安竹幕洞祭祀遺跡や福岡県沖ノ島祭祀遺跡の存在などから判断すれば、南海岸を伝う沿岸航路が百済や栄山江流域、そして倭の主要な交渉経路であったことは、容易に想定される。具体的には、漢城百済圏-西海岸地域-南海岸地域の島嶼部-広義の対馬(大韓・朝鮮)海峡-倭という経路であり、無論、栄山江流域-栄山江-南海岸の島嶼部-海峡-倭というような経路も想定できる。

　先に述べたように、この経路上の点在する'倭系古墳'は単独的に造営され、その造営を契機に周囲に古墳群が形成されることはない、また、倭、特に

北部九州地域における中小古墳の墓制を総体的に採用している。このことから、その被葬者はあまり在地化はせずに異質な存在として葬られたと考えられ、倭の対百済、栄山江流域の交渉を実質的に担った倭系渡来人として評価できそうである。ただし、雁洞古墳の被葬者については、百済系の装身具や鏃が副葬されていることから、出自が倭にあるとしても百済との深い政治的関係を有していたことも確かである。その意味で、倭と百済の政治経済的なつながりを取り結ぶような立場にあった、複属性を備えた人物と考えてみたい。

倭系集団による南海岸地域のネットワークへの参画 このように'倭系古墳'の被葬者像を想定した場合、次に問題となるのは、被葬者やそれを取り巻く倭系渡来人集団が、百済や栄山江流域など目的地への航行や、それらとの交渉という任務を、いかにして円滑に遂行しようとしたのか、という点である。これを考古学的に検討することは至極難しい。ただ、先にみた②や③の南海岸地域の地理的特性を鑑みる時、少なくとも倭系渡来人集団のみでは沿岸航路の航行は至極困難であったことは想像に難くない[22]。

したがって、円滑な航行には複雑な海上地理と潮流を熟知する地域集団の仲介が不可欠であったろう。おそらく倭系渡来人集団は、南海岸地域に形成されていたネットワークへの参画を企図し、在地の諸集団との交流を重ねつつ、航路沿いの港口を'寄港地'として活用することや航行の案内を依頼していたのではなかろうか、と予察してみることはできる。すなわち、倭の対百

---

22) 権宅章・이건용・이진우, 2013, 「高興野幕古墳の発掘調査」, 『2013年遺跡調査発表会発表資料集』, 韓国考古学会・韓国文化財調査研究機関協会 ; 金洛中, 2013, 「5〜6世紀南海岸地域の倭系古墳の特性と意義」, 『湖南考古学報』45, 湖南考古学会.

高田貫太

済、栄山江流域の交渉は、南海岸の諸地域との関わりがあって初めて円滑に遂行できた可能性が高い。

　その場合、倭系渡来人集団が航行上の要衝地に一定期間滞在し在地の集団と'雑居'していた可能性も十分にあり、そのような状況の中で'倭系古墳'が築かれたと想定する。

女木島丸山古墳の百済系耳飾　このように、倭と百済、栄山江流域との交渉に島嶼部や海岸部の地域集団が関与していたことを示す事例は、実は、日本列島においてもいくつか確認できる。その一例として、香川県女木島丸山古墳[23]を紹介したい(図9)。

　女木島は、九州地域と畿内地域を結ぶ基幹交通路たる瀬戸内海に位置する小さな島である。その丘陵の尾根筋に丸山古墳が位置している。短径14.5m、長径16m程の円墳と考えられ、埋葬施設は箱式石棺である。岩盤を浅く掘り込んで石棺を設置し、その後に墳丘を盛土し、墳丘表面を葺石で被覆している。副葬品としては曲刃鎌、大刀が確認され、垂飾付耳飾が被葬者に着装された状態で出土した。この垂飾付耳飾は、典型的な漢城期百済圏の垂飾付耳飾(図10)であり、おそらく移入品であろう。それを着装した被葬者については、百済からの渡来人、もしくは彼らと密接な関わりを有した在地の有力層と想定できよう。垂飾付耳飾の型式から、その築造時期は5世紀前半頃と考えられる。

　女木島からは瀬戸内海は無論のこと、当時の有力な地域社会であった讃岐地域や吉備地域の沿岸部を広く眺望できる(図9写真)。また、女木島付近の海

---

23) 森井正, 1966,「高松市女木島丸山古墳」『香川県文化財調査報告』8, 香川県教育委員会.

域は多島海であり、狭い海峡が連続し、強い潮流が発生する。よって、丸山古墳の造営には、その海域を熟知し海上交通を基盤とした在地の集団が関与していた可能性が高い。詳述は避けるが、瀬戸内沿岸の諸地域は5世紀代に'渡来系竪穴式石室'や木槨など朝鮮半島系の埋葬施設を採用しており、明瞭な地域性が看取できる。すなわち、瀬戸内海を介在した物資や技術、情報、祭祀方式をやり取りするネットワークの存在を想定できる[24]。

　このような状況証拠を積み重ねると、百済から倭への使節団もまた、瀬戸内の地域集団との交流を重ね、ネットワークに参画することを企図し、時には女木島を'寄港地'として利用することもあったと、想定してみることは許されよう。当時の交渉が双方向的であったことの証左となる。

それぞれの交渉意図 5世紀前半頃の政治的状況を俯瞰すれば、百済は高句麗の南征への対応策の1つとして倭との提携を模索していたようであり、倭の側にも朝鮮半島系文化の受容という交渉意図があったと考えられる。そして栄山江流域についても、百済のある程度の関与はあったとしても、活発な対外交流活動を政治経済的な基盤としていたことはうかがえる。このような相互の交渉意図が複雑に絡み合った倭と百済、栄山江流域の交渉が、日朝両地域の島嶼部に分布する'倭系古墳'や朝鮮半島系古墳の確認によって、実は、交渉経路沿いの要衝地に点在する地域集団の深い関与のもとで、積み重ねられていたことが浮き彫りになりつつある。今後は、この地域集団がどのような意図で渡海する渡来人集団との交流を重ねたのか、という観点からも当時の日朝交渉を紐解いてゆく必要があろう。

---

24) 高田貫太, 2014, 『古墳時代の日朝関係−百済・新羅・大加耶と倭の交渉史−』, 吉川弘文館.

高田貫太

3. 栄山江流域における前方後円墳の歴史的背景

　次に、5世紀後葉から6世紀前半頃に造営された栄山江流域の前方後円墳(図11)の歴史的背景について検討する[25]。1990年代後半以降に、その年代、墳丘構造、埋葬施設や埴輪(円筒形土製品)・副葬品の系譜、被葬者像、日朝関係史における位置づけ、百済王権との関わりなどが活発に議論され、前方後円墳の歴史的意義に迫る研究成果が相次いで発表された。代表的な研究成果としては、朝鮮学会編[26]や大韓文化遺産研究センター編[27]などを挙げることができる。特に前方後円墳の被葬者の性格について論争が本格化し、現在に至っている。その内容は論者ごとに多様であるが、大きくは'在地首長説'、'倭系百済官人(僚)説'、そして'倭人説'などにまとめることはできる。

　被葬者論について現在においても議論が継続し、かつ厳しく対立しているのは、この問題が5、6世紀における栄山江流域における社会統合の度合い、百済と栄山江流域の政治経済的関係、あるいは当時の日朝交渉の様態などを明らかにしていくうえで、避けては通れない課題であり、各論者が抱く歴史像が問われるからであろう。

　その一方で、栄山江流域の前方後円墳の様々な属性(横穴式石室、玄室内の施設物、墳丘外表施設、副葬品など)に、倭系の要素のほかにも、百済系、在地系、そして加耶系の要素が認められることについては、ある程度の見解の一

---

25) 第2節の記述は高田2012の内容を再整理したものである。研究史の整理も高田2012で行っている。

26) 朝鮮学会編, 2002, 『前方後円墳と古代日朝関係』, 同成社.

27) 大韓文化遺産研究センター編, 2011, 『韓半島の前方後円墳』, 学研文化社.

致をみている[28]。また、5世紀末〜6世紀前半頃に相次いで築造されたという短期性や、栄山江流域における中心域たる羅州潘南面一帯を取り巻く外縁域に1、2基程度が築かれるという分散性についても、ほぼ共通の理解が得られているようでもある。前方後円墳に関する考古学的事象の基礎的な認識自体については、研究者間に大きな違いは認めにくい。

　ここでは、前方後円墳が出現、展開する前後の時期、5世紀後半から6世紀前半頃を1つの時期単位として把握する。そして、前方後円墳と在地系墓制の比較、その立地と古代交通路の相関性、集落との関わりなどの観点から前方後円墳の特質を浮き彫りにし、築造の背景を展望してみたい。

1) 栄山江流域における前方後円墳の特質

在地系墓制の特徴　まず、前方後円墳が造営される頃の在地系墓制の特徴を整理する。栄山江流域においては、おおむね5世紀中葉頃までは‘複合梯形墳’[29]と呼ばれるような墳墓が築造される。この墳墓は平面楕円形もしくは台形状の低墳丘に、頸部を明瞭に形づくる専用甕棺や木棺(土壙)を墳丘の主軸に沿って複数設置するもので、広く盛行していた。その後、墳丘が大型化し、砲弾形の専用甕棺、あるいは横穴式石室を主たる埋葬施設とする高塚古墳が営まれるようになる。近年では、海南新月里古墳や霊岩沃野里方台形古墳[30]など、5世紀前半〜中葉頃に築造が遡り得る古墳が確認されるようにもな

---

28) 高田貫太, 2012,「栄山江流域における前方後円墳築造の歴史的背景」『古墳時代の考古学7 内外の交流と時代の潮流』,同成社.

29) 金洛中, 2009,『栄山江古墳研究』,ソウル大学校大学院文学博士学位論文.

30) 国立羅州文化財研究所, 2012,『霊岩沃野里方台形古墳 第1号墳発掘調査報告書』.

高田貫太

っている。

　ともあれ、在地系の高塚古墳は方墳が主体をなしており、複数基、時には10基をこえる埋葬施設を同一墳丘に設置する点に大きな特徴がある。また、前時期の'複合梯形墳'の上部に高塚古墳を営むような場合もある。例えば、著名な羅州伏岩里3号墳[31]の場合は、複数の甕棺を順次埋納した低墳丘墓の造営から始まり(先行期)、その上部に高塚墳丘を造営しつつ、それに並行して九州系の1996年調査石室や複数の甕棺を造営し(I期)、さらに百済系の横穴式石室(一部に在地系の要素を含む)を順次追加していくという段階(II期)を経ている。先行期から7世紀前葉頃の最終埋葬までの長期にわたって断続的に単独の墳丘に埋葬行為を継続する。

　高塚古墳の初期の事例たる霊岩沃野里方台形古墳では、5世紀前半頃に、方台形の高塚墳丘を造成しつつ構築墓壙を設けて竪穴系横口式石室を高塚墳丘の中央部に設置している。そして、5世紀後葉～6世紀初頭頃にかけて、その周囲に竪穴式石槨1基、甕棺3基、木棺1基を順次設置している。蘆嶺山脈以北に位置し、おそらく5世紀中葉頃までには百済系の横穴式石室を受容していた高敞鳳徳里古墳群も同系統の墓制と判断される。1号墳[32]の場合、自然地形を利用した高塚墳丘に竪穴式石室(竪穴系横口式石室?)や横穴式石室を5基、それに付随する甕棺を2基設置している。1つの墳丘に複数の埋葬施設を設置する行為自体は、羅州地域やその周辺域と共通的である。

　このように、横穴系の埋葬施設などの新たな墓制を受容し、副葬品などに様々な外来系器物を含みつつも、地域の伝統の中で変容を遂げていく在地系の

---

31) 国立文化財研究所, 2001a, 『羅州伏岩里3号墳』.

32) 馬韓·百済文化研究所·高敞郡, 2012, 『高敞鳳徳里1号墳』.

高塚古墳は、基本的には栄山江流域の有力首長層の墳墓と評価してよいであろう。今後の調査事例の増加を待って判断すべきではあるが、在地系の高塚古墳は、5世紀後半以降には栄山江流域中枢域たる羅州とその周辺域を中心に分布し、外縁の諸地域へはあまり広がりをみせないようである。このような状況は、遅くとも5世紀中葉頃までの低墳丘の'複合梯形墳'が、羅州を中心としつつ他地域にもよく広がっていた状況とは異なる。

前方後円墳との比較 以上のような特徴を有する在地系の高塚古墳と、前方後円墳を比較してみたい。まず埋葬施設についてみると、大きくは中北部九州地域に系譜を求められる横穴式石室の採用は、相互に共通的である。5世紀前半頃からすでに受容されていた可能性が高い竪穴系横口式石室についても、系譜については今後の検討が必要であるが、その採用自体は共通的である。次に外表施設については、在地系の高塚古墳の中にも葺石や埴輪(円筒形土製品)が確認された事例があり、やはり共通性が高い。そして、冠や飾履などの百済系装身具が副葬される点や、釘や鎹を用いた木棺が屍身の保護に用いられる点においても共通的である[33]。このように、俯瞰的にみれば、埋葬施設、外表施設、副葬品などに外来系の要素を取り入れているという点において相互に共通する。

その一方で、墳丘形態、墳丘拡張の有無、そして前方後円墳が基本的に後円部中央に1基の横穴式石室を設置する点から、埋葬施設の数や埋葬を継続する期間において、相互に違いを確認できる。両者は墳墓としての用いられ方は明らかに異なっている。また、分布の面においても在地系の高塚古墳があま

---

33) 洪潽植, 2005, 「栄山江流域古墳の性格と推移」, 『湖南考古学報』21, 湖南考古学会.

高田貫太

り認められない外縁域に、分散的に13基もの前方後円墳が築造されており、この点においても両者の差異性は認められる[34]。

　以上のような在地系の墓制との比較と13基という造営数を考慮すれば、栄山江流域の前方後円墳は、在地化しない特殊的な墓制というよりは、ある程度の定型性が認められるもう1つの墓制として評価できそうである。すなわち、在地系の高塚古墳と前方後円墳という、相互に共通性を有しつつも墳墓としての用いられ方が相異なる2つの墓制が盛行していたと把握すべきであろう。

2) 古代交通路と前方後円墳

交通路との関わり　前方後円墳を造営する集団と高塚古墳を造営する集団の政治経済的関係はいかなるものであったのか。ここでは古代交通路との関わりから検討する。

　在地系の高塚古墳との立地関係や古代交通路を考慮し、栄山江流域の前方後円墳の歴史的意味合いを見出したのは、朴天秀である。氏は、栄山江流域の前方後円墳それぞれが在地勢力に対する牽制や交通路の遮断などを意図して、百済中央によって配置されたと解釈し、その被葬者像を倭系百済官人と想定した[35]。その根拠の1つとして提示したのが、当時の中枢域であった羅州潘南古墳群と蘆嶺山脈以北の高敞雅山面鳳徳里古墳群を結ぶ交通路と、前方後円墳の立地関係である。氏は前方後円墳が"全羅北道南部の在地勢力の

---

34) 朴天秀, 2002, 「栄山江流域における前方後円墳の被葬者の出自とその性格」, 『考古学研究』49-2, 考古学研究会.

35) 朴天秀, 2005, 「栄山江流域における前方後円墳からみた古代の韓半島と日本列島」, 『日韓交流展 海を渡った日本文化』, 宮崎県立西都原考古博物館.

最大の中心地である雅山地域を西方から制圧し、栄山江流域とこの地域との関係を遮断するように配置されている'[36)]とした。ここでは氏の検討を踏まえ、踏査や古地図に基づきつつ、新納泉が作成したGISmapというソフトウェアの最適経路計算機能を利用し、その交通路を推定してみた(図12)。

この潘南－雅山交通路に近接する位置には、在地系の高塚古墳(北から鳳徳里古墳群－米出古墳－高節里古墳・九山里古墳－潘南古墳群)や前方後円墳(北から七岩里古墳－月桂1号墳－長鼓山古墳－瓢山1号墳)、そして百済的な古墳群(霊光鶴丁里대천古墳群)が分布し、それらの立地の選定や築造過程において、この交通路が重要な役割を果たしていたことは認めることができる。

また、この交通路は朝鮮半島西海岸沿いを走っており、海から運ばれてくる様々な人や物資、技術、情報についても容易に受容し、双方向的に展開させていくことが可能であったと考えられる。例えば、鳳徳里推定方形墳では在地系の土器とともに須恵器系土器や百済系、加耶系(?)の土器が出土している[37)]。また、鳳徳1号墳や羅州新村里9号墳[38)]では、各種の百済系装身具が確認されている。そして、高敞地域を中心に分布する短脚の台付杯(いわゆる高敞系土器)が、蘆嶺山脈をこえ栄江流域の古墳に副葬される状況[39)]も明らかとなっている。

問題は、5世紀末から6世紀前前半頃にかけて、北から七岩里古墳－月桂1号

36) 朴天秀, 2005, 「栄山江流域における前方後円墳からみた古代の韓半島と日本列島」, 『日韓交流展 海を渡った日本文化』, 宮崎県立西都原考古博物館, 68頁.

37) 湖南文化財研究院・全羅北道, 2003, 『高敞鳳徳里遺跡I』, 図14.

38) 国立文化財研究所, 2001b, 『新村里9号墳』.

39) 酒井清治, 2005, 「韓国栄山江流域の土器生産とその様相－羅州勢力と百済・倭の関係」, 『駒澤考古』, 駒澤大学考古学研究室; 徐賢珠, 2006, 『栄山江流域における三国時代土器研究』, ソウル大学校大学院文学博士論文.

高田貫太

墳-長鼓山古墳-瓢山1号墳と、前方後円墳もこの交通路の一帯に築かれる状況にある。潘南-雅山交通路をめぐる在地系の高塚古墳と前方後円墳の関係性に迫る鍵は、両者の墳墓としての差異性と共通性であろう。

併存する在地系の高塚古墳と前方後円墳　まず、墳丘形態は無論のこと、墳墓としての用いられ方が両者で相異なるという差異性に注目すれば、前方後円墳という新たな墓制の成立には、それを自らの墓制としていた倭系渡来人集団の深い関与が必要であったことは想定できる。長期的な倭と栄山江流域との交流関係の中で、特にこの時期に栄山江流域への往来を頻繁に重ね、一部が定着し地域社会へ溶け込んでいった倭系の集団によって、前方後円墳をめぐる様々な物資、技術、情報がもたらされたと想定することは、それほど無理のない見方であろう。特に、墳丘構築と並行しつつ九州系の横穴式石室を構築する技術伝統は、当時の栄山江流域には認めがたく、九州地域においてその構築に携わった技術者集団の直接的な関わりが不可欠である。

　次に、埋葬施設や外表施設などに認められる両者の共通性に注目すれば、在地系の高塚方墳の造営集団が、前方後円墳や百済系の墓制に関する情報を入手し得る環境にあったこともまた確かである(図13)。そうであれば、それらに関する人、物資、技術、情報の伝達などに、潘南-雅山交通路をはじめとする様々な交通路が利用されていたと考えられる。ここに栄山江流域の諸地域集団を取り結ぶ'地域ネットワーク'の存在を想定できる。

　朴天秀が唱えるような、在地勢力に対する牽制や交通路遮断のために前方後円墳を配置したという論[40])においては、在地系の高塚古墳と前方後円墳の

---

40) 朴天秀, 2002, 「栄山江流域における前方後円墳の被葬者の出自とその性格」, 『考古学研究』49-2, 考古学研究会;2005, 「栄山江流域における前方後円墳からみた古代の韓半島

関係性は対立的、排他的に把握する視角が前提となっている。しかし、地政学的な環境や考古学的資料による限り、高塚古墳であれ前方後円墳であれ、造営集団が潘南-雅山交通路など様々な交通路を利用したネットワークに参画し、新来の墓制を受容していたという点において、両者はむしろ併存的と評価すべきである。

倭系渡来人の手がかり 以上のような想定は、咸平湾沿岸地域において前方後円墳である長鼓山古墳と在地系の高塚方墳である米出古墳が隣接して築かれている状況からも端的に傍証される。最後に、両古墳の造営に関わったと想定される集落遺跡の様相から、倭系渡来人集団の存在可能性についての手がかりを得たい。その遺跡は、咸平老迪遺跡カ地区[41]である(図15)。

老迪遺跡カ地区は、潘南-雅山交通路に面する丘陵斜面に営まれた集落遺跡で、長鼓山古墳や米出古墳と近接した位置関係にある。オンドル付竪穴住居7棟をはじめとして、竪穴、溝などが確認された。出土遺物から、5世紀後半から6世紀前半頃を中心時期とする短期的な集落と想定されている。

この遺跡で注目すべきは、住居址や堆積土中から埴輪(円筒形土製品)が13点出土したことや、在地系、百済系の土器の他に須恵器系土器が出土したことである。埴輪(円筒形土製品)は、全体的な器形や突帯の形状や透孔を有する点などは日本列島資料と相対的に類似する。最下段の縦ナデ調整が認められるものもあるが、外面調整はほとんどがタタキ調整であり、在地の工人によって製作されたことは明らかである。報告書では"隣接する咸平長鼓山古墳出土品

と日本列島」、『日韓交流展 海を渡った日本文化』、宮崎県立西都原考古博物館.

41) 湖南文化財研究院, 2005, 『咸平老迪遺跡』.

高田貫太

と同一の製品'と評価している[42]。一方で、須恵器系土器は在地における生産か倭からの搬入品かの区別は難しいが、実見の結果、杯身(図15-14)は須恵器と同一の製作技術によるものである。

　地理的状況や集落の存続期間からみても、長鼓山古墳や米出古墳などの造営に関わった可能性が高い集落遺跡から、須恵器系土器や埴輪(円筒形土製品)が出土した状況は示唆的である。踏み込めば、集落の構成員には、地域社会の中に定着し在地化していく倭系渡来人が含まれていた可能性があるのではなかろうか。

　実際に、この頃の栄山江流域各地の集落遺跡から、須恵器系土器が少なからず出土している[43]。今後は、煮炊きなどに関わる土師器系土器が、どの程度集落遺跡から出土するかどうかについて注意する必要がある。それでも、光州香嶝遺跡[44]のように、造営期間が5世紀後半〜6世紀前葉頃と短期間で、土器や鉄製品の製作に従事したと想定される集落[45]において、突帯や透孔が確認できる埴輪片や須恵器系土器が出土している場合、そこには倭系渡来人の何らかの関わりを考慮してもよいのかもしれない。[46]

---

42) 湖南文化財研究院, 2005, 『咸平老迪遺跡』, 88쪽頁.

43) 李暎澈, 2011a, 「栄山江上流地域の集落変動と百済化の過程」, 『百済学報』6, 百済学会.

44) 湖南文化財研究院, 2004, 『光州香嶝遺跡』.

45) 李暎澈, 2011a, 「栄山江上流地域の集落変動と百済化の過程」, 『百済学報』6, 百済学会.

46) 李暎澈は、5世紀後半以降には、月桂洞1・2号墳や明花洞古墳などの前方後円墳が位置する栄山江上流地域の集落構造に大きな変動があり、位階化と専業化が進展すると指摘している(李暎澈2011a)。傾聴すべき見解であろう。氏は、そこに百済による直接的な支配を読み取っている。当該期の集落においては、埴輪(円筒形土製品)、須恵器系土器、大伽耶や小加耶を中心とした諸加耶系の土器が少なからず出土している。このような多様な系譜を有する資料の評価も含めて、集落の様相を絡めつつ前方後円墳築造の背景を紐解いていく必要がある。

3) 前方後円墳造営の歴史的背景

地域からの視座 これまでの議論に基づいて、前方後円墳の築造にいたる大まかな流れを栄山江流域の側から想定すれば、次のようになろう。

まず、長期的な百済、倭との基層的な交流関係の中で、前方後円墳や百済系の墓制に関する様々な人、物資、技術が栄山江流域にもたらされる。前方後円墳については、特に5世紀後葉から6世紀前半頃に諸地域集団との交流を重ねつつ定着・在地化した倭系渡来人集団が、その伝達に深く関与した可能性が高い。次に、栄山江流域の諸地域集団が、古代交通路を媒介とした地域ネットワークに参画する中で、この新来の墓制を総体的に、あるいは諸属性を取捨選択して受容する。そして、受容した様々な墓制に関わる情報に基づいて、埴輪(円筒形土製品)や木製品の製作に臨み、前方後円形の高塚墳丘を築き、おそらくは倭系技術者とともに石室構築に携わるなどして、それを自らの墓制として展開させていく。

鳥瞰的にみれば、羅州地域とその周辺域では、在地系高塚古墳の構成要素として横穴式石室や外表施設を取り込む動きが顕著であったのに対し、咸平、栄山江上流域、海南半島などの外縁域においては、前方後円墳の諸属性をある程度総体として受容していたと把握できる。したがって、前方後円墳か在地系の高塚古墳かという違いは、諸地域集団の立場からみれば、新来の墓制に対する主体的な取捨選択の結果、ひいては百済中央や倭系渡来人集団との関わり合い方の違いの結果と評価できる。

岡山県天狗山古墳出土の土器群 無論、この頃の栄山江流域の諸地域集団が倭へ赴いたことも確かであり、その関係は双方向的なものであった。栄山江流

高田貫太

域と倭の交渉を示す日本列島側の資料については、すでに畿内地域や中・北部九州地域を中心に数多く紹介されている。ここでは、その狭間に位置する瀬戸内地域の事例について紹介したい。それは、岡山県天狗山古墳[47]の造出部から出土した土器群である。

　天狗山古墳は墳丘長60m程の帆立貝形前方後円墳である(図16)。その前方部西側に付設された造出部に、5世紀後葉頃の須恵器杯身(8)とともに陶質土器の杯身、杯蓋が供献されていた。まず杯蓋の3点(1~3)は、栄山江流域、それも羅州地域からの搬入品である可能性は高い。もう1点(4)については、全体的な器形から須恵器杯蓋のように見受けられるが、天井部下半の器厚が非常に厚い点、天井部上半の外面が回転ヘラ削りではなくナデ調整で仕上げられている点を勘案すると、須恵器とは考えがたい。むしろ、口縁端部や天井部と口縁部の境の段を須恵器と同様に形づくる、いわゆる高敞系土器の可能性が高い。その他にも、焼成が軟質で、蓋受け部が短厚でつまみ出しが非常に弱い杯身(4~7)も多く出土している。これも須恵器とは考えがた く、いまだに酷似する類例は見当たらないが、あるいは栄山江流域系の可能性はなかろうか。

　天狗山古墳は瀬戸内北岸を伝う沿岸航路と河川(小田川と高梁川)の結節点に位置している。様々な朝鮮半島系副葬品が確認された古墳であり、海上交通を基盤としていた小田川下流域集団の首長墓と考えられる。その造出部から栄山江流域系の土器が多数出土した状況を積極的に理解すれば、造出部で執り行われた儀礼に栄山江流域からの渡来人集団が参加したと解釈するこ

47) 松木武彦・新納泉, 2001, 『吉備地域における『雄略朝』期'の考古学的研究』, 科学研究費補助金研究成果報告書 岡山大学文学部.

とも可能であろう[48]。

前方後円墳の多義性 前方後円墳築造の背景となった倭と栄山江流域との対外交渉には、北部九州地域を主体とした倭の側の対外経路の維持・展開という意図があったことがすでに指摘されている[49]。その一方で、銀装釘や環座金具を備えた木棺や百済系装身具類の副葬に、熊津遷都後の百済の栄山江流域に対する統合志向が反映された可能性も提起されている[50]。そして、栄山江流域の側には、新来の墓制の積極的な受容と展開によって、倭や百済中央との等距離的な関係を維持しつつ、相互に連携も図るという思惑があったことも指摘されている[51]。

以上の諸見解は必ずしも相互に対立するものではない。それらに加えて、在地系の墓制と前方後円墳がむしろ併存的であったとみることが可能であれば、栄山江流域の前方後円墳は、ある特定の政治体の政治経済的な意図が強く反映されたというよりは、築造から葬送儀礼に至る一連の過程において、栄山江流域(の前方後円墳造営集団)を主体としつつも、倭、百済などの政治経済的思惑も内包された多義的な墳墓であったと評価できる。

そこに葬られた被葬者は、基本的には百済や倭と緊密な関係を有した栄山江流域の諸地域集団の首長層と考えられるが、その首長層に百済、倭に出自を有する人々が含まれていた可能性もまた、考慮しておく必要はある。

---

48) 高田貫太, 2014,『古墳時代の日朝関係−百済・新羅・大加耶と倭の交渉史−』, 吉川弘文館.

49) 柳沢一男, 2006,「5〜6世紀の韓半島西南部と九州」『加耶、洛東江から栄山江へ』, 金海市.

50) 洪潽植, 2005,「栄山江流域古墳の性格と推移」『湖南考古学報』21, 湖南考古学会.

51) 田中俊明, 2002,「韓国の前方後円形古墳の被葬者・造墓集団に対する私見」『前方後円墳と古代日朝関係』, 同成社;金洛中, 2009,『栄山江古墳研究』, ソウル大学校大学院文学博士学位論文.

高田貫太

4. おわりに

　本稿では、南海岸地域や栄山江流域の視座に立って、5、6世紀の日朝関係を検討することに努めた。正式な調査報告書が刊行される前段階の資料を検討対象とした箇所もあり、誤解や不備も少なくないと思われる。それでも、当時の朝鮮半島西南部と日本列島の多元的で錯綜した関係の中で、'倭系古墳'や栄山江流域の前方後円墳が出現した状況を、少しでも説明できていれば、本稿の目的は達せられたことになる。

図出典

図1   1: 新安郡・東新大学校, 2011, 2: 国立光州博物館・海南郡, 2001,
      3: 権宅章ほか, 2013, 4: 筆者撮影

図2   権宅章 ほか, 2013, 新安郡・東新大学校, 2011

図3   1: 大野城市教育委員会, 1985, 2: 志免町教育委員会, 2001

図4   国立羅州文化財研究所, 2011 下段の写真は筆者撮影

図5   湖南文化財研究院・益山地方国土管理庁, 2006a

図6   埋葬施設
      3: 木浦大学校博物館・海南郡, 2010
      1: 公州大学校博物館・天安温泉開発・高麗開発, 2000
      2: 忠清南道歴史文化研究院・孝昌綜合建設, 2008

図7・8 高興郡・大韓文化遺産研究センター, 2011

図9   森井, 1966 左段の写真は筆者撮影

図10   高田, 2014

図11・12 高田, 2012

図13   国立文化財研究所, 2001a・b

図14   湖南文化財研究院・全羅北道, 2003

図15   湖南文化財研究院, 2005

図16   高田, 2014

高田貫太

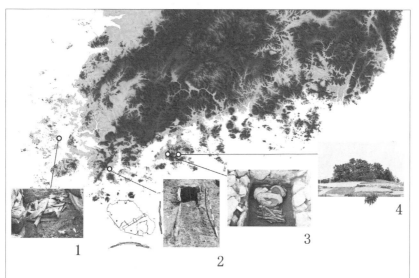

1：新安배널리古墳　2：海南外島1号墳　3：高興野幕古墳　4：高興吉頭里雁洞古墳
図1　西南海岸域に分布する5世紀前半頃の「倭系古墳」

図2　野幕古墳(左)と배널리古墳(右)の竪穴式石室

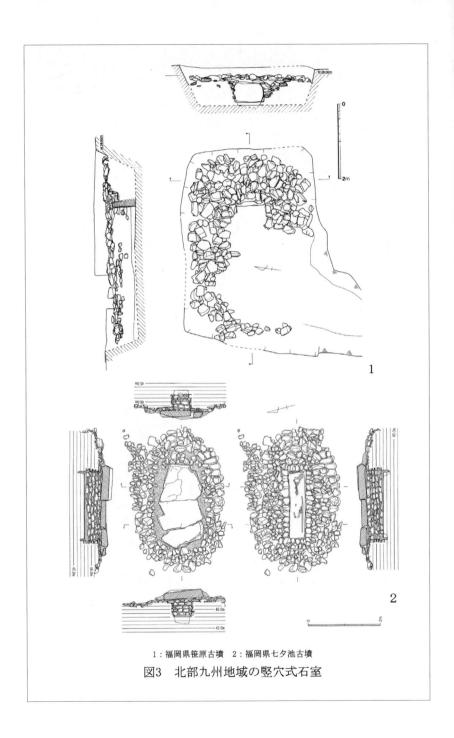

1：福岡県笹原古墳　2：福岡県七夕池古墳

図3　北部九州地域の竪穴式石室

高田貫太

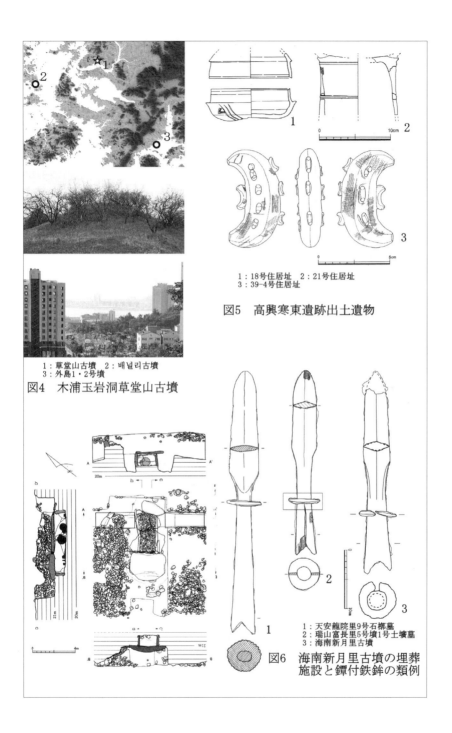

図5　高興寒東遺跡出土遺物

1：18号住居址　2：21号住居址
3：39-4号住居址

1：草堂山古墳　2：배널리古墳
3：外島1・2号墳

図4　木浦玉岩洞草堂山古墳

1：天安龍院里9号石槨墓
2：瑞山富長里5号墳1号土壙墓
3：海南新月里古墳

図6　海南新月里古墳の埋葬
　　施設と鐔付鉄鉾の類例

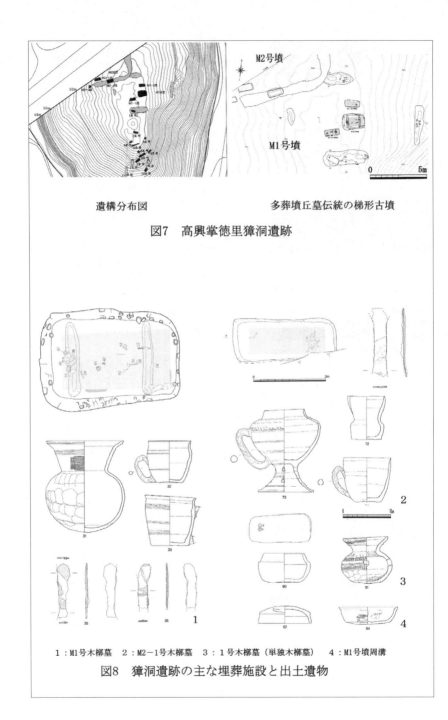

遺構分布図　　　　　　　多葬墳丘墓伝統の梯形古墳

図7　高興掌徳里獐洞遺跡

1：M1号木槨墓　　2：M2-1号木槨墓　　3：1号木槨墓（単独木槨墓）　　4：M1号墳周溝

図8　獐洞遺跡の主な埋葬施設と出土遺物

高田貫太

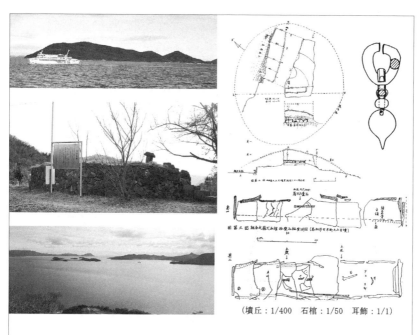

(墳丘：1/400　石棺：1/50　耳飾：1/1)

図9　女木島丸山古墳
(写真　上：女木島全景　中：丸山古墳　下：瀬戸内海の眺望)

1：清原主城里1号石室3次棺台　2：天安龍院里
129号墳　3：清原主城里2号石槨　4：陜川玉田
20号墳　5：原州法泉里1号墳　(S=1/2)

図10　漢城期百済の垂飾付耳飾とその分布圏

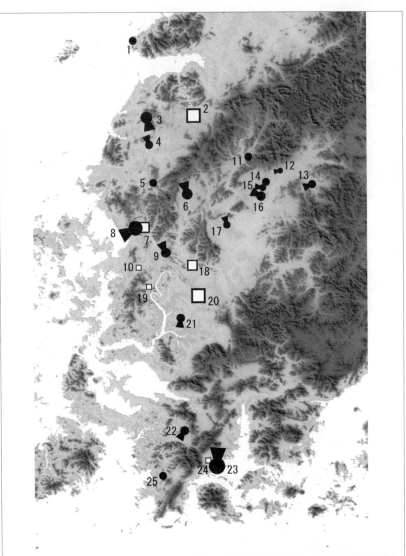

1.扶安竹幕洞祭祀遺跡　2.高敞鳳徳里古墳群　3.高敞七岩里古墳群　4.霊光月山里月桂1号墳　5.霊光鶴亭里デチョン古墳群　6.咸平礼徳里新徳1号墳　7.咸平金山里米出古墳　8.咸平長年里長鼓山古墳　9.咸平瓢山1号墳　10.務安高節里古墳　11.長城鈴泉里古墳　12.潭陽古城里月城山1号墳　13.潭陽聲月里月田古墳　14.光州双岩里古墳15・16.光州月桂洞1・2号墳　17.光州明花洞古墳　18.羅州伏岩里古墳群　19.務安九山里古墳　20.羅州潘南古墳群　21.霊岩泰澗里チャラボン古墳　22.海南龍頭里古墳　23.海南方山里長鼓峰古墳　24.　海南新月里方形壹石墳　25.海南月松里造山古墳

図11　栄山江流域の前方後円墳と主要な在地系高塚古墳

　高田貫太

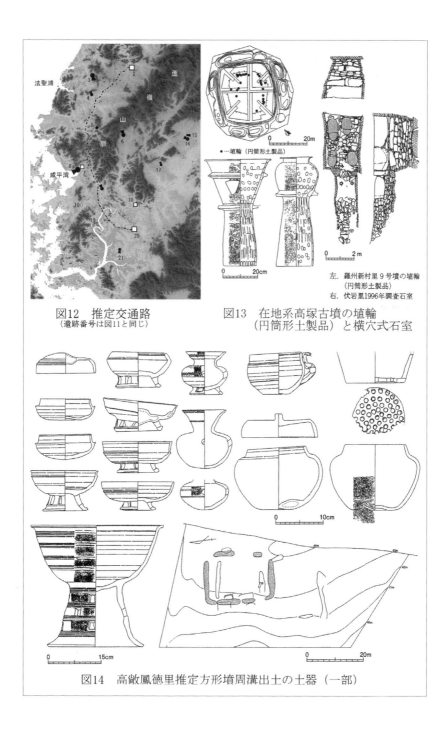

図12 推定交通路
（遺跡番号は図11と同じ）

図13 在地系高塚古墳の埴輪
（円筒形土製品）と横穴式石室

法聖浦

蘆嶺山脈

咸平湾

●…埴輪（円筒形土製品）

0　　　20m

0　　　20cm

0　　　2 m

左．羅州新村里9号墳の埴輪
（円筒形土製品）
右．伏岩里1996年調査石室

0　　　10cm

0　　　15cm

0　　　20m

図14 高敞鳳徳里推定方形墳周溝出土の土器（一部）

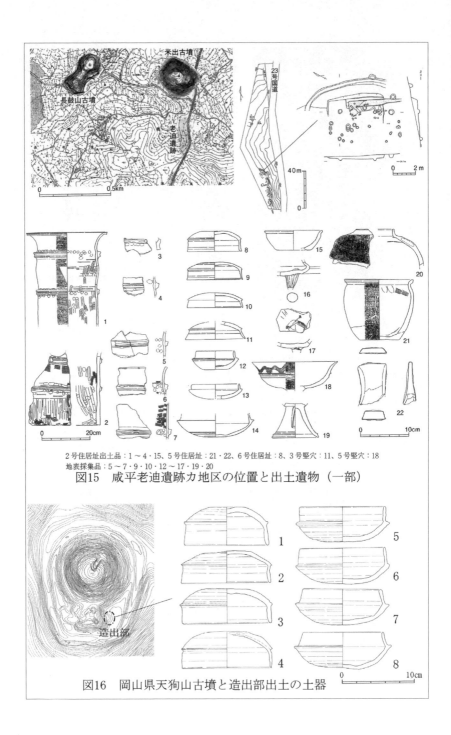

2号住居址出土品：1～4・15、5号住居址：21・22、6号住居址：8、3号竪穴：11、5号竪穴：18
地表採集品：5～7・9・10・12～17・19・20

図15　咸平老迪遺跡カ地区の位置と出土遺物（一部）

図16　岡山県天狗山古墳と造出部出土の土器

高田貫太

5·6세기 백제, 영산강유역과 왜의 교섭-'왜계 고분'·전방후원분의 조영배경을 중심으로-

다카타 칸타(일본 국립역사민속박물관) | **번역·이택구**(전북대학교)

1. 머리말

여태까지 여러 기회를 통해 얘기하였지만, 일본고고학에 있어서 고분시대의 한일관계에 관한 연구에는 크게 3가지 문제가 있다고 생각한다.

첫째는 왜가 한반도계의 문물·기술을 수용하는 중요한 계기를 왜왕권의 한반도에서의 군사적 활동을 과도하게 중시하였던 점이다. 이 해석의 틀은 1970년대까지의 '야마토 조정에 의한 任那지배'라고 하는 고대사의 틀을 약간 변경하면서 답습해 온 것으로 판단할 수밖에 없다.[1] 하지만 1970년대 이후의 일본 고대사학계에서는 사료비판을 철저히 하면서 왜왕권 주도의 '임나 지배'나 '조선 출병'의 가공성을 명확히 하였다. 현재에도 백제나 가야와 연계하면서 왜가 군사적인 활동을 하였다는 것은 사료상에서 지적되고 있으나 고고학적인 방법론을 기준으로 하여 그 활동의 실태를 재검토해 갈 필요가 있다.

---

1) 山尾幸久, 1999, 「倭王權と加羅諸國との歷史的關係」, 『靑立學術論集』 15, 韓國文化硏究振興財団 ; 朴天秀, 2007, 『新たに叙述する古代韓日交涉史』, 社會評論 등.

두 번째로는 왜왕권에 의한 대외교섭권의 일원적인 장악이라고 하는 해석의 재검토이다. 일본고고학에서는 외래계 문물이나 기술의 유통구조를 고분시대 당초부터 畿內(키나이)지역이 장악하고 있었다고 하는 해석이 주류를 이루고 있으나, 그 전제가『광개토왕 비문』이나『일본서기』神功(진구우)攝政 49년조 등을 근거로 한 왜 주체의 군사적 활동이 암묵적으로 상정된 경우가 많다.

마지막으로 한반도 제세력 편에서 한일관계를 검토할 필요성이 있다. 여태까지의 한국 삼국시대에 초점을 둔 고대사나 고고학의 성과를 보면, 삼국과 가야가 각기 사회 통합을 지향하는 가운데, 여러 정치적인 긴장관계가 발생하였음이 명백하게 나타난다. 그 중 제세력이 명확한 교섭의도를 가지고 왜와의 교섭에 임하였을 가능성이 높으며, 이를 구체적으로 밝힐 필요가 있다.

상술한 문제를 극복하면서 한일관계사상을 재구축해 나가기 위해서는 왜, 한반도 삼국, 가야의 각 왕권간의 관계 동향에 초점을 두는 것만으로는 불충분하다. 그와 함께 왕권에 속해 있던(혹은 반발하던) 다양한 지역사회가 왕권 권역의 내부에서 혹은 그 경계를 왕래하며, 다른 사회와 어떤 관계를 구축하였는지에 대해 추구해 갈 필요가 있다.[2]

이상과 같은 문제의식을 바탕으로 최근 한반도 남해안지역에서 잇달아 확인되는 왜의 묘제를 총체적으로 채용한 고분(이하 '왜계 고분'이라 칭함. 여기서는 5·6세기에 조영된 고분을 검토대상으로 함)이나, 영산강유역 전방후원분의 분석을 통해, 당시의 왜와 백제, 영산강유역

---

2) 高田貫太, 2006,「5·6世紀の日朝交渉と地域社會」,『考古學研究』53-2;高田貫太, 2014,『古墳時代の日朝關係-百濟·新羅·大加耶と倭の交渉史-』, 吉川弘文館.

번역 이택구

과의 교섭양상을 밝히는 것은 큰 의의가 있다. 이 과제에 접근하는 것이 본고의 주요 목적이다.

우선 제1절에서는 5세기 전반경에 잇달아 조영된 남해안지역의 '왜계 고분'에 중점을 두고, 당시의 왜와 백제, 영산강유역의 교섭양상을 추측, 검토하고자 한다. 다음 2절에서는 5세기 후엽에서 6세기 전반경에 조영된 영산강유역 전방후원분의 축조된 역사적 배경에 대해 동시기의 재지계 고총고분과의 비교, 고대 교통로와의 관계 검토를 통해 고찰하고자 한다. 또한 논지를 전개하는 중에 일본열도 여러 지역에 분포하는 백제나 영산강유역과 왜의 교섭을 보여주는 구체적인 자료 몇 가지를 소개하겠다.

2. '왜계 고분'에서 본 5세기 전반의 백제, 영산강유역과 왜

1) '왜계 고분'을 구성하는 제속성의 개관

최근 남해안지역을 중심으로 5세기 전반경의 축조로 상정되는 '왜계 고분'이 잇달아 확인되고 있다(도 1). 정식 조사보고서가 발행되기 전이긴 하나, 여기에서는 공개된 자료나 선학의 성과[3]을 바탕으로 고흥 야막고분,[4] 길두리 안동고분,[5] 해남 외도 1·2호분,[6] 신안 배널리 3호분[7]

---

3) 金洛中, 2013, 「5·6世紀南海岸地域の倭系古墳の特性と意義」, 『湖南考古學報』 45, 湖南考古學會 등.

4) 權宅章·이건용·이진우, 2013, 「高興野幕古墳の發掘調査」, 『2013年遺跡調査發表會發表資料集』, 韓國考古學會·韓國文化財調査研究機關協會.

5) 全南大學校博物館, 2011, 『高興吉頭里雁洞古墳の歷史的性格』, 전남대학교박물관.

6) 國立光州博物館·海南郡, 2001, 『海南方山里長鼓峰古墳試掘調査報告書』.

7) 新安郡·東新大學校, 2011, 『安佐面邑洞古墳および배널리古墳發掘調査 現場說明會資料』.

을 중심으로 고분을 구성하는 제속성에 대해 개관하겠다.[8]

입지 고흥 야막고분은 고흥만을 조망할 수 있는 구릉의 정상부에 위치하고 있다. 구릉의 높이는 해발 35m 정도로 고흥만과 그 주변의 경관을 한눈에 볼 수 있는 양호한 입지이다. 다른 고분도 각각 바다와 접한 저구릉(안동)이나 작은 섬(외도, 배널리)에 축조되어 있다. 모든 고분들은 臨海性이 높으며, 독립적으로 입지하고, 그 축조를 계기로 주위로 고분군이 형성되지는 않는다. 또한 주변에 동시기의 상위 계층의 분묘가 보이지 않는 것으로 보이나, 이 점은 앞으로 조사할 필요가 있다. 예를 들면 외도 1·2호분의 경우에는 주변에 해남 신월리고분이 위치하고 있어 양자의 관계가 주목된다.

분구와 외표시설 야막고분은 직경 약 24m정도의 원분, 안동고분은 직경 약 36m정도의 원분, 외도 1호분도 약 23m정도의 원분으로 추정되고 있다. 한편 배널리 3호분도 8m×6.4m정도의 원분으로 추정되며, 다른 고분과 비교해 소형이다. 또한 야막고분과 안동고분에서는 분구 사면에서 즙석의 존재가 분명하게 나타난다.

매장시설 세부적인 검토는 조사보고서가 간행된 후에 실시할 필요가 있지만, 이미 지적된 바와 같이[9] 야막, 외도1·2호, 배널리 3호의 매장시설은 北部九州지역에 분포하는 수혈식석실이나 상자식석관과의 관련

---

8) 필자는 일본 국립역사민속박물관과 대한민국 국립문화재연구소와의 학술교류 일환으로, 2012, 2013년도에 각각 10여 일간, 국립 나주문화재연구소에 체류하였다. 그 때 고흥 야막고분의 발굴조사에 참가하여, 영산강유역이나 한반도 서·남해안지역의 '왜계 고분'과의 관련 유적을 답사할 수 있었다. 조사에서는 야막고분 조사 담당자인 권택장씨를 비롯하여 국립나주문화재연구소의 여러분들에게 큰 신세를 졌다. 제1절의 기술은 그 당시의 식견에 치우쳐 있음을 밝혀 둔다.

9) 金洛中, 2013, 앞의 논문.

번역 이태구

을 고려할 필요가 있다. 예를 들어 배널리 3호분의 수혈식 석실(도 2의 오른쪽)은 양단벽에 판석을 세운 점, 평면형이 2m×0.45m의 세장방형으로 직장의 가능성이 높은 점 등에서 北部九州지역에서 성행한 이른바 '석관계 수혈식석실'의 범주에 속하는 것으로 판단된다.

또한 야막고분의 매장시설(도 2의 왼쪽)도 평면세장방형으로 뒤채움돌의 폭이 넓다는 점 등은 북부규슈지역의 수혈식석실과 유사하다. 조사담당자는 네벽의 돌 쌓기가 조잡한 점, 부장품이 바닥면 바로 위가 아닌 퇴적토의 하부에서 출토된 점 등에서 석실 내부에 목제 구조물(목관?)이 존재했을 가능성을 상정하고 있다.[10] 또한 개석이 확인되지 않아 木蓋의 가능성(혹은 목제 구조물의 뚜껑이 석실 상면을 덮는 기능을 겸했을 가능성)이 지적되는 점도 특징적이다. 北部九州지역의 수혈식석실 중에도, 예를 들면 福岡(후쿠오카)현 七夕池(타나바타이케)고분(도 3-1)과 같이 석실 내부에 목관이 존재했다고 추정되는 사례가 있다. 따라서 분구성토 도중에 매장시설 구축용의 작업면을 만든 후, 매장시설의 구축과 분구의 성토를 병행하였다는 조영과정에서도 야막과 七夕池는 공통적이다.

안동고분의 매장시설에 관해서는 평면형이 이른바 '羽子板'형을 하고 있는 점, 벽면에 적색 안료를 도포한 점 등에서 왜계의 요소가 확인되는 것은 확실하다. 다만 그 구조에 대해서는 조사보고서의 간행 후에 보다 상세한 검토가 필요하다. 혹은 수혈계 횡구식석실의 가능성은 없는 것인가?

---

10) 權宅章 외, 2013, 앞의 논문.

부장품 부장품에 있어서도 정식 조사보고서의 간행 후 상세한 검토를 행할 필요가 있다. 다만 야막고분(삼각판혁철단갑, 삼각판혁철충각부주), 안동고분(장방판형철단갑, 소찰병유미 비부주 2점), 외도 1호분(삼각판혁철단갑), 배널리 3호분(삼각판혁철단갑, 삼각판병유충각부주) 등 모든 고분에서 왜계의 帶金式 갑주가 부장되어 있는 점은 특별하다. 상술하진 않겠지만, 일본의 갑주연구를 참고하면 이른바 '병유기법 도입기', 고분시대 중기중엽(대략 5세기 전엽경)에 대응하는 자료로 평가된다.

또한 야막고분이나 배널리 3호분에서 출토된 철촉에 대해서도 鳥舌鏃이나 短頸片刃鏃 등에서 볼 때, 갑주와 병행하는 시기에 위치하는 것이 주체를 점하는 듯하다. 특히 이 두 고분에서 출토된 무기·무구류에 대해서는 일괄하여 왜에서 도입되었을 가능성이 높다. 또한 豎櫛(빗)이나 곡옥 등의 장신구(야막), 갑주와 鏡의 공반양상(야막·안동·배널리 3호), 매장시설 내부에 토기를 매장하지 않는 점 등도 왜와 공통성이 강하다.

한편 안동고분에서 출토된 금동제 관모나 식리에 대해서는 이미 상세한 검토가 이루어져 "백제의 금속제 장신구의 특징을 충실히 갖고" 있어, "제작 기법이나 그 수준에서 볼 때 백제의 왕도인 한성에서 제작된 것"으로 이해되고 있다.[11] 또한 다양한 옥류나 철 살포 등도 백제계로 파악할 수 있을 것이다.

이와 같이 야막, 안동, 외도 1·2호, 배널리 3호분의 제고분은 외표시설, 매장시설, 부장품 등의 왜계 요소가 농후하게 확인되어 총체적으

---

11) 李漢祥, 2011, 「高興吉頭里雁洞古墳の金銅冠帽と金銅飾履についての檢討」, 『高興吉頭里雁洞古墳の歷史的性格』, 全南大學校博物館, 70쪽.

번역 이태구

로 왜의 묘제를 도입한 것으로 판단된다. 특히 고분의 전체적인 양상이 확실한 야막과 배널리 3호는 北部九州지역 동시기의 중소고분의 양상과 많이 닮아있다. '왜계 고분'으로 평가되는 것이 이것이다. 한편 안동고분에서 출토된 장신구나 儀仗의 살포는 그 피장자(혹은 조영집단)와 백제왕권과의 정치적 관계를 여실히 보여주고 있다.

목포 옥암동 초당산고분 이와 같이 임해성이 높은 '왜계 고분'은 앞으로도 서·남해안 지역에서 확인될 가능성이 높다. 그 일례로 목포 옥암동 초당산고분[12]을 들 수 있다(도 4). 이 고분은 현재 직경 18~20m정도의 원분으로 추정되며, 분구 주변에 석재가 산재되어 있는 상황이 보고되어 있다. 현지를 답사한 결과, 확실히 분구 사면에 할석이 산재하고 있는데 분구를 덮은 즙석이었을 가능성이 있다. 또한 영산강의 하구 북안의 독립구릉 정상에 위치하고 있어, 하구나 그 주위의 경관을 조망할 수 있다(도 4의 아래). 또한 하구 방파제가 만들어지기 이전에는 고분이 위치한 구릉에서 남방 200m정도까지 밀물이 들어오기도 한 것으로 알려져 있다.

초당산고분은 아직 조사되지 않아 조영시기는 불명하지만, 입지의 임해성이나 즙석이 있을 가능성으로 상술한 '왜계 고분'과 같은 성격을 가지고 있을 가능성이 있다.

2) '왜계 고분'이 입지하는 지역의 성격

해상교통을 기반으로 하는 지역집단 이제까지 정리한 것과 같은 특징을

---

12) 國立羅州文化財研究所, 2011,『榮山江流域の古代古墳精密分布調査報告書』, 169쪽.

가진 '왜계 고분'의 성격은 어떤 것일까. 이 점을 확실히 하기 위해서는 바로 '왜계 고분'의 피장자론을 전개하기 보다는 우선 '왜계 고분'이 위치하는 제지역의 경제적 기반을 바탕으로 아마 '왜계 고분'의 조영에도 관여했을 지역집단의 모습을 뚜렷이 하는 것이 중요하다. '왜계 고분'의 입지나 남해안지역의 지역적 특성에 대해서는 다음과 같이 정리할 수 있다.

① '왜계 고분'은 남해안지역의 도서부, 즉 해안을 잇는 연안항로의 요충지에 입지한다.

② 그 지역은 리아스식 해안으로 해안선이 복잡하게 이어져 있어, 潮汐의 간만의 차가 대단히 크고, 그에 의해 발생하는 조류는 항해상 장해가 된다.

③ 특히 여수반도에서 신안군에 이르는 지역은 다도해지역으로, 좁은 해협이 연속하며, 대단히 강한 조류가 발생한다. 이로 인해 현재도 항해가 어려운 지역이다.

①~③으로 추측하면, 남해안지역을 타고 가는 해안항로를 활용할 경우, 현지의 복잡한 해상지리나 조류를 정확하게 파악할 필요가 있고, 이를 가장 숙지하고 있던 이는 남해안 제지역의 집단이었다고 생각된다. 따라서 이 지역집단은 남해안 연안의 연안항로를 활용한 해상교통을 정치경제적 기반으로 삼았을 가능성이 높다.[13]

---

13) 權宅章 외, 2013, 앞의 논문 ; 金洛中, 2013, 앞의 논문 등.

번역 이택구

지역집단의 묘제와 취락-고흥지역을 사례로- 이와 같은 연안항로의 요충을 근거지로 한 지역집단은 '왜계 고분'이 만들어지는 5세기 전반 경에는 어떤 묘제와 취락을 만들었던 것일까. 여기서는 고흥지역의 사례를 들고자 한다. 야막고분이나 안동고분이 위치하는 고흥반도에서는 다른 분묘의 발굴조사는 거의 이루어지지 않았지만, 반도의 基部에 해당하는 지역에서는 몇몇 조사가 이루어졌다. 그 중에서 고흥 장덕리 장동유적[14]이 주목된다(도 7·8).

장동유적에서는 주구를 돌리고 내부에 복수의 목곽을 설치한 M1, M2호분과 단독의 목곽묘 10기가 확인되었다. 조사보고서에서는 M1, M2호분의 조영시기를 5세기 전반경으로 상정하고 있다. 다만 M2-1호분에서 출토된 대부파수부호(도 8-2)의 형식에서 볼 때, 조금 시기가 올라갈 가능성도 있다. 부장토기나 주구 출토의 토기를 볼 때(도 8), 금관가야계(대부파수부호 등), 경남서부지역계(광구호), 영산강유역계(개배, 구연부가 짧게 외반하는 완, 양이부호 등) 등이 출토되었고, 거기에 유공광구소호도 확인되는 등 대단히 다양하다.

장동유적과 그 주변의 묘제를 정리한 이영철은 M1, M2호분을 '다장분구묘 전통의 제형고분'으로 평가하고, 이것이 '영산강유역권에서 일반화한 묘제의 유형'으로, 현재까지 그 분포의 東限임을 지적하고 있다.[15] 또한 매장시설이 단독목곽묘를 포함하여, 모두 목곽구조이며 부장품이 가야계가 주류를 점하고 있는 점에서 그 조영집단은 "고흥반도

---

14) 高興郡·大韓文化遺産研究センター, 2011, 『高興掌德里獐洞遺跡』.

15) 李暎澈, 2011b, 「高興掌德里獐洞において確認された多葬墳丘墓伝統の梯形古墳の築造背景と課題」, 『高興掌德里獐洞遺跡』, 高興郡·大韓文化遺産研究センター, 218쪽.

일대에서는 다소 친숙하지 않은 매장풍습을 가진 집단[16]으로, "소가
야나 금관가야를 위시한 가야지역과 활발한 교류관계를 전개하였다"
고 상정하였다. 그의 견해는 타당성이 높으며, 장동유적이 여자만에서
내륙에 이르는 교통로변에 위치하는 점까지 감안했을 때, 장동유적의
조영집단은 남해안변의 연안항로를 활용한 해상교통을 정치경제적 기
반으로 하였을 것으로 판단된다.

이러한 성격을 가진 지역집단이 야막고분이나 안동고분이 만들어졌
던 5세기 전반경의 고흥반도 일대에도 존재하였는지의 여부는 앞으로
의 발굴조사 성과를 기대할 수밖에 없다. 다만 야막고분의 근처로 고
흥만과 면하는 微高地狀에는 4·5세기대의 한동유적[17]이나 방사유적[18]
등의 취락이 형성되었음이 확인되고 있다. 거기에 이들 취락유적에서는
영산강유역이나 제가야의 계보를 따르는 토기, 왜계의 須惠器(스에키)계
토기, 子持曲玉 등이 출토되어(도 5), 보고서에서 활발한 교류관계가 이
미 지적되었다. 따라서 고흥반도에도 해상교통에 깊이 관여한 얼마간
의 지역집단이 존재했을 가능성이 높다.

해남 북일면 일대의 지역집단 외도 1·2호분이 조영된 해남반도 북일면 일
대도 이러한 지역집단의 존재는 상정 가능하다. 그 상정의 근거가 되는
것은 해남 신월리고분[19]이다. 신월리고분은 단변 14m×장변 20m정도
의 규모를 가진 재지계의 방대형분이다. 매장시설은 외도 1·2호분과 같

---

16) 李暎澈, 앞의 논문, 218쪽.

17) 湖南文化財研究院·益山地方國土管理廳, 2006a, 『高興寒東遺跡』.

18) 湖南文化財研究院·益山地方國土管理廳, 2006b, 『高興訪士遺跡』.

19) 木浦大學校博物館·海南郡, 2010, 『海南新月里古墳』.

번역 이태구

은 상자식 석관이며, 벽석과 천정석에 적색안료를 도포하였다(도 6의 왼쪽). 또한 분구에는 즙석이 있다. 그 부장품을 보면 토기는 영산강유역에서 통용되는 토기군으로 판단되나, 철제품에 鐔付鐵鉾가 포함되어 있는 점이 주목된다.[20]

鐔付鐵鉾는 주로 낙동강 以東지역을 중심으로 분포하지만, 鐔이 袋部의 상부나 중간에 장착된 古相의 자료는 한성백제권에도 분포한다(도 6의 오른쪽). 신월리고분의 鐔付鐵鉾는 袋部의 중간에 鐔을 장착한 고상의 자료로, 한성백제권과의 관계 안에서 유입, 혹은 현지에서 제작되었을 가능성이 있다. 신월리고분의 조영시기에 대해서는 아직 분명하지 않으나, 출토토기나 鐔付鐵鉾로 판단했을 때, 외도 1·2호분과 동시기 혹은 그보다 떨어지지 않는 시기였을 가능성도 있다.[21] 즙석이나 매장시설에서 보이는 왜계요소나 鐔付鐵鉾에서 보이는 한성백제권과의 관계를 감안했을 때, 그 조영집단은 역시 해상교통을 기반으로 한 지역집단이었을 것으로 생각된다.

남해안지역에 전개되는 '지역 네트워크' 이상과 같이 해상교통을 기반으로 한 지역집단이 남해안지역에는 산재했을 가능성이 높다. 그들이 활발한 지역간 교섭을 행했다고 했을 때, 적어도 '왜계 고분'이 조영되는 5세기 전반경의 남해안지역에는 물자, 기술, 정보, 제사방식 등을 주고받는 '지역 네트워크'라고 부를만한 관계망이 형성되어 있었다고 상정할 수 있다.

---

20) 高田貫太, 2002, 「朝鮮半島南部地域の三國時代古墳副葬鐵鉾についての予察」, 『古代武器研究』 3, 古代武器研究會.

21) 高田(2012)의 단계에서는 당초 5세기 후반경의 조영으로 판단했으나, 부장토기나 鐔付鐵鉾의 시기로 판단했을 때, 외도 1·2호분과 그다지 조영시기의 차이를 보이지 않아 견해를 수정하였다.

3) '왜계 고분' 축조의 역사적 배경

'왜계 고분'의 피장자상 다음으로 여태까지의 검토를 바탕으로 '왜계 고분'의 피장자상을 상정해 보겠다. '왜계 고분'에서 확인되는 왜계 혹은 백제계의 속성(안동고분 출토의 장신구나 의장용 살포 등), 거기에 부안 죽막동 제사유적이나 福岡(후쿠오카)현 沖ノ島(오키노시마) 제사유적의 존재 등으로 판단했을 때, 남해안을 통하는 해안항로가 백제나 영산강유역, 그리고 왜의 주요한 교섭경로였음은 쉽게 상정된다. 구체적으로는 한성백제권-서해안지역-남해안지역의 도서부-광의의 對馬(쓰시마)[대한]해협-왜라고 하는 경로이며, 물론 영산강유역-영산강-남해안의 도서부-해협-왜라는 경로도 상정할 수 있다.

앞에서 기술한 것처럼 이 경로상에 산재하는 '왜계 고분'은 단독적으로 조영되어 그 조영을 계기로 주위에 고분군이 형성되지는 않는다. 또한 왜, 특히 北部九州지역의 중소고분의 묘제를 총체적으로 채용하고 있다. 이런 점에서 그 피장자는 그다지 재지화 되지 않은 채 이질적 존재로 매장되었던 것으로 판단되며, 왜의 對 백제, 영산강유역의 교섭을 실질적으로 담당했던 왜계 도래인으로 평가할 수 있다. 다만 안동고분의 피장자에 대해서는 백제계의 장신구나 살포가 부장되는 점에서, 出自가 왜에 있을지라도 백제와의 깊은 정치적 관계를 가졌음도 분명하다. 그런 의미에서 왜와 백제의 정치경제적인 이음새를 연결하는 입장에 있던 복속성을 가진 인물이었다고 생각하고 싶다.

왜계집단에 의한 남해안지역의 네트워트에의 참여 이와 같은 '왜계 고분'의 피장자상을 상정했을 경우, 다음으로 문제가 되는 것은 피장자나 그것을 둘러싼 왜계 도래인집단이 백제나 영산강유역 등의 목적지에의 航行이나, 그들과의 교섭이라는 임무를 어떻게 원활하게 수행하였을까 하는 점이다. 이를 고고학적으로 검토하는 것은 지극히 어렵다. 다만 앞에서 보았던 ②나 ③의 남해안지역의 지리적 특성을 감안했을 때, 적어도 왜계 도래인집단만으로는 연안항로의 항행이 지극히 어려웠을 것은 상상하기 어렵지 않다.[22]

따라서 원활한 항해에는 복잡한 해상지리와 조류를 숙지한 지역집단의 중개가 불가결할 것이다. 아마도 왜계 도래인집단은 남해안지역에 형성되어 있던 네트워크에의 참여를 기도하고 재지의 제집단과 교류를 계속하여, 항로 주위의 항구를 '寄港地'로 활용하면서 항행의 안내를 의뢰하지 않았을까라는 추정이 가능하다. 즉 왜의 대 백제, 영산강유역의 교섭은 남해안의 제지역과의 관계가 형성되면서 원활하게 수행하게 되었을 가능성이 높다.

그럴 경우 왜계 도래인집단이 항행상의 요충지에 일정기간 체재하면서 재지의 집단과 '雜居'했을 가능성도 충분하며, 이런 상황 속에서 '왜계 고분'이 만들어졌다고 추정된다.

女木島 丸山고분의 백제계 耳飾 이와 같이 왜와 백제, 영산강유역과의 교섭에 도서부나 해안부의 지역집단이 관여했던 것을 보여주는 사례는 일본열도에서도 몇몇 확인된다. 그 한 예로 香川(카가와)현 女木島(메기시마) 丸山(마루야마)고분[23]을 소개한다(도 9).

女木島는 규슈지역과 畿內(키나이)지역을 잇는 간선교통로의 瀨戸內

---

22) 權宅章 외, 2013, 앞의 논문 ; 金洛中, 2013, 앞의 논문 등.

23) 森井 正, 1966, 「高松市女木島丸山古墳」, 『香川縣文化財調査報告』 8, 香川縣教育委員會.

(세토나이)海에 위치하는 작은 섬이다. 그 구릉의 정상부에 丸山고분이 위치한다. 단경 14.5m, 장경 16m정도의 원분으로 추정되며, 매장시설은 상자식 석관이다. 암반을 얕게 파내어 석관을 설치하고, 그 후에 분구를 성토, 분구 표면을 즙석으로 피복하였다. 부장품으로는 曲刃鎌, 大刀가 확인되었고, 垂飾付耳飾이 피장자에 장착된 상태로 출토되었다. 이 垂飾付耳飾은 전형적인 한성기 백제권의 垂飾付耳飾(도 10)으로, 아마도 유입품일 것이다. 그것을 장착한 피장자에 대해서는 백제에서의 도래인, 혹은 그들과 밀접한 관계를 가진 재지의 유력층으로 상정된다. 垂飾付耳飾의 형식에서 그 축조시기는 5세기 전반경으로 판단된다.

女木島에는 瀨戶內海는 물론이고, 당시의 유력한 지역사회였던 讚岐(사누키)지역이나 吉備(키비)지역의 연안부가 폭넓게 조망가능하다(도 9의 사진). 또한 女木島 부근의 해역은 다도해로 좁은 해협이 연속하며, 강한 조류가 발생한다. 따라서 丸山고분의 조영에는 그 해역을 숙지하고 해상교통에 기반을 가진 재지집단이 관여했을 가능성이 높다. 상술하진 않겠지만 瀨戶內 연안의 제지역은 5세기대에 '도래계 수혈식 석실'이나 목곽 등 한반도계의 매장시설을 채용하여, 명확한 지역성을 알아차릴 수 있다. 즉 瀨戶內海를 사이에 둔 물자나 기술, 정보, 제사방식을 교환하는 네트워크의 존재를 추정할 수 있다.[24]

이러한 상황 증거들을 모아보면, 백제에서 왜로의 사절단도 이들 瀨戶內의 지역집단과 교류를 쌓아 네트워크에 참가하는 것을 기도하고, 때로는 女木島를 '寄港地'로 이용했던 적도 있다고 상정할 수 있을 것이

---

24) 髙田貫太, 2014, 『古墳時代の日朝關係-百濟·新羅·大加耶と倭の交渉史-』, 吉川弘文館.

번역 이택구

다. 당시의 교섭이 쌍방향적이었다는 것의 증거가 된다.

각각의 교섭의도 5세기 전반경의 정치적 상황을 살펴보면, 백제는 고구려의 남정에 대한 대응책의 하나로 왜와의 제휴를 모색했던 것으로 보이며, 왜도 한반도계 문화의 수용이라고 하는 교섭의도가 있었다고 판단된다. 거기에 영산강유역에서도 백제의 얼마간의 관여가 있었긴 하지만, 활발한 대외 교류활동을 정치경제적 기반으로 삼았음을 엿볼 수 있다. 이러한 상호의 교섭의도가 복잡하게 얽혀있던 왜와 백제, 영산강유역의 교섭이 한일 양 지역의 도서부에 분포하는 '왜계 고분'이나 한반도계 고분은 사실은 교섭 경로 주변의 요충지에 산재하는 지역집단의 깊은 관여를 바탕으로 만들어진 것임이 드러나고 있다. 앞으로는 이 지역집단이 어떠한 의도로 바다를 건넌 도래인집단과의 교류를 쌓았는가라는 관점에서도 당시의 한일교류의 실마리를 풀어갈 필요가 있을 것이다.

3. 영산강유역 전방후원분의 역사적 배경

다음으로 5세기 후엽에서 6세기 전반경에 조영된 영산강유역의 전방후원분(도 11)의 역사적 배경에 대해서 검토하겠다.[25] 1990년대 후반 이후, 연대, 분구 구조, 매장시설이나 하니와(埴輪, 원통형토제품)·부장품의 계보, 피장자상, 한일관계사에서의 자리매김, 백제 왕권과의 관계 등

---

25) 제2절의 기술은 高田貫太, 2012, 「榮山江流域における前方後円墳築造の歴史的背景」, 『古墳時代の考古學7 内外の交流と時代の潮流』, 同成社의 내용을 재정리 한 것이다. 연구사의 정리도 이 논문에서 행했다.

이 활발히 의논되어 전방후원분의 역사적 의의를 찾는 연구 성과가 여럿 발표되었다. 대표적인 연구 성과로는 조선학회편[26]이나 대한문화유산연구센터편[27] 등을 들 수 있다. 특히 전방후원분 피장자의 성격에 대한 논쟁이 본격화되어 현재에 이르고 있다. 그 내용은 논자별로 다양하나, 대략 '재지 수장설', '왜계 백제 관인(료)설', 그리고 '왜인설' 등으로 정리할 수 있다.

피장자론에 대해서는 현재도 의논이 계속되면서도 첨예하게 대립하고 있는 것은 이 문제가 5·6세기의 영산강유역에서의 사회통합 정도, 백제와 영산강유역의 정치경제적 관계, 또는 당시의 한일교섭의 양상을 밝혀나가는데 피할 수 없는 과제이며, 각 논자가 가진 역사상을 묻지 않을 수 없는 문제이기 때문일 것이다.

한편 영산강유역의 전방후원분의 여러 속성(횡혈식석실, 현실 내의 시설물, 분구 외표시설, 부장품 등)에 왜계의 요소 외에도 백제계, 재지계, 거기에 가야계의 요소들이 보인다는 점에 대해서는 어느 정도 견해의 일치를 보인다.[28] 또한 5세기 말~6세기 전반경에 빈번히 축조되었다는 단기성이나, 영산강유역의 중심역인 나주 반남면 일대를 에워싸는 외연지역에 12기 정도가 만들어졌다는 분산성에도 거의 공통의 이해가 있는 듯하다. 전방후원분에 관한 고고학적 사상의 기초적인 인식 자체에 대한 연구자간의 차이는 인정하기 어렵다.

여기서는 전방후원분이 출현, 전개하는 전후의 시기, 5세기 후반에서 6

26) 朝鮮學會 編, 2002, 『前方後円墳と古代日朝關係』, 同成社.

27) 大韓文化遺産研究センター 編, 2011, 『韓半島の前方後円墳』, 學研文化社.

28) 高田貫太, 2012, 앞의 논문.

번역 이택구

세기 전반경을 하나의 시기단위로 파악한다. 그리하여 전방후원분과 재지계 묘제의 비교, 그 입지와 고대 교통로의 상관성, 취락과의 관계 등의 관점에서 전방후원분의 특질을 조영하고, 축조의 배경을 전망하고자 한다.

1) 영산강유역 전방후원분의 특질

재지계 묘제의 특질 우선 전방후원분이 조영되던 때의 재지계 묘제의 특징을 정리한다. 영산강유역에서는 대략 5세기 중엽경까지는 '복합 제형분'[29]이라 불리는 묘제가 축조된다. 이 분묘는 평면 타원형 혹은 臺形狀의 저분구로, 경부를 명확히 구분한 전용옹관이나 목관(토광)을 분구의 주축에 복수 설치하는 것으로 폭넓게 성행하였다. 그 후 분구가 대형화하고, 포탄형의 전용옹관, 혹은 횡혈식 석실을 주된 매장시설로 하는 고총고분이 만들어진다. 최근에는 해남 신월리고분이나 영암 옥야리 방대형고분[30] 등 5세기 전반~중엽경까지 축조가 올라가는 고분이 확인되기도 한다.

어쨌든 재지계의 고총고분은 방형이 주체이며, 복수장 때로는 10기를 넘는 매장시설을 동일 분구에 설치하는 큰 특징이 있다. 또한 前시기의 '복합 제형분'의 상부에 고총고분을 만드는 경우도 있다. 예를 들면 유명한 나주 복암리 3호분[31]의 경우 복수의 옹관을 순차적으로 매납한 저분구묘의 조영이 시작되고(선행기), 그 상부에 고총분구를 조영

---

29) 김낙중, 2009, 『영산강고분연구』, 서울대학교대학원 문학박사학위논문.

30) 國立羅州文化財研究所, 2012, 『靈岩沃野里方台形古墳 第1号墳發掘調査報告書』.

31) 國立文化財研究所, 2001a, 『羅州伏岩里3号墳』.

하면서, 그와 병행하여 규슈계의 1996년 조사 석실이나 복수의 옹관을 조영하고(Ⅰ기), 거기에 백제계의 횡혈식 석실(일부에 재지계의 요소가 포함)을 순차로 추가해 가는 단계(Ⅱ기)를 거친다. 선행기에서 7세기 전엽경의 최종 매장까지의 장기간에 걸쳐 斷續的으로 단독의 분구에 매장행위를 계속한다.

고총고분의 초기 사례인 영암 옥야리 방대형고분은 5세기 전반경에 방대형의 고총분구를 조성하면서 묘광을 설치하고 수혈계 횡구식 석실을 고총분구의 중앙부에 설치하였다. 거기에 5세기 후엽~6세기 초두경에 걸쳐 그 주위에 수혈식 석곽 1기, 옹관 3기, 목관 1기를 순차적으로 설치한다. 노령산맥 이북에 위치하며 아마도 5세기 중엽경까지는 백제계의 횡혈식 석실을 수용하였던 고창 봉덕리고분군도 같은 계통의 묘제로 판단된다. 1호분[32]의 경우, 자연지형을 이용한 고총분구에 수혈식 석실(수혈계 횡구식석실?)이나 횡혈식석실을 5기, 이것에 부속하는 옹관을 2기 설치하였다. 한 분구에 복수의 매장시설을 설치하는 행위 자체는 나주지역이나 그 주변지역이 공통적이다.

이와 같이 횡혈계의 매장시설 등 새로운 묘제를 수용하고 부장품 등에 다양한 외래계 기물을 포함하면서도, 지역의 전통 속에서 변용을 모색해 가는 재지계의 고총고분은 기본적으로는 영산강유역 유력 수장층의 분묘로 평가해도 좋을 것이다. 앞으로 조사사례가 증가하면 판단해야 할 일이지만, 재지계의 고총고분은 5세기 후반 이후에는 영산강유역 중추역인 나주와 그 주변지역을 중심으로 분포하며, 외연의 제지

---

32) 馬韓·百濟文化硏究所·高敞郡, 2012, 『高敞鳳德里1号墳』.

번역 이택구

역으로 그다지 넓어지진 않는 듯하다. 이와 같은 상황은 늦어도 5세기 중엽경까지의 저분구의 '복합 제형분'이 나주를 중심으로 하여 타지역으로도 분포가 넓어지는 상황과는 다르다.

전방후원분과의 비교 이상과 같은 특징을 가진 재지계의 고총고분과 전방후원분을 비교하겠다. 우선 매장시설을 보면, 크게 中北部九州지역에 계보를 둔 횡혈식 석실의 채용은 상호 공통적이다. 5세기 전반경부터 이미 수용되었을 가능성이 높은 수혈계 횡구식 석실도 계보에 대해서는 앞으로 검토가 필요하나, 그 채용 자체는 공통적이다. 다음으로 외표시설은 재지계의 고총고분 중에도 즙석이나 하니와(원통형 토제품)가 확인된 사례가 있으며, 역시 공통성이 높다. 또한 관이나 식리 등의 백제계 장신구가 부장되는 점이나, 못이나 꺾쇠를 사용한 목관이 시신의 보호에 사용되는 점도 공통적이다.[33] 이렇게 살펴보면 매장시설, 외표시설, 부장품 등에 외래계의 요소를 받아들인 점에서 상호 공통된다.

한편 분구형태, 분구 확장의 유무, 거기에 전방후원분이 기본적으로 후원부 중앙에 1기의 횡혈식 석실을 설치하는 점에서 매장시설의 수나 매장을 계속하는 기간에서 상호의 다른 점이 확인된다. 양자는 분묘로서 이용하는 방법이 분명하게 다르다. 또한 분포의 면에 있어서도 재지계의 고총고분이 그다지 확인되지 않는 외연지역에 분산적으로 13기의 전방후원분이 축조되어 있어 이 점도 양자의 차이성이 확인된다.[34]

이상과 같은 재지계 묘제와의 비교와 13기라는 조영 수를 고려하면

---

33) 洪潽植, 2005, 「榮山江流域古墳の性格と推移」, 『湖南考古學報』 21, 湖南考古學會.

34) 朴天秀, 2002, 「榮山江流域における前方後円墳の被葬者の出自とその性格」, 『考古學研究』 49-2, 考古學研究會.

영산강유역의 전방후원분은 재지화하지 않은 특수적인 묘제라기보다는 어느 정도 정형성을 가진 또 하나의 묘제라고 평가될 수 있다. 즉 재지계와 고총고분과 전방후원분이라는 상호 공통성을 가지면서 분묘로서의 이용법이 서로 다른 두 가지의 묘제가 성행했다고 파악해야 할 것이다.

2) 고대 교통로와 전방후원분

교통로와의 관계   전방후원분을 조영한 집단과 고총고분을 조영한 집단의 정치경제적 관계는 어떠했을까. 여기서는 고대 교통로와의 관계에서 검토하겠다.

재지계의 고총고분과의 입지관계나 고대 교통로를 고려하여 영산강유역 전방후원분의 역사적 의미를 검출한 이는 박천수이다. 그는 영산강유역의 전방후원분들이 재지세력에 대한 견제나 차단 등을 의도하여, 백제 중앙에 의해 배치되었다고 해석하고, 그 피장자상을 왜계 백제관인으로 상정하였다.[35] 그 근거의 하나로 제시한 것이 당시의 중추역이었던 나주 반남고분군과 노령산맥 이북의 고창 아산면 봉덕리고분군을 잇는 교통로와 전방후원분의 입지관계이다. 그는 전방후원분이 "전라북도 남부 재지세력의 최대 중심지였던 아산지역을 서쪽에서 제압하고, 영산강유역과 이 지역과의 관계를 차단하듯 배치되어 있다"[36]고 하였다. 여기서는 그의 검토를 근거로 답사나 고지도를 바탕으로 新納泉

---

35) 朴天秀, 2005, 「榮山江流域における前方後円墳からみた古代の韓半島と日本列島」, 『日韓交流展 海を渡った日本文化』, 宮崎縣立西都原考古博物館.

36) 朴天秀, 2005, 앞의 논문, 68쪽.

번역 이택구

이 작성한 GISmap이라는 소프트웨어의 최적경로 계산 기능을 이용하여 그 교통로를 추정해 보았다(도 12).

이 반남-아산 교통로에 근접하는 위치에는, 재지계의 고총고분(북에서부터 봉덕리고분군-미출고분-고절리고분·구산리고분-반남고분군)이나 전방후원분(북에서부터 칠암리고분-월계 1호분-장고산고분-표산 1호분), 거기에 백제적인 고분군(영광 학정리 대천고분군)이 분포하며, 그들의 입지 선정이나 축조 과정에 있어서 그 교통로가 중요한 역할을 했다는 것은 인지 가능하다.

또한 이 교통로는 한반도 서해연안을 따라 이어지며, 바다에서 운반되는 여러 사람이나 물자, 기술, 정보에 대해서도 용이하게 수용하며, 쌍방향적으로 전개되는 것이 가능했을 것으로 판단된다. 예를 들어 봉덕리 추정방형분에서는 재지계의 토기와 함께 스에키계 토기나 백제계, 가야계(?)의 토기가 출토된다.[37](도 14). 또한 봉덕리 1호분이나 나주 신촌리 9호분[38]에서는 각종 백제계 장신구가 확인되었다. 거기에 고창지역을 중심으로 분포하는 단각의 대부배(이른바 고창계토기)가 노령산맥을 넘어 영산강유역의 고분에 부장되는 상황[39]이 명백하게 나타난다.

문제는 5세기 말부터 6세기 전반경에 걸쳐 북에서부터 칠암리고분-월계 1호분-장고산고분-표산 1호분과 전방후원분도 이 교통로 일대

---

37) 湖南文化財研究院·全羅北道, 2003, 『高敞鳳德里遺跡I』.

38) 國立文化財研究所, 2001b, 『新村里9号墳』.

39) 酒井清治, 2005, 「韓國榮山江流域の土器生産とその様相-羅州勢力と百濟·倭の關係-」, 『駒澤考古』, 駒澤大學考古學研究室 ; 서현주, 2006, 『영산강유역에서의 삼국시대토기 연구』, 서울대학교대학원 문학박사논문 등.

에 만들어지는 상황이다. 반남-아산 교통로를 둘러싼 재지계의 고총고분과 전방후원분의 관계성을 밝히는 열쇠는 양자의 분묘로서의 차이성과 공통성일 것이다.

공존하는 재지계의 고총고분과 전방후원분 우선 분구형태는 물론이고, 분묘로서의 이용법이 상이하다는 차이성에 주목하면, 전방후원분이라는 새로운 묘제의 성립에는 그것을 자신들의 묘제로 했던 왜계 재래인집단의 깊은 관여가 필요했음은 상정 가능하다. 장기적인 왜와 영산강유역의 교류관계 속에서 특히 이 시기에 영산강유역으로의 왕래를 빈번히 하면서 일부가 정착하고 지역사회에 녹아 든 왜계의 집단이 전방후원분을 둘러싼 다양한 물자, 기술, 정보를 가졌다는 추정에는 큰 무리가 없을 것이다. 특히 분구 구축을 병행하면서 九州계의 횡혈식 석실을 구축하는 기술 전통은 당시의 영산강유역에서는 찾기 힘들고, 九州지역에서 그 구축에 관여했던 기술자집단의 직접적인 연관성은 불가결하다.

다음으로 매장시설이나 외표시설 등에서 보이는 양자의 공통성을 주목하면, 재지계 고총고분의 조영집단이 전방후원분이나 백제계 묘제에 관한 정보를 입수할 수 있는 환경에 있었음도 분명하다(도 13). 그렇다면 그것에 관련된 사람, 물자, 기술, 정보의 전달 등에 반남-아산 교통로를 시작으로 여러 교통로가 이용되었다고 생각된다. 여기서 영산강유역 제지역집단을 잇는 '지역 네트워크'의 존재를 상정할 수 있다.

박천수가 말한 재지세력에 대한 견제나 교통로의 차단을 위해 전방후원분을 배치하였다는 론[40]은 재지계의 고총고분과 전방후원분의 관

---

40) 朴天秀, 2002·2005, 앞의 논문.

번역 이태구

계성을 대립적, 배타적으로 파악하는 시각이 전제되어 있다. 하지만 지정학적인 환경이나 고고학적 자료를 보는 한, 고총고분이든 전방후원분이든 조영집단이 반남-아산 교통로 등 다양한 교통로를 이용한 네트워크에 참여하였고, 새로운 묘제를 수용하였다는 점에서 양자는 오히려 공존적이었다고 평가해야 할 것이다.

왜계 도래인의 단서 이상과 같은 상정은 함평만 연안지역의 전방후원분인 장고산고분과 재지계의 고총고분인 미출고분이 인접하여 축조되어 있는 상황에서도 방증된다. 마지막으로 양고분의 조영에 관계하였다고 상정되는 취락유적의 양상에서 왜계 도래인집단의 존재 가능성에 대한 단서를 얻고자 한다. 그 유적은 함평 노적유적 가지구[41]이다(도 15).

노적유적 가지구는 반남-아산 교통로에 접하는 구릉사면에 만들어진 취락유적으로 장고산고분이나 미출고분과 인접한 위치관계를 갖는다. 온돌이 달린 수혈주거 7棟과 수혈 구 등이 확인되었다. 출토유물로 볼 때 5세기 후반에서 6세기 전반경을 중심시기로 한 단기적인 취락으로 추정된다.

이 유적에서 주목할 것은 주거지나 퇴적토 안에서 하니와(원통형 토제품)가 13점 출토된 것과 재지계, 백제계의 토기 외에 스에키계 토기가 출토된 것이다. 하니와(원통형 토제품)는 전체적인 기형이나 돌대의 형상, 투공이 있는 점 등은 일본열도 자료와 상대적으로 유사하다. 최하단의 종물손질조정이 확인된 것도 있으나, 외면조정은 대부분이 타날조정으로 재지의 공인에 의한 제작임이 확실하다. 보고서에서는 '인접

---

41) 湖南文化財硏究院, 2005, 『咸平老迪遺跡』.

한 함평 장고산고분 출토품과 동일한 제품'으로 평가하고 있다.[42] 한편 스에키계 토기는 재지에서의 생산인지 왜에서의 반입품인지의 구별은 힘드나, 실견한 결과 배신(도 15-14)은 스에키와 동일한 제작기술에 의한 것이다.

지리적 상황이나 취락의 존속기간으로 보아도 장고산고분이나 미출고분 등의 조영과 관계됐을 가능성이 높은 취락유적에서 스에키계 토기나 하니와(원통형 토제품)가 출토된 상황은 시사하는 바가 크다. 추측하자면 취락의 구성원에는 지역사회 안으로 정착하여 재지화해 간 왜계 도래인이 포함되어 있었을 가능성이 있지 않았을까.

실제로 이즈음 영산강유역 각지의 취락유적에서 스에키계 토기가 적잖이 출토되고 있다.[43] 앞으로 취사와 관련된 土師器(하지키)계 토기가 어느 정도 취락유적에서 출토될지에 대해 주의할 필요가 있다. 그럼에도 불구하고 광주 향등유적[44]과 같이 조영기간이 5세기 후반~6세기 전엽경으로 단기간이며, 토기나 철제품의 제작에 종사하였다고 상정되는 취락[45]에서 돌대나 투공이 확인되는 하니와편이나 스에키계 토기가 출토될 경우, 거기에는 왜계 도래인과의 얼마간의 관계성을 고려해도 좋을지도 모른다.[46]

---

42) 湖南文化財研究院, 위의 책, 88쪽.

43) 李暎澈, 2011a, 「榮山江上流地域の集落変動と百済化の過程」, 『百濟學報』6, 百濟學會.

44) 湖南文化財研究院, 2004, 『光州香嶝遺跡』.

45) 李暎澈, 2011a, 앞의 논문.

46) 이영철은 5세기 후반이후에는 월계동 1·2호분이나 명화동고분 등의 전방후원분이 위치하는 영산강유역 지역의 취락구조에 큰 변동이 일어나, 위계화와 전업화가 진전한다고 지적하고 있다(이영철, 2011a). 경청할 만한 견해이다. 그는 거기에 백제에 의한 직접적인 지배를 염두에 두고 있다. 해당 시기의 취락에서는 하니와(원통형

번역 이택구

3) 전방후원분 조영의 역사적 배경

지역에서의 관점 여기까지의 의논을 바탕으로 전방후원분의 축조에 이르는 대략적인 흐름을 영산강유역의 편에서 상정하면 다음과 같다.

우선 장기적인 백제, 왜와의 기층적인 교류관계 안에서 전방후원분이나 백제계 묘제에 관계된 여러 사람, 물자, 기술이 영산강유역에 들어온다. 전방후원분은 특히 5세기 후엽에서 6세기 전반경에 제지역집단과의 교류를 이어가며 정착, 재지화한 왜계 도래인집단이 그 전달에 깊이 관여했을 가능성이 높다. 다음으로 영산강유역의 제지역집단이 고대 교통로를 매개로 한 지역 네트워크에 참여하면서 이 새로 들어온 묘제를 총체적으로 혹은 제속성을 취사선택하여 수용한다. 그리하여 수용한 여러 묘제에 관련된 정보를 바탕으로 하니와(원통형 토제품)나 목제품을 제작, 전방후원형의 고총분구를 쌓고, 아마도 왜계 기술자와 함께 석실 구축에 손을 잡거나 하여 그것들을 자신들의 묘제로 전개시켜 간다.

조감적으로 보면 나주지역과 그 주변 지역에서는 재지계 고총고분의 구성 요소로 횡혈식 석실이나 외표시설을 받아들이는 것이 현저한데 반해, 함평, 영산강 상류지역, 해남반도 등의 외연 지역에서는 전방후원분의 제속성을 어느 정도 총체적으로 수용하였다고 파악할 수 있다. 따라서 전방후원분이 재지계의 고총고분인가 하는 차이는 제지역집단의 입장에서 보면 새로 들어온 묘제에 대한 주체적인 취사선택의 결과,

---

토제품), 스에키계 토기, 대가야나 소가야를 중심으로 한 제가야계의 토기가 적잖이 출토된다. 이러한 다양한 계보를 갖는 자료의 평가를 포함하여, 취락의 양상을 연결해 가면서 전방후원분 구조의 배경의 실마리를 풀어갈 필요가 있다.

나아가 백제 중앙이나 왜계 도래인집단과 관계 맺는 법에 대한 차이의 결과로 평가할 수 있다.

岡山현 天狗山고분 출토의 토기군 물론 이즈음의 영산강유역 제지역집단이 왜로 나아갔던 것은 분명하며, 그 관계는 쌍방향적인 것이었다. 영산강유역과 왜의 교섭을 나타내는 일본열도 측의 자료는 이미 畿內지역이나 中·北部九州지역을 중심으로 많은 수가 소개되어 있다. 여기서는 그 두 지역 사이에 위치하는 瀨戶內지역의 사례에 대해 소개하고자 한다. 그것은 岡山(오카야마)현 天狗山(텐구야마)고분[47]의 造出部에서 출토된 토기군이다.

天狗山고분은 분구 길이 60m정도의 帆立具(가리비)형 전방후원분이다(도 16). 그 전방부 서측에 부설된 造出部에 5세기 후엽경의 스에키 배신(8)과 함께 도질토기의 배신, 개배가 공헌되었다. 우선 개배의 3점 (1~3)은 영산강유역, 그것도 나주지역에서의 반입품일 가능성이 높다. 다른 1점(4)은 전체적인 기형에서 스에키 개배처럼 보이나, 천정부 하반의 器厚가 대단히 두꺼운 점, 천정부 상반의 외면이 회전깎기가 아닌 물손질로 정면한 점을 감안할 때, 스에키라고는 생각하기 힘들다. 오히려 구연단부나 천정부와 구연단의 경계를 스에키와 같은 형태로 만든 이른바 고창계 토기의 가능성이 높다. 그 외에도 소성이 연질이며, 뚜껑받이부가 짧고 두터우며, 드림턱이 대단히 약한 배신(4~7)도 다수 출토된다. 이것도 스에키로 보기엔 힘들며, 아직까지 닮은 예는 보이지 않으나, 혹시 영산강유역계일 가능성은 없는가.

---

47) 松木武彦·新納 泉, 2001, 『吉備地域における「雄略朝」期の考古學的研究』, 科學研究費補助金研究成果報告書 岡山大學文學部.

번역 이택구

天狗山고분은 瀬戸内 북안을 잇는 연안항로와 하천(小田川[오다가와]와 高梁川[다카하시가와])의 결절점에 위치한다. 여러 한반도계 부장품이 확인되는 고분으로, 해상교통을 기반으로 한 小田川 하류역집단의 수장묘로 판단된다. 그 造出部에서 영산강유역계의 토기가 다수 출토된 상황을 적극적으로 이해하면, 造出部에서 행해진 의례에 영산강유역에서의 도래인 집단이 참가했다는 해석도 가능할 것이다.[48]

전방후원분의 다의성 전방후원분 축조의 배경이 된 왜와 영산강유역과의 대외교섭에는 北部九州지역을 주체로 한 왜 측의 대외경로 유지·전개라고 하는 의도가 있었음은 이미 지적되고 있다.[49] 한편 銀裝釘이나 環座金具를 갖춘 목관이나 백제계 장신구류의 부장에는 웅진천도 후의 백제의 영산강유역에 대한 통합지향이 반영되었다는 가능성도 제기되고 있다.[50] 거기에 영산강유역 측에서는 새로운 묘제의 적극적인 수용과 전개에 의해 왜나 백제 중앙과의 등거리적인 관계를 유지하면서 상호 연계를 그리려는 의도가 있다고 지적되고 있다[51]

이상의 여러 견해는 반드시 상호 대립하는 것은 아니다. 여기에 더하여 재지계의 묘제와 전방후원분이 오히려 공존적이었다고 보는 것이 가능하다면, 영산강유역의 전방후원분은 어느 특정 정치체의 정치경제적인 의도가 강하게 반영되었다기 보다는 축조에서 장송의례에 이르기까지의 일련

---

48) 高田貫太, 2014, 『古墳時代の日朝關係-百濟·新羅·大加耶と倭の交渉史』, 吉川弘文館.

49) 柳澤一男, 2006, 「5~6世紀の韓半島西南部と九州」, 『加耶, 洛東江から榮山江へ』, 金海市 등.

50) 洪潽植, 2005, 앞의 논문 등.

51) 田中俊明, 2002, 「2. 韓國の前方後円形古墳の被葬者·造墓集団に對する私見」, 『前方後円墳と古代日朝關係』, 同成社 ; 金洛中, 2009, 앞의 박사학위논문 등.

의 과정에서 영산강유역(전방후원분 조영집단)을 주체로 하면서 왜, 백제 등의 정치경제적 의도를 내포한 다의적인 분묘였다고 평가할 수 있다.

거기에 묻힌 피장자는 기본적으로는 백제나 왜와 긴밀한 관계를 가진 영산강유역의 제지역집단의 수장층으로 생각되나, 그 수장층에 백제, 왜의 출자를 가진 사람들이 포함되어 있을 가능성 또한 고려해 둘 필요가 있다.

4. 맺음말

본고에서는 남해안지역이나 영산강유역의 관점에서 5, 6세기의 한일관계를 검토하려고 노력하였다. 정식 조사보고서가 간행되기 전단계의 자료를 검토대상으로 한 곳도 있으며, 오해나 충분치 못한 곳도 적지 않다고 생각된다. 그럼에도 당시의 한반도 서남부와 일본열도의 다원적으로 복잡하게 얽힌 관계 안에서 '왜계 고분'이나 영산강유역의 전방후원분이 출현한 상황을 조금이라도 설명할 수 있었다면 본고의 목적은 달성한 셈이다.

번역 이택구

토 론

서 현 주 (한국전통문화대학교)

발표자는 크게 5~6세기대 전반 한반도 영산강유역권의 고분 중 왜와 관련이 있는 고분을 크게 두 시기로 나누어 살펴보고 있다. 먼저 5세기 전반 고흥 야막고분, 길두리 안동고분, 해남 외도 1·2호분 등 남해안지역의 왜계 고분은 왜계 도래인의 무덤으로 보고 있는데, 이 집단은 남해안에서 항행상의 요충지에 일정기간 체재하면서 재지 집단과 잡거하며 그 과정에서 이러한 고분이 조영된 것으로 추정하였다. 그리고 5세기 후엽 ~6세기 전반 영산강유역의 전방후원분은 재지계의 고총고분과의 공존을 강조하면서, 일본의 전방후원분, 백제계 묘제와 관련된 여러 사람, 물자, 기술이 들어오는데, 그 과정에서 정착, 재지화한 왜계 도래인집단이 그 전달에 깊이 관여하고 이를 영산강유역의 제집단이 수용하면서 이 지역의 묘제화가 이루어진 것으로 설명하였다. 즉, 전방후원분은 영산강유역을 주체로 하면서 왜, 백제 등의 정치경제적 의도가 내포한 다의적인 분묘로 평가하고 있다. 기존의 연구성과들과 견해를 같이하는 부분도 있고 약간 다른 부분도 있는데, 보충설명이 필요한 부분을 중심으로 질문하고자 한다.

| 5세기 전반 남해안지역의 왜계 고분 |

01 발표자는 고흥지역의 야막과 길두리 안동 고분, 장덕리 장
동고분군을 거의 비슷한 5세기 전반으로 보고 있다. 물론 야
막과 길두리 안동 고분이 위치한 고흥반도의 상황은 아직 재지 고분의
상황을 잘 알 수 없다고 언급하였지만, 왜계 고분으로 본 야막과 길두
리 안동 고분이 비슷한 시기에 가까운 거리에 존재하는 점에서 두 고분
사이에 규모, 매장시설 등에서 차이가 나타나는 것은 왜 그러한지 궁금
하다. 길두리 안동고분이 약간 더 늦게 나타나며 백제적인 요소뿐 아니
라 이 지역에서 재지화가 약간 더 진행된 것으로 볼 수는 없는지 의견
을 밝혀주셨으면 한다.

02 왜, 백제, 영산강유역의 교섭에 일본의 도서부나 해안부 제집
단이 관여했을 것으로 보는 사례로 백제계 이식이 출토된 5
세기 전반의 가가와(香川)현 메기시마(女木島)고분을 들고 있다. 이 시
기에 영산강유역과 관련되는 자료나 요소가 보이는 일본 내 유적은 더
없는지 궁금하다.

| 5세기 후엽~6세기 전반 영산강유역의 전방후원분 |

03 전방후원분의 피장자는 기본적으로 백제나 왜와 긴밀한 관
계를 가진 영산강유역의 제집단의 수장층으로 보고 있으며,
그 수장층에 백제, 왜의 출자를 가진 사람이 포함되었을 가능성을 언급
하고 있다. 이러한 양상을 고분 자료에서 좀더 구체적으로 언급해주셨으

면 한다. 지역이나 고분에 따라 다소 양상이 다르게 나타난다고 보시는 지, 아니면 모든 고분에서 이러한 양상이 혼재한다고 보시는지 궁금하다.

| 두 시기 고분에 모두 관련 |

04 영산강유역권의 왜 관련 고분 양상이 두 시기에 차이를 보이 는 것은 어떠한 연유라고 보시는지 궁금하다. 두 시기 모두 백제에서 왜까지 관계가 있었다고 보시는 듯하다. 결국 이에 대한 시각 은 당시 한반도의 정황뿐 아니라 이를 바탕으로 한 왜와의 교섭에 대 한 이해와도 연결되는 부분이다.

전남 서남해지역과 가야지역의 교류 양상

하 승 철 (경남발전연구원 역사문화센터)

1. 머리말

중국과 한반도, 일본열도는 끊임없는 교류를 통해 서로를 자극하며 역사발전을 이룩해 왔다. 고대사회에서 해양교류의 중요성은 한층 강조되는데 전남 서해안지역과 가야의 해상 세력은 동북아시아 해양 교류의 주요 거점으로 기능하였다. 전남 서해안지역은 부단한 해양 교류를 통해 다양한 형식의 묘제를 수용하였고, 외래계 토기를 수용하여 모방, 절충 또는 융합된 토기양식도 생성하였다.

본고의 주제는 전남 서남해지역과 가야의 교류에 관한 것이다. 이미 오래전부터 서남해의 해남, 장흥 등지에서 타날문 단경호, 광구소호, 삼각투창고배 등 가야토기가 출토되어 양 지역의 교류가 활발히 진행되었을 것으로 예측되어 왔으나 교류의 중심 세력에 대해서는 이견이 많은 편이었다. 최근 증가된 자료에 의하면 전남 서남해지역과 가야는 시기별 정세 변동에 따라 교류 양상이 변화하는 것으로 파악되며, 토기 양식과 묘제의 공유를 통해 문화적 동질감을 확대해 가는 모습도 확인된다.

　본고에서는 논의의 편의를 위해 마한·백제 지역 전체에서 출토된 가야토기에 대해 분포현황을 파악해 보고자 한다. 더불어 신라토기, 왜계 토기의 출현 양상에 대해서도 덧붙여 설명하고자 한다. 이를 통해 전남 서남해지역과 가야의 교류, 교역체계의 변동, 정치·문화적 동질감 확대 등에 대해 검토해 보기로 한다. 마한·백제 지역은 4개의 권역으로 구분하여 설명하고자 하는데,[1] 서울을 중심으로 한 한강유역, 전북과 충청도를 포함한 금강유역, 해남·장흥·영암·목포·나주·함평·광주·담양·고창을 포함한 전남 서남해지역(영산강유역), 광양·순천·여수·구례·보성·고흥을 포함한 전남 동부지역이 해당된다.

2. 마한·백제지역 출토 외래계 토기

마한·백제지역에서 출토된 가야토기, 신라토기, 왜계 토기를 표로 제시하면 다음과 같다.[2]

<표 1> 전남 동부지역 출토 외래계 토기

유적	金	阿	大	新	小	倭	시기
여수 장도(순천대2003)					●		4C後
여수 마산·화동(마한2009)		●				●	4C前

---

1) 장수·남원·임실 등 호남 동부지역은 백제와 가야의 문화가 공존하고 있어 별도의 논의가 필요하므로 본고에서는 제외한다.

2) 공주박:국립공주박물관, 광주박:국립광주박물관, 남문연:남도문화재연구원, 대한:대한문화재연구원, 마한:마한문화연구원, 원광대마백:원광대학교 마한백제문화연구소, 전문연:전남문화재연구원, 호문연:호남문화재연구원.

　　　　　　　　　　　　　　　　　　　　　　　　　　하승철

여수 화장동(마한2009)					●		5C
여수 봉수·둔전(전문연2013)				●	●	●	5C~6C
여수 죽림리 차동(마한2011)		●	●	●	●	●	4C~6C
여수 미평동(순천대2002)			●		●		6C
여수 고락산성(순천대2003,2004)		●	●				4C, 6C
여수 돌산 죽포리(이동희1999)					●		5C中
광양 지천리 창촌(마한2012)		●			●		4C中~前
광양 비평리(이동희2005)			●				6C
광양 점터·원적(마한2011)					●		5C
광양 용강리 기두(순천대2003)		●					5C前
광양 용강리 석정(대한2012)					●	●	4C中~5C前
광양 칠성리(순천대2007)					●	●	4C~6C
광양 도월리(전문연2010)		●		●	●	●	4C~6C
순천 운평리(순천대2008,2011)			●	●	●		6C前~中
순천 덕암동(순천대2008)			●	●			6C中
순천 왕지동(남문연2009)			●	●			6C中
순천 용당동 망북(순천대2001)					●		6C
순천 죽내리 성암(순천대2001)			●				6C
순천 검단산성(순천대2004)			●		●		6C
순천 성산리 성산(마한2013)		●	●		●		4C~5C
순천 성산·송산(마한2011)			●		●	●	5C~6C
순천 송산(전문연 2011)			●		●	●	
순천 성산리 대법(마한2007)					●	●	5C
구례 광의면 대산리(목포대2003)		●		●			4C後~5C
구례 봉북리(남문연2007)		●					4C後
보성 조성리(순천대2003)					●	●	5C
고흥 장덕리 장동(대한2011)	●			●	●		4C後~5C中
고흥 한천리 신촌(마한2011)	●	●		●	●	●	4C後~5C前
고흥 방사(호문연2006)		●		●		●	5C
고흥 한동(호문연2006)		●				●	5C

*金:금관가야, 阿:아라가야, 大:대가야, 新:신라, 小:소가야

<표 2> 전남 서남해지역 출토 외래계 토기

유구	金	阿	大	新	小	倭	시기
해남 신월리고분(목포대2010)		●					5C前
해남 신금(호문연2005)		●			●	●	4C~5C
해남 현산초교(서현주2013)				●			5C
해남 월송리 조산고분				●			5C
해남 용일리 용운(광주박2004)				●		●	6C
해남 만의총 1,3호분				●		●	6C前
장흥 상방촌A(목포대2005)	●			●		●	5C
장흥 지천리(목포대2000)				●		●	5C前
장흥 신월리(목포대2007)	●						4C後
나주 장등(호문연2007)				●		●	5C
나주 영동리고분군(이정호2008)				●			6C前
나주 복암리3호분 96석실 (국립문화재연구소2001)						●	6C前
광주 금곡B(호문연2009)						●	4C
광주 동림동(호문연2007)					●	●	5C
광주 향등(호문연2004)						●	5C
광주 평동유적(호문연2012)						●	5C
광주 하남동(호문연2008)						●	5C
광주 산정동(호문연2008)						●	5C
광주 명화동고분(광주박1996)			●				6C前
광주 신완(호문연2008)					●		5C
광주 월계동 1호분(전남대2003)						●	6C
광주 월전동(전남대1996)						●	5C~6C
영암 만수리(광주박1990)						●	6C
담양 서옥고분군(호문연 2007)						●	5C後
장성 영천리고분(전남대1990)					●	●	6C
장성 대덕리(호문연2006)						●	5C
함평 노적(호문연2005)					●	●	5C
함평 성남·국산(목포대2001)	●						5C前
무안 맥포리(호문연2005)						●	5C後
고창 봉덕II(호문연2003)					●	●	5C

*金:금관가야, 阿:아라가야, 大:대가야, 新:신라, 小:소가야

하승철

유구	金	阿	大	新	小	倭	시기
부안 죽막동(전주박1994)						●	5C後
전주 마전(호문연2008)					●	●	5C後
익산 사덕(호문연2007)		●					5C前
익산 입점리(원광대마백2001)					●		6C前
진안 와정토성(전북대2001)			●				5C後
금산 음지리파괴분(박경도2002)			●				6C中
금산 창평리파괴분(조영제1990)					●		5C前
연기 송원리(조은하2010)					●		5C後
공주 정지산(공주박1999)						●	5C~6C
청주 신봉동(충북대1990)						●	5C後
서울 몽촌토성 제3호 저장공 (몽촌토성발굴조사단1985)						●	5C後
서울 풍납토성 경당지구(권오영2002)					●	●	5C後

*金:금관가야, 阿:아라가야, 大:대가야, 新:신라, 小:소가야

3. 마한·백제지역 출토 외래계 토기의 분포와 그 의미

1) 금관가야, 신라 토기의 분포와 그 의미(도면 1)

(1) 금관가야 토기

금관가야에서 출토되는 마한·백제계 자료[3]는 동래패총 F피트 출토 이중구연호, 구지로 18호묘 출토 단경호, 낙민동패총 출토 단경호, 김해 양동리 462호묘·동래 복천동 80호묘·마산 현동 41호묘 출토 금박 유리옥 등이다. 대부분 3세기 후엽부터 4세기 후엽의 시기에 해당되며 5

---

3) 홍보식, 2007,「신라·가야권역 내의 마한·백제계 문물」,『4~6세기 가야·신라 고분 출토의 외래계 문물』, 제16회 영남고고학회 학술발표회, 26~32쪽.

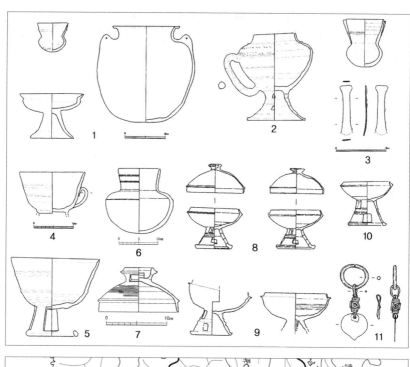

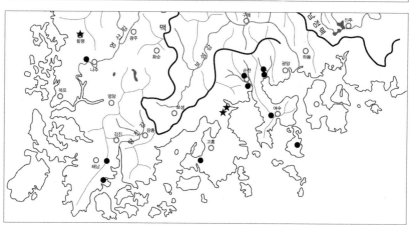

〈도면 1〉 마한·백제지역 출토 금관가야, 신라계 유물

1. 고흥 신촌9호묘 2. 고흥 장동M2-1호묘 3. 고흥 장동M2-2호묘 4. 여수 죽림리 차동 15호 주거지 5. 차동유적 10호묘 6. 구례 대산리, 7. 여수 봉수·둔전 12호 주거지 8. 순천 운평리 M2-3호묘 9. 광양 도월리 42호 주거지 10. 순천 운평리 M2-1호 옹관묘 11. 순천 운평리 M2호분 주석실

하승철

세기의 자료는 확인되지 않고 있다. 마한·백제지역에서 출토되는 금관가야계 유물도 거의 확인되지 않고 있었으나 고흥 장동유적 M2-1호묘 출토 유개대부파수부소호(도면 1-2), M2-2호묘 출토 원저 광구소호(도면 1-3)는 금관가야에서 이입된 것으로 밝혀지고 있어 주목된다. 인접한 고흥 신촌유적 9호 토광묘 출토 외절구연고배와 원저의 광구소호[4](도면 1-1), 양이부단경호도 금관가야 토기가 확실하므로 순천만이 교역의 거점이었을 가능성이 높아졌다. 영산강유역의 함평 성남 1호 토광묘에서도 금관가야계 원저 광구소호 한 점이 출토되었는데 단발적인 양상으로 보아 서남해지역을 통한 2차 파급으로 판단된다.

고흥 신촌 9호묘에서 출토된 외절구연고배는 양동리 90호·107호, 대성동 1호분 출토품과 흡사하므로 동일 단계로 편년된다. 유개대부파수부소호는 낙동강 하류역의 금관가야에서 성립하여 아라가야, 소가야, 대가야, 일본 등으로 광범위하게 확산되며 이후 아라가야, 대가야에서는 특징적인 형식이 출현하여 정착한다. 장동유적 M2-1호묘 출토 유개대부파수부소호는 대성동 1호분, 함안 오곡리 5호분 출토품과 가장 흡사하다. 시기는 기존의 가야토기의 연대를 약간 상향시킬 필요성이 있으므로 4세기 말 내지 5세기 초로 설정한다.

금관가야 토기는 출토량은 적지만 고흥반도 북쪽 입구에 집중하는 것으로 파악된다. 장동유적은 남해안이 육지로 깊숙이 올라와(순천만, 여자만) 닿는 곳으로 해양 교류의 거점 취락이 입지하기 좋은 환경이

---

4) 가야지역 광구소호는 원저와 평저로 구분되는데, 낙동강하류역을 중심으로 한 금관가야권에서 원저 광구소호가 유행하며 주변 지역으로 차츰 확산되기 시작하면서 평저 광구소호가 제작된다. 따라서 본고에서는 원저 광구소호를 금관가야계, 평저 광구소호를 아라가야계로 구분한다.

다. 실제로 장동유적에서 조사된 M1호, M1-1호 목곽묘에서는 소가야 수평구연호, 파수부배, 광구호 등이 출토되어 소가야와도 활발히 교류하였던 사실이 밝혀졌다. 또한 장동유적 목곽묘는 서남해 일대의 다른 유적에 비해 철모, 철부, 철겸 등 무기류 및 농공구류의 부장량이 풍부한 것이 특징이다.

특히 목곽묘에 다량 부장되는 소형 철정(도면 1-3)은 마산 현동유적, 마산 진북 대평리유적, 통영 남평리유적 등 남해안 지역 가야 유적에서 출토되는 철정의 형태와 동일하다. 따라서 장동유적 일대는 서남해안 교역로의 주요 기착지로 상정 가능하며, 금관가야 토기의 등장배경도 철의 생산과 유통과 관련이 깊을 것이다.

(2) 신라계 토기

신라계 토기는 5세기로 편년되는 대부파수부완, 장경호를 제외하면 모두 6세기에 해당한다.[5] 5세기의 특징은 소가야 토기, 아라가야 토기와 공반되는 점이며, 6세기는 현지 모방품이 존재한다는 사실이다. 장경호(도면 1-6)는 구례 광의면 대산리에서 아라가야 대부파수부배와 같이 수습되었다. 직선적인 구경부, 견부가 강조된 동체부가 특징으로 5세기 중엽에 해당한다. 대부파수부완은 여수 죽림리 차동유적 15호 주거지(도면 1-4)와 10호 석곽묘(도면 1-5), 고흥 방사유적 출토품이

---

5) 한편, 대전 구성동 D-1호·2호 출토 장경호와 진천 석장리유적 A-사호 출토 고배도 신라계로 파악되는데(성정용, 2007, 「백제권역 내의 신라·가야계 문물」, 『4~6세기 가야·신라 고분 출토의 외래계 문물』第16回 嶺南考古學會 學術發表會, 47~73쪽), 이는 상주, 성주 등 영남 내륙지역과의 교류를 통해 이입된 것으로 추측된다. 본고는 남해안을 통한 교류에 중점을 두고 있어 논의에서 제외하고자 한다.

하승철

해당한다. 대부파수부완은 신라토기 기종으로 5세기 이후 김해, 부산 지역에서 유행한다. 그러나 죽림리 차동유적 15호 주거지 출토품은 소가야 개, 삼각투창고배, 기대, 호와 공반되고 있어 소가야를 통한 2차 파급으로 추측된다. 고흥 방사유적 출토품은 동체부 하단에 점열문과 파상문이 시문된 것으로 수입품으로 파악된다. 차동유적 10호 석곽묘 출토품은 공반된 횡장방판정결판갑, 다량의 철촉과 함께 수입되었을 가능성이 높다.

6세기에 해당하는 신라계 자료는 현지 모방품과 이입품으로 구분된다. 이입품은 나주 복암리 3호분 96호 1호 석실 출토 행엽·재갈·운주, 광양 도월리 42호 주거지 출토 고배 2점(도면 1-9), 순천 운평리 M2호분 주곽 출토 이식(도면 1-11), M2-1호 옹관묘 출토 고배1점(도면 1-10), M2-3호분 출토 고배 2점(도면 1-8), 여수 둔전 12호 주거지 출토 개(도면 1-7) 등이다. 이 중 여수 둔전 출토품이 약간 이른 6세기 1/4분기에 해당한다. 복암리 3호분 출토 심엽형 행엽과 재갈, 운주 등은 6세기 전엽에 해당하며 백제적인 요소와 신라적인 요소가 결합된 것으로 파악되고[6] 있다. 광양 도월리, 순천 운평리 출토 고배는 신라토기의 편년에 의하면 월성로 가18호분 단계인 6세기 2/4분기에 해당하나 각단의 형태로 보아 운평리 M2-3호분 출토품이 약간 늦을 것으로 본다. 신라계 이식은 주환+유환+연결금구+소환연접입방체+심엽형 수하식으로 구성되어 있다. 보고자들은[7] 강릉 초당동 A-8호묘, 경산 임당 7C-1호

---

6) 김낙중, 2000, 「5-6世紀 榮山江流域 政治體의 性格-羅州 伏岩里3號墳 出土 威勢品分析-」, 『百濟研究』32, 충남대학교 백제연구소.

7) 순천대학교박물관, 2010, 『順天 雲坪里 遺蹟Ⅱ』.

옹관, 경주 교동 출토품, 성주 성산동 1호묘 출토품과 유사한 것으로 파악하고 있다. 발표자 역시 견해를 같이 한다. 다만 이식의 도입 배경을 대가야와의 관계에서 찾고 있는 점에 대해서는 찬동하기 어렵다. 유물의 대부분이 대가야계이지만 주곽이 송학동유형 석실인 점, 주곽과 부곽의 배치가 고성 내산리 34호분과 유사하기 때문에 바다를 통한 소가야, 신라와의 교류도 염두에 둘 필요가 있다.

현지 모방품은 나주 영동리 3호분 출토품, 해남 만의총 1호분·3호분 출토품 등이다. 나주 영동리 3호분은 6세기 전엽에 해당하는 석실이며 신라계 토기 뚜껑은 재지계 개배, 백제계 삼족기 등과 함께 석실 연도부에서 출토되었다. 신라계 뚜껑은 굽형꼭지, 꼭지 주위에 반원문과 삼각집선문을 시문한 것으로 충실한 현지 모방품이다. 해남 만의총 1호분 출토 유공의 서수형토기, 3호분의 분구와 주구에서 출토된 대부직구단경호, 보주형 꼭지가 달린 개도 기형, 투창, 돌대, 문양구성 등이 신라 토기와 거의 흡사하나 기벽이 두껍고, 소성상태에서 차이를 보이므로 신라계 공인이 현지에서 제작했을 것으로 판단된다.[8]

전남 서남해안지역과 신라의 교류는 6세기 전반의 시기에 광양, 순천, 해남, 나주 등 극히 제한적인 범위에서 단발적으로 진행된 것으로 파악된다. 나주 영동고분군의 신라 토기 모방품 역시 연속성이 확인되지 않는 것으로 보아 신라 토기 도공의 이주로 인한 일시적인 현상으로 판단된다.

---

8) 이정호, 2010, 「출토유물로 본 영동리고분세력의 대외관계」, 『6~7세기 영산강유역과 백제』 국립나주문화재연구소 개소 5주년 기념 국제학술대회, 국립나주문화재연구소·동신대학교문화박물관.

하승철

2) 아라가야 토기의 분포와 그 의미(도면 2)

아라가야 토기는 평저의 광구소호, 통형고배, 화염형투창고배, 양이부단경호, 노형기대, 발형기대 등이다.[9] 가야토기 광구소호는 마한·백제지역에 폭넓게 확산되면서 주요 기종으로 정착한다. 특히 전남 서남해안지역 일대는 현지 생산품과 이입품의 구별이 힘든 경우가 많다. 이입품은 동체부 하단에서 굴곡이 지고 구경부는 강하게 외반하는 것으로 고흥 신촌 1호 토광묘, 해남 신월리고분(도면 2-2), 무안 양장리 나지구 유물포함층(도면 2-3), 익산 사덕 33호(도면 2-1) 수혈 출토품 등이다. 시기는 4세기 후엽부터 5세기 전반에 해당한다.

승문이 타날된 양이부단경호는 크게 두 가지 견해로 나뉜다. 하나는 4세기에 함안을 중심으로 성립하여 주변 지역으로 확산되며 소가야, 김해, 부산 등지에서 출토되는 양이부단경호는 함안지역산일 가능성이 높다는 견해이다. 다른 하나는 양이부단경호를 모두 함안 생산품으로 볼 수 없으며 현지에서 생산되었을 가능성이 높다는 견해이다. 마한·백제지역 출토 양이부단경호 중에도 아라가야 생산품으로 판단되는 것이 포함되어 있는데 직립하거나 약하게 외반하는 구연부, 얇고 균일한 기벽, 좁고 세밀한 승문 타날, 동체부 중상위에 집중된 침선, 둥근 동체부 등이 특징이다. 해남 신금유적 55호 출토 타날문 단경호, 광양 도월리 41호 주거지 출토 양이부단경호(도면 2-6)와 34호·42호 주거지 출토 단경호, 여수 고락산성 3호 주거지 출토 양이부단경호(도면 2-7)는 아라가야에서 이입된 것으로 판단된다. 출토품은 4세기 전반에 해

---

9) 이동희, 2013, 「아라가야와 마한·백제」, 『고고학을 통해 본 아라가야와 주변제국』, 경남발전연구원 역사문화센터, 학연문화사.

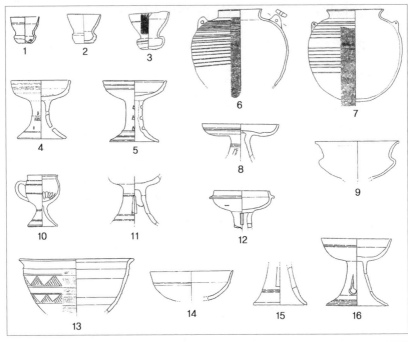

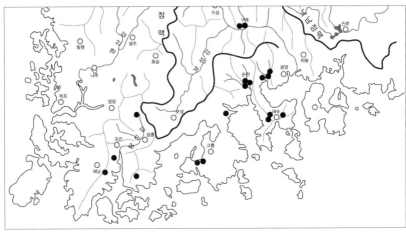

〈도면 2〉 마한·백제지역 출토 아라가야계 토기와 분포

1. 익산 사덕 33호 수혈 2. 해남 신월리고분 주구 3. 무안 양장리 나지구 4. 여수 죽림리 차동 6
호묘 5. 장흥 신월리 지표 6. 광양 도월리 41호 주거지 7. 여수 고락산성 3호 주거지 8. 광양 도
월리 10호 수혈 9. 광양 지원리 창촌 2호 주거지 10. 구례 대산리 지표 11. 고흥 방사 18호 주거
지 12. 장흥 상방촌 A-1지구 25호 주거지 13. 장흥 상방촌 A-2지구 25호 주거지 14. 고흥 한동
1호 수혈 15. 고흥 한동 34호 주거지 16. 광양 칠성리 기두 2호 수혈

하승철

당하는 의령 예둔리 2호묘·12호묘 출토품과 유사한 것으로 보아 동일한 시기로 편년한다.

통형고배는 여수 죽림리 차동유적 6호묘(도면 2-4), 순천 성산63호 주거지, 여수 둔전유적, 광양 도월리유적, 장흥 신월리유적(도면 2-5) 등에서 출토되었다. 시기는 4세기 후엽에 해당한다. 세장방형 투창을 뚫은 장각의 고배는 광양 도월리 10호 수혈(도면 2-8), 고흥 방사 18호 주거지(도면 2-11), 고흥 한동 34호 주거지(도면 2-15)에서 출토되었고, 이단일렬투창고배는 장흥 상방촌 A-1지구 25호 주거지(도면 2-12)에서 출토되었다. 광양 용강리 기두유적 2호 수혈에서 출토된 화염형투창고배(도면 2-16)는 아라가야에서 수입된 것이 확실하고, 고흥 한동 1호 수혈유구 출토 고배 배부(도면 2-14) 역시 화염형투창고배로 판단된다. 용강리 출토 화염형투창고배는 함안 도항리 10호분(문) 출토품과 유사하며 5세기 전엽에 해당한다. 장흥 상방촌A유적 25호 주거지 출토품은 대각 상단부와 배부만 남았지만 도항리 38호분(문) 출토품과 유사한 것으로 5세기 중엽에 해당한다.

구례 대산리에서 수습된 대부파수부배는 4세기부터 아라가야토기 문화권에서 유행한 것으로 의령 황사리 4호묘, 20호묘, 마산 현동 61호묘, 부산 복천동 31호묘 등에서 출토되었다. 시기는 5세기 전엽으로 추정된다. 장흥 상방촌A-2지구 25호 주거지 출토 발형기대는 배부가 둥글고 구연이 짧게 외반하며 삼각거치문이 시문되는 것이 특징으로 함안 도항리 (문)36호분 출토 발형기대와 유사하지만 시기는 한 단계 이른 5세기 초로 편년된다.

아라가야 토기는 4세기 전반 양이부단경호, 4세기 후엽부터 통형고배와 광구소호, 5세기 전반 발형기대와 고배 등으로 구분된다. 아라가야는 금관가야에 비해 장기간 지속적인 교류 양상이 확인된다. 향후 4세기에 해당하는 아라가야 토기는 출토 사례가 늘어날 것으로 예상된다. 아라가야 토기의 분포권은 여수, 순천, 광양을 중심으로 고흥, 해남 등 전남 동부지역에 집중된다. 아라가야와 서남해지역, 금강과 한강유역은 그다지 교류가 활발하지 않았던 것으로 추측된다.

3) 대가야 토기의 분포와 그 의미(도면 3)

대가야 묘제와 토기가 집중적으로 확인되는 남원, 임실, 장수 등 호남 동부지역을 제외하면, 대가야 토기는 전남 동부지역과 금강유역에 집중한다. 전남 서남해지역에는 대가야 토기의 분포가 확인되지 않고 있어 그다지 교류가 활성화되지 않았던 것으로 판단된다. 전남 동부지역 출토 대가야 토기는 6세기 전반에 집중된다.

전남 동부지역 대가야계 토기의 분포와 시기에 대해서는 이동희[10]의 연구가 자세하다. 그러나 운평리 M2, M3호분을 5세기 4/4분기로 편년하고 있는 점은 동의할 수 없고, M2호분 석실이 M1호분 주곽보다 후행하는 것으로 이해한 점에 대해서는 견해를 달리한다.

전남 동부지역 출토 대가야토기는 5세기 말부터 6세기 전엽의 시기, 6세기 중엽의 시기로 구분된다. 전자는 순천 운평리고분군과 순천 죽내리 성암, 여수 차동유적 15호 석곽묘(도면 3-1) 출토 대부파수부완이

---

10) 이동희, 2008, 「全南東部地域의 伽倻文化-순천 운평리 유적을 중심으로-」, 『전남동부지역의 가야문화』 제36회 한국상고사학회 학술발표대회, 한국상고사학회.

하승철

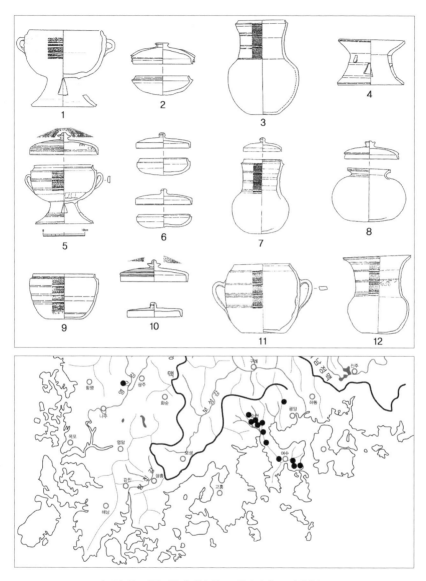

〈도면 3〉 마한·백제지역 출토 대가야계 토기와 분포

1. 여수 차동 15호묘 2~4. 순천 운평리 1호묘 5·6. 운평리 M2-5호묘 7·8. 운평리 M2호분 9·10. 여수 고락산성 11·12. 운평리 M2-8호묘

해당하고, 후자는 순천 왕지동, 순천 성산·송산유적 출토품, 광양 비평리, 여수 미평동, 여수 고락산성 출토품 등이 해당한다. 운평리고분군 M1호 주곽, 1호·4호·5호 석곽묘, M2호분 출토품은 6세기 전엽의 시기에 해당하고, M1-2·3·4, M2-1·2·3·5·8호(도면 3-2~8) 출토품은 6세기 중엽의 시기로 편년된다. 이른 시기의 대가야 토기는 직접 이입품이 대부분인 반면 6세기 중엽에는 현지에서 모방되거나 재지계, 백제계와 절충되는 것들이 증가한다. 광주 명화동고분군에서 출토된 대가야식 관모형 꼭지를 가진 뚜껑도 전남 동부지역에서 이입되었을 것으로 추측된다.

대가야 토기는 금관가야, 아라가야, 소가야와 달리 여수, 순천, 광양권에 한정된 분포를 나타낸다. 특히 순천지역 최고 수장층 묘역인 운평리고분군을 중심으로 집중 출토되는 점이 주목된다. 순천지역 수장층이 대가야 수장층과 직접적인 교섭을 진행했던 결과로 풀이된다.

금강유역에서는 금산 음지리 파괴분에서 대가야 장경호가 출토되었고, 진안 와정토성 4호 주거지에서 대가야 개가 출토되었다.[11] 이는 서남해안 교역로와 별도로 금강을 이용한 내륙 교통로를 통해 백제-금강유역-대가야의 교류가 전개되고 있었음을 반영한다.

6세기 중엽의 시기에는 여수 고락산성(도면 3-9·10), 순천 왕지동고분군, 순천 덕암동유적 등에서 대가야 개, 개배, 장경호, 파수부완, 소형기대 등이 출토된다. 가야에서 이입된 것도 있으나 현지에서 제작된 토기도 다량 확인된다. 6세기 중엽의 전남 동부지역은 재지계, 백제계, 대가야계, 소가야계 문화가 복합적인 양상으로 전개되는 것이 특징이다.

---

11) 성정용, 2007, 「백제권역 내의 신라·가야계 문물」, 『4~6세기 가야·신라 고분 출토의 외래계 문물』 第16回 嶺南考古學會 學術發表會, 47~73쪽.

하승철

4) 소가야 토기의 분포와 그 의미(도면 4)

소가야 토기는 한정된 분포권을 보이는 금관가야, 아라가야, 대가야 토기에 비해 광범위한 분포권을 형성하는데(도면 4), 전남 동부지역은 물론 영산강유역, 금강유역, 한강유역에도 출토되고 있다. 출현시기는 지역별로 차이가 있다. 전남 동부지역은 4세기부터 6세기 중엽까지 지속적으로 출토되는 반면, 영산강유역과 금강유역, 한강유역은 5세기에 집중된다. 특히 왜계토기의 분포권과 상당히 겹치고 있어 양자의 관계를 주목할 필요가 있다. 이하에서는 지역별로 구분해서 출토양상을 파악해보기로 한다.

(1) 한강유역, 금강유역 출토 소가야 토기(도면 5)

한강유적에서 출토된 소가야 토기는 풍납토성 경당 상층과 9호, 24호 유구에서 출토된 뚜껑 3점이다.[12] 비록 세 점에 지나지 않지만 한성백제와 소가야의 교류를 보여주고 있어 그 중요성은 특별하다. 경당 상층과 9호 출토 소가야 개(도면 5-15)는 추정 구경 16cm 정도로 크고, 신부 외면에 점열문이 시문되었으며 드림부가 길고 단부는 오목하게 처리되었다. 소가야에서 직접 이입된 토기가 확실하며 필자 분류[13]에 의하면 5세기 후엽의 이른 시기에 해당한다. 경당 24호 출토 개(도면 5-14)는 추정 구경 11cm로 약간 작고 드림부 턱이 짧다. 신부에는 2조

---

12) 권오영, 2002, 「풍납토성 출토 외래유물에 대한 검토」, 『百濟硏究』第36輯, 충남대학교 백제연구소, 25~48쪽.

13) 하승철, 2001, 「加耶西南部地域 出土 陶質土器에 대한 一考察」, 慶尙大學校大學院碩士學位論文.

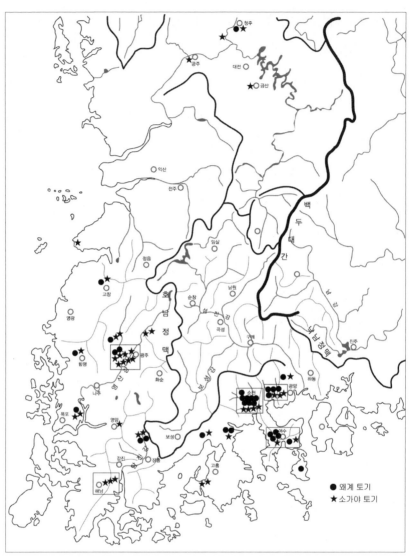

〈도면 4〉 마한·백제지역 소가야 토기, 왜계 토기의 분포

의 침선과 열점문이 시문되어 있는 것이 특징이다. 경당 상층과 9호, 24
호 유구 출토 개는 광주 동림동유적 출토품과 극히 유사하고 시기도

하승철

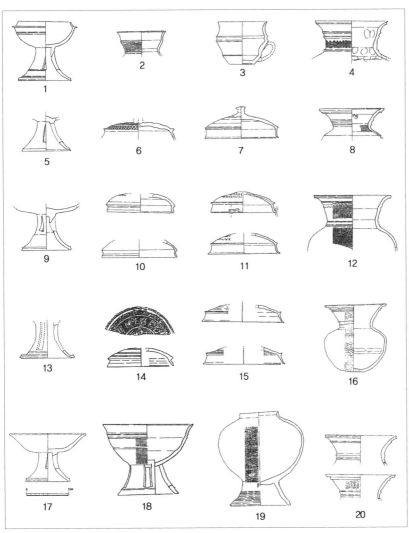

〈도면 5〉 전남 서남해안지역, 금강유역, 한강유역 출토 소가야 토기

1. 금산 창평리 2. 광주 동림동 100호 구3. 동림동 1호 주거지6. 동림동 60호 구5·7. 동림동 101호 구 8. 동림동 25호 구4·9~13. 동림동 102호 구14. 풍납토성 경당 24호 15. 풍납토성 상층 9호 16. 전주 마전 4호묘 17. 장흥 지천리 나13호 주거지 18. 연기 송원기 KM-046호묘 19. 익산 입점리 98-1호분 20. 입점리

동일하므로 동림동유적을 통해 이입되었을 가능성이 높다. 따라서 풍납토성 출토 소가야 토기는 남강-금강 수계를 통하지 않고 서남해안 교역로를 이용해 전달되었을 가능성이 높다. 몽촌토성 3호 저장공 출토 TK23형식 배와 풍납토성 경당지구 206호 우물 출토 스에키 유공장군 등도 서남해안 교역로를 통해 이입된 것으로 파악되므로 한성백제-소가야-왜의 교류는 5세기 중엽이후 이미 활발히 진행되고 있었을 가능성이 높다.

금강유역에서 출토되는 소가야 토기는 일찍부터 주목을 받아왔다.[14] 먼저 주목을 받은 자료는 금산 창평리 파괴분 출토 삼각투창고배(도면 5-1)와 청주 신봉동고분군 92-107호묘, 92-72호묘 출토 장경호이다. 삼각투창고배는 이입품으로 판단되는데 뚜껑받이턱이 길게 돌출하였고 뚜껑받이턱과 투창 하단의 돌대가 특징으로 합천 삼가 1호분 봉토, 진주 가곡 채집품 등과 흡사하다. 시기는 5세기 전엽에 해당한다. 이입경로는 금산에서 장수를 거쳐 육십령을 넘어 남강 수계를 이용하여 산청지역으로 연결되는 교역로가 상정된다. 산청 묵곡리유적, 옥산리유적에서 출토되는 토기 중 상당수가 금강수계와 관련있는 것으로 파악되기[15] 때문이다. 청주 신봉동고분군 출토 장경호는 소가야 수평구연호와 유사한 점이 많지만 구경부와 동체부의 형태, 구경부 돌대와 파상문에서 차이가 있어 소가야계로 묶기는 힘들다. 그러나 토기

14) 조영제, 1990, 「三角透窓高杯에 대한 一考察」, 『嶺南考古學』 7, 嶺南考古學會, 43~70쪽.

15) 김장석·이상길·정용삼·문종화, 2006, 「土器의 流通을 통해 본 百濟와 加耶의 交涉-山淸 黙谷里古墳群 出土 土器를 중심으로-」, 『백제 생산기술과 유통의 정치사회적 함의』, 한신대학교 학술원.

하승철

제작에 소가야 수평구연호의 제작기법과 유사한 점이 많으므로 상호 간 토기생산 기술의 교류가 있었던 것으로 추정된다.

금강유역에는 최근에도 소가야 토기의 존재가 속속 확인되고 있는데, 전주 마전Ⅳ 4호 토광묘 출토 수평구연호(도면 5-16), 연기 송원리 KM-046 석실묘 출토 발형기대(도면 5-18), 익산 입점리 98-1호분 출토 대부직구호(도면 5-19)와 지표 채집된 다수의 수평구연호(도면 5-20) 등이다. 마전유적 출토 수평구연호는 고성 양촌리 3곽, 산청 평촌리 111호 출토품과 동일한 5세기 후엽에 해당한다. 연기 송원리 출토 발형기대는 발부에 비해 각부가 낮고 긴 세장방형투창이 특징으로 경남 고성지역에서 유행한 토기이다. 송원리 출토품은 고성 양촌리 3곽, 고성 송학동1A-1호분 출토품과 동일한 6세기 초로 편년된다. 입점리 출토 대부직구호는 고성 내산리 8-2곽 출토품과 동일한 5세기 후엽으로 편년된다. 지표 채집된 수평구연호는 6세기 전반에 해당한다.

한강유역과 금강유역 출토 소가야 토기를 분석해본 결과 한성백제와 소가야는 5세기 중엽부터 교류했을 가능성이 높았고 간헐적이지만 6세기 전엽까지 교류를 이어갔던 것으로 추측된다. 금강, 한강유역 소가야 토기는 대부분 서남해안 교역로를 이용하여 이입되었던 것으로 파악되나 금강유역과 소가야는 금강수계-남강수계를 활용한 내륙 교통로도 활발히 이용했던 것으로 추측된다.

(2) 전남 서남해지역 출토 소가야 토기(도면 5)

서남해지역에서 출토되는 소가야 토기는 다른 가야토기에 비해 월

등히 많은 편이다. 소가야 토기는 대부분 5세기에 해당한다. 해남, 나주, 광주, 고창 등 산발적인 분포를 보이지만 광주 동림동유적에 집중되는 점은 주목할 필요가 있다.

해남 신금유적 60호 주거지 출토 완형무투창고배는 4세기 전엽에 해당한다. 5세기 전반에 해당하는 장흥 상방촌A유적과 지천리유적 나13호 주거지(도면 5-17)에서는 삼각투창고배와 파수부배, 타날문 단경호가 출토되었다. 나주 장등유적 2호분 주구 출토 삼각투창고배와 고창 봉덕유적과 함평 노적유적 지표에서 수습된 삼각투창고배 역시 소가야 토기로 파악된다. 시기는 대체로 5세기 전반에 해당한다.

서남해안지역과 소가야의 교류를 가장 여실히 증명해주는 유적은 광주 동림동유적(도면 5-2~13)이다. 동림동유적은 2003년부터 2005년까지 호남문화재연구원에서 발굴조사하였다. 조사된 면적은 3만평으로 호남지역 최대 규모이다. 조사된 유구는 청동기시대 저습지, 삼국시대 주거지 98동, 목조구조물, 수혈 114기, 지상건물지 88동, 각종 구237기, 토광 2기, 목구조, 우물 2기, 도로 등 다양하다.[16] 삼국시대 유물은 마한·백제계 유물을 중심으로 소가야와 왜 유물이 다량 출토되었다. 왜의 스에키는 개배, 유공광구소호, 광구호 등이며 대체로 5세기에 해당한다. 동림동유적에서 출토된 소가야 토기와 왜의 스에키를 종합하면 〈표 4〉와 같다.

주목되는 것은 대가야, 아라가야 토기는 출토되지 않고 소가야 토기 일색인 점, 소가야 토기의 기종구성이 다양하고 시기 폭이 확인되는

---

16) 이영철, 2012, 「영산강 상류 지역의 취락 변동과 백제화 과정」, 『백제와 영산강』, 학연문화사.

하승철

점, 소가야 토기와 왜의 스에키를 모방 또는 절충한 제품이 다량 확인되는 점 등이다. 이 같은 사실은 동림동유적에 장기간에 걸쳐 지속적으로 소가야 토기가 유입되었고 다수의 소가야인들이 거주했음을 말해준다. 특히 공반된 왜계 토기는 소가야인들과 왜인들이 공동으로 거주했던 사실을 증명한다. 동림동유적에 거주한 소가야인, 왜인들은 교역을 종사했던 것으로 추측되며 인근의 산정동유적과 하남동유적에서도 스에키, 소가야 토기가 출토되는 것으로 보아 동림동유적 일대는 교역의 거점 취락이 형성되었을 가능성이 높다.

〈표 4〉 동림동유적 출토 소가야, 왜 토기

보고서	유구	소가야	왜	연대
동림동유적Ⅰ	목조구조물	수평구연호		
동림동유적Ⅱ	1호 주거지	파수부배		5C
	33호 주거지	고배		5C
	39호 주거지	개		5C
동림동유적Ⅲ	9호 구	파수부호		4C後
	10호 구		유공광구소호	5C
	18호 구		광구호	5C
	19호 구		고배	5C
	25호 구	개, 수평구연호		5C
	60호 구	개, 고배, 수평구연호	개배	5C
	100호 구	광구호, 삼각투창고배, 기대		5C
	101호 구	개, 삼각투창고배, 기대	개배	5C
	102호 구	개, 고배, 수평구연호, 기대	유공광구소호	5C
	140호 구		개배	5C
	164호 구	고배		5C
동림동유적Ⅳ	109호 수혈	삼각투창고배		5C

(3) 전남 동부지역 출토 소가야 토기(도면 6)

전남 동부지역 출토 소가야 토기는 4세기부터 등장하며 5세기에 가장 넓은 분포권을 형성한다. 6세기에 접어들면서 순천지역을 중심으로 대가야 토기가 증가하는 것에 비해 소가야 토기는 감소한다. 6세기 중엽이 되면 소가야는 소멸하며 백제토기의 출토량이 증가하는 변화가 나타난다.

4세기의 소가야 토기는 완형무투창고배, 파수부배 등이 특징이지만 통형고배, 연질옹, 평저완, 타날문단경호 등도 경남 서부지역과 구별하기 힘들다. 완형무투창고배는 광양 성산리 성산유적 2호 수혈(도면 6-1), 광양 도월리유적 Ⅱ-11호 주거지(도면 6-2), 광양 칠성리1-1호 주거지 출토품이 있는데 함양 화산리유적, 산청 평촌리유적, 진주 가좌동유적 출토 완형무투창고배와 극히 유사하다. 시기는 4세기 중엽 이전으로 편년된다. 여수 차동10호 주거지 출토 무투창고배(도면 6-3)는 통형고배에서 삼각투창고배로 변화하는 시기에 해당하며 4세기 후엽으로 편년된다. 여수 화동유적 출토 단경호는 4세기 전반에 해당하고, 고흥 신촌 1호 토광묘, 고흥 장동 목곽묘 출토 수평구연호, 광구호, 파수부배, 광구소호 등은 4세기 후엽부터 5세기 전엽에 해당한다. 다량의 하지키가 출토되어 주목되는 광양 용강리 석정유적에서는 통형고배, 장각의 삼각투창고배, 파수부배, 대부직구호 등이 출토되었다. 하지키의 연대는 5세기 중엽과 후반으로 편년되고 있으나[17] 공반된 가야토기는 5세기 전엽 이후로 편년하기 어렵다. 향후 하지키, 스에키, 가야토기의 연대 조정이 요구된다.

---

17) 藤田憲司, 2012,「光陽 龍江里 石停 遺蹟出土の土師器について」,『光陽 龍江里 石停遺蹟』.

하승철

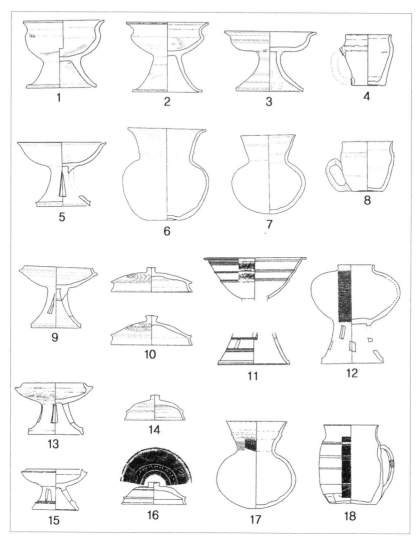

〈도면 6〉 전남동부지역 출토 소가야 토기

1. 광양 성산 2호 수혈 2. 광양 도월Ⅱ-11호 주거지 3. 여수 차동 10호 주거지 4. 同 19호 주거지 5. 광양 성산 7호묘 6·7. 고흥 장동 M1-1호묘 8. 同 M1호묘 9·10. 여수 차동 15호 주거지 11. 보성 조성리 12. 여수 차동 10호묘 13. 순천 송산 2호 수혈 14. 광양 도월 33호 주거지 15·16·18. 순천 용당동 망북 1호묘 17. 여수 차동 13호묘

5세기의 소가야 토기는 전남 동부지역 전역에서 출토되며 출토량도 대단히 많다. 기종은 삼각투창고배와 일단장방형투창고배, 수평구연호, 개, 광구호, 발형기대, 대부직구호 등으로 다양하다. 순천 운평리 1호·2호 토광묘 출토 수평구연호, 광구호는 5세기 전반에 해당하고, 고흥 장동(도면 6-6)과 신촌 목곽묘, 여수 돌산 죽포리에서 출토된 수평구연호는 5세기 중엽에 해당한다. 광양 칠성리유적 출토 개와 일단장방형투창고배는 5세기 후반에 해당하고, 보성 조성리 출토 발형기대(도면 6-11)는 5세기 후엽에 해당한다. 순천 성산리 성산 7호묘 출토 삼각투창고배(도면 6-5)는 5세기 전반에 해당하고, 광양 원적유적 폐기장에서 다량 출토된 삼각투창고배 역시 5세기 중·후엽에 해당한다.

6세기의 소가야 토기는 순천 성산·송산유적 주거지에서 출토된 개·개배·고배, 송산 2호(도면 6-13) 수혈 출토 일단장방형투창고배 등이 해당된다. 성산·송산유적에서는 5세기에 해당하는 스에키, 6세기 전반에 해당하는 대가야 토기, 6세기 중엽 이후에 해당하는 백제토기 등이 다수 출토되어 교류의 거점으로 판단된다. 순천 용당동 망북유적 1호 석실과 구에서 출토된 파수부배(도면 6-18), 고배(도면 6-15), 개(도면 6-16)는 6세기 중엽에 해당하는 의령 운곡리 1호분 출토품들과 흡사하므로 동일 시기로 판단된다.

소가야 토기는 광양 도월리, 순천 성산리, 여수 죽림리 일대를 중심으로 집중도가 높다. 세 지역은 다수의 소가야인들이 거주하면서 교역의 거점을 형성했을 가능성이 높다. 조사된 주거지의 형태와 구조, 분묘의 구조와 변화양상은 소가야와 동일하므로 소가야문화권에 포함시켜[18] 볼 필요도 있겠다. 교류의 거점으로 추정되는 여수 차동유적과 광양 도월리유적을 검토해 보면 다음과 같다.

가. 여수 죽림리 차동유적[19]

여수 죽림리 차동유적[20]은 2000년 마한문화연구원에서 발굴조사 하였다. 조사된 삼국시대 유구는 고분과 주거지이다. 주거지는 1, 3지구에서 조사되었는데 1지구에서는 삼국시대 주거지 51동이 조사되었고, 2지구에서는 삼국시대 주거지 9동, 3지구에서는 삼국시대 주거지 20동과 수혈 1기가 조사되었다. 주거지의 시기는 1, 2지구는 2세기 후반부터 4세기 중엽까지이며, 3지구는 4세기 후엽부터 5세기 후엽까지이다. 1, 2지구 주거지는 대부분 (타)원형으로 내부시설은 벽구, 집수구, 수혈, 주공 등이 확인된다. 경질무문토기, 격자타날 연질옹, 구연이 짧게 외반하는 장란형토기, 격자타날 또는 승문타날 후 횡침선을 돌린 단경호, 봉형파수를 부착하고 저경이 좁으며 바닥에 작은 원공을 뚫은 시루, 편평한 바닥에 동체부가 낮은 완형토기가 출토된다. 주거지의 형태와 출토유물은 함양 화산리유적, 진주 평거동유적, 사천 봉계리유적 등 소가야 지역 주거지의 양상과 동일하다.

3지구는 주거지가 밀집분포하고 있고, 주거지의 형태는 원형계 9동, 방형계 11동으로 방형계의 비율이 높아졌다. 출토유물은 소가야 개배,

---

18) 이동희, 2008, 앞의 논문.

19) 마한문화연구원, 2011, 『여수 죽림리 차동유적I, II』.

20) 차동유적은 보고서 고찰이 충실하고 고찰에서 파악한 주거지의 평면형태 변화, 토기의 변화, 연대에 대해 필자 역시 견해를 같이한다. 고찰의 많은 부분을 참조하였음을 밝혀둔다.

삼각투창고배, 기대 등이 다량 출토된다. 5세기에 접어들면서 원형에서 방형으로 변하는 것은 진주 평거동유적을 비롯한 소가야 지역 삼국시대 주거지의 변화 양상과 동일하다.

고분은 시기에 따른 구조의 변화가 극명한데 가야계와 백제계 묘제로 구분된다. 가야계는 토광묘(목곽묘) 8기, 석곽묘 13기이고, 백제계는 석곽묘 22기, 와관묘 1기이다. 가야계 토광묘(목곽묘)와 석곽묘는 혼재하며 등고선과 나란한 방향으로 축조되었으나 백제 고분은 주구를 돌리고 등고선과 직교하는 방향으로 축조되어 차이가 확연하다. 또한 가야계는 원형계주거지와 공존하며 4세기부터 연차적으로 축조되는 경향을 보이지만 백제고분은 주거지를 파괴하고 가야계와 분리되어 입지한다.

2지구 1~6호 토광묘에는 통형고배, 광구호, 파수부배 등 가야계 토기가 주로 부장되며 시기는 4세기 후엽부터 5세기 전반에 해당한다. 2지구 10호 석곽묘에서는 신라계 대부완, 소가야 대부직구호와 함께 횡장방판정결판갑이 출토되어 해양 교류의 실상을 엿볼 수 있다. 2지구 15호 석곽묘에는 소가야토기와 함께 대가야 대부파수부완이 출토되었고 13호와 14호 석곽묘에서는 6세기 전반의 광구소호, 개배 등이 출토되었다. 1지구 3호·5호·10호·12호, 2지구 1호·3호·7호·9호·16호 등 백제계 석곽묘에는 평저호, 병형토기, 완 등 백제계 토기와 관정과 관고리 등이 출토된다. 14호 석실에서도 호와 병, 장군 등 백제토기와 관정, 관고리 등이 출토되어 가야계 고분과 확연한 차이를 드러낸다. 백제고분은 주거지, 가야계 고분 보다 시기가 늦은 6세기 후반 이후에 해당하므로 차동유적의 마한·가야인들이 이주하거나 소멸한 후 새롭게 조성한 것으로 파악된다.

하승철

나. 광양 석정유적과 도월리유적[21]

〈표 5〉 석정·도월리유적 출토 소가야, 왜 토기

보고서	유구	소가야	왜	연대
석정유적	4호 주거지		하지키 고배	4C후엽 ~5C 전엽
	5호 주거지	통형고배	하지키 고배	
	14호 주거지	통형고배	하지키 소형기대	
	15호 주거지	통형고배	하지키 고배	
	19호,20호,28호	통형고배,파수부배		
도월리유적I	2호 주거지	수평구연호		5C
	3호,21호,22호,30호,33호,39호,42호 대수혈	개,고배,기대 수평구연호,파수부배		5C
	6호,17호,26호 중수혈	개, 고배, 기대		5C
	36호 중수혈	개, 기대		6C
도월리유적II	고분 봉분,주구	개,수평구연호, 유공광구소호		6C
	11호 주거지	기대,배		4C, 6C
	33호 주거지	개		6C
	34호,41호 주거지	단경호,기대		4C, 5C
	42호 주거지	개배		6C
	10호 수혈	고배	배	4C, 5C
	폐기장	개,개배,고배		6C

광양 석정유적과 도월리유적은 광양 동천과 서천변의 충적지로 남해안의 포구와 가깝다. 인근에 삼국시대 생활유적이 조사된 광양 칠성리유적과 용강리 관동유적이 있고, 백제 산성인 마로산성이 있어 광양의 주요 거점임을 알 수 있다. 또한 석정유적과 도월리유적에서 다량 출토된 가야와 왜의 유물은 이곳이 마한·백제-가야-왜를 잇는 주요

---

21) 대한문화재연구원, 2012, 『光陽 龍江里 石停遺蹟』; 전남문화재연구원, 2010, 『光陽 道月里遺蹟I, II』.

기착지였음을 증명한다.

광양 석정유적에서는 삼국시대 주거지 32동, 주공군 1기, 경작지 2곳, 석곽묘 1기가 조사되었다. 가야계토기의 연대로 추정하면 석정유적은 4세기 후엽에서 5세기 전엽에 해당하는 것으로 판단된다.

광양 도월리유적은 2008년부터 2009년까지 전남문화재연구원에서 발굴조사한 유적이다. 도월리I 유적에서는 삼국시대 주조공방 1기, 주거지 9동, 수혈 123기, 매납유구, 구상유구 1기, 주공 등이 조사되었다. 도월리II 유적은 고분과 생활유구로 구분된다. 생활유구는 삼국시대 주조관련 수혈 1기, 구상유구 5기, 폐기장 1기, 수혈 18기, 등이다. 고분은 대형의 주구와 분구를 갖추고 있어 이 지역 수장묘로 판단된다. 도월리유적I은 5세기가 중심이며, 도월리유적II 주거지는 4세기로 편년되는 승문타날 단경호, 기대 등이 출토되고 고분과 폐기장은 6세기로 판단된다.

4. 전남 서남해안지역과 가야의 교류

1) 금관가야에서 소가야로

서남해안지역 출토 가야토기를 분석해 본 결과 서남해안지역과 가야의 교역은 5세기 중엽을 기점으로 크게 변동한다. 현재까지 확인된 자료는 적지만 3~4세기 교역은 금관가야가 주도했을 가능성이 높고, 5~6세기는 소가야가 교역의 핵심세력으로 등장하였던 것으로 파악된다.

3~4세기 교역의 특징은 서남해지역 출토 가야 유물보다 금관가야에

출토되는 마한·백제계 유물이 더 많다는 사실이다. 이는 교역의 거점이 금관가야였음을 반영한다. 한국과 일본의 교류관계를 반영하는 왜의 하지키가 낙동강하류역에 집중하는 점도 이런 사실을 뒷받침한다. 앞서 살펴본 바와 같이 금관가야 유물은 고흥 장동유적과 고흥 신촌유적 출토 유개대부파수부소호와 광구소호, 외절구연고배에 불과하지만 동래패총, 구지로, 낙민동패총 출토 마한·백제계 토기와 김해 양동리 462호묘, 동래 복천동 80호묘, 마산 현동 41호묘, 산청 옥산리 79호분 출토 금박유리옥은 마한·백제계 유물로 다양하다. 철 생산과 유통을 둘러 싼 금관가야와 마한·백제의 교역이 진행되고 있었음을 확인할 수 있다.

5세기에 접어들면 서남해지역에 소가야 문물이 급증한다. 소가야와 마한·백제의 교역로는 남강수계-금강수계를 통한 내륙교역로와 남해안을 통한 해양교역로로 구분되지만 내륙교역로는 산청, 함양, 거창 등 남강 상류에 대가야가 진출하면서 기능을 상실한 것으로 파악된다. 산청 묵곡리, 옥산리유적에서 출토된 토기자료 중 상당수가 금강수계와 관련있는 것으로 파악되고 있고[22] 금산 창평리유적에서 출토된 삼각투창고배가 소가야계임은 이미 지적된 바[23]와 같다. 청주 신봉동 92-107호 등에서 출토된 수평구연 단경호는 소가야의 수평구연호의 제작기법이 수용되었을 가능성이 높은데 이는 남강수계-금강수계를 통한 정보 교류에 의한 것으로 추측된다.

해양을 통한 교류는 전남 동부지역, 전남 서남해지역, 금강과 한강

---

22) 김장석·이상길·정용삼·문종화, 2006, 앞의 논문.

23) 조영제, 1990, 앞의 논문.

유역으로 구분된다. 전남 동부지역과 소가야는 3세기 후엽부터 6세기 중엽까지 문화적 동질감이 높은 것으로 나타나고 있는데,[24] 삼각구연점토대토기 혹은 경질무문토기 문화가 기원후 2·3세기까지 존속하는 점, 와질토기문화가 활성화되지 않은 점,[25] 경남 서부지역의 碗形無透窓高杯문화를 공유하는 점, 주거지의 형태와 구조가 동일한 점 등이 지적된다. 고흥 신촌유적과 장동유적에는 이전 시기의 금관가야 토기를 대신하여 수평구연호, 파수부배 등 소가야 토기가 부장되고 보성 조성리, 여수 죽림리, 여수 화장동, 여수 죽포리, 여수 고락산성, 광양 칠성리, 광양 도월리, 순천 운평리, 순천 죽내리, 구례 용두리 등 전남 동부지역 전역에서 소가야 토기가 출토된다. 토기의 직접 이입은 물론 형태적인 특징이나 속성을 모방하거나 재지계 토기의 속성과 절충된 것도 상당수 확인된다.

전남 서남해지역은 전남 동부지역에 비해 분포범위가 넓지 않고 출토 유물도 적지만 교역 거점을 활용했던 것으로 추측된다. 광주 동림동유적에서 이러한 사실을 확인할 수 있다. 동림동유적에서는 5세기 전엽부터 소가야 토기가 다량 출토되고 있으며 현지에서 모방 또는 절충된 토기도 등장하는 것으로 보아 소가야인들이 장기간에 걸쳐 집단으로 거주했을 가능성이 높다.

금강과 한강유역은 교역의 흔적이 별로 남아 있지 않지만 풍납토성

---

24) 이동희, 2010, 「全南東部地域 加耶文化의 起源과 變遷」, 『호남동부지역의 가야와 백제』 제18회 호남고고학회 학술대회, 호남고고학회.

25) 조영제, 2006, 「서부경남 가야제국의 성립에 대한 고고학적 연구」, 부산대학교 박사학위논문.

하승철

출토 소가야 뚜껑 3점은 한성백제와 소가야의 교역을 반영하는 직접적인 증거이다.

소가야지역의 마한·백제계 유물은 고성 송학동고분군 출토품과 하동 우복리 10호묘 출토 단경호, 5세기 후엽의 하동 고이리 나-12호분, 창원 천선동 12호 석곽묘 출토 조족문타날단경호, 산청 생초 6호분 출토품 등이다. 고성 송학동 출토품은 1호분 출토 유공광구소호, 송학동 1B-1호분 출토 개배, 송학동 1A-2호 출토 대부완, 1A-5호 출토 외반구연소호, 내산리 34호 주곽 출토 개배와 유공광구소호, 내산리 21-5곽 출토 개배, 내산리 60호 출토 고배와 유공광구소호 등이다. 특히 유공광구소호는 마한·백제지역과 고성, 사천, 하동, 산청 등 소가야지역에 집중 분포하는 특징적인 토기로 소가야, 전남동부지역, 영산강 수계 집단이 공통으로 제작하고 사용하며 양식의 일정부분을 공유한 사실은 주목된다.

이처럼 5세기부터 마한·백제와 가야의 교류는 소가야를 통한 서남해안 교역로를 통해 이루어진다. 3~4세기와 5~6세기 교역체계의 변동은 신라의 낙동강 하류역 진출에 따른 금관가야의 몰락이 주요 원인이었던 것으로 판단된다.

2) 전남 서남해지역과 소가야 고분문화의 동질성

마한·백제와 소가야의 교류는 단순히 물자의 유통에 국한된 것이 아니라 고분의 분형, 매장의례 등에서 물적, 정신적 공감대를 형성해가고 있음이 주목된다. 고흥 장동과 신촌유적, 여수 차동유적, 순천 운평

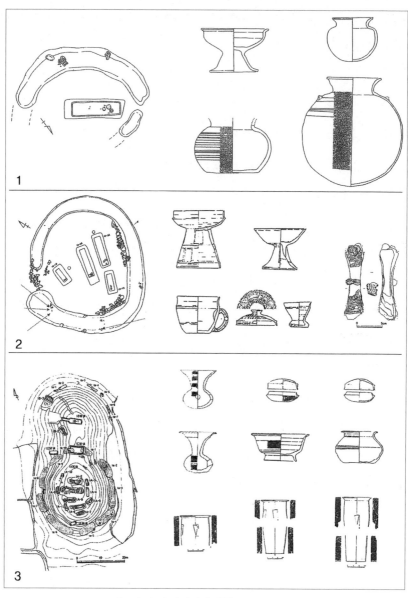

〈도면 7〉 소가야지역 마한·백제계 묘제
1. 하동 우복리 10호 주구 목곽묘와 출토유물 2. 통영 남평리 10호 분구묘와 출토유물 3. 고성 송학동 1호분과 출토유물

리유적, 순천 성산·송산유적에서 확인되는 목곽묘, 석곽묘는 소가야지역 묘제와 차이가 없다. 반대로 하동 우복리 10호 주구목곽묘, 통영 남평리 10호 분구묘, 고성 송학동고분군과 내산리고분군, 율대리고분군에 등장한 분구묘, 전방후원분과 유사한 분형을 가진 고성 송학동 1호분 등은 마한·백제에서 도입된 묘제이다.

하동 우복리유적[26] 10호 주구목곽묘(도면 7-1)는 4세기 전엽으로 편년되는데, 목곽의 길이는 360cm, 폭 112cm, 깊이 23cm이고 주구를 갖추고 있는 것이 특징이다. 유물은 와질소성의 단경호 3점, 대호 1점, 완형무투창고배 1점 등이 출토되었다. 주구를 돌린 목곽묘는 가야지역 목곽묘의 구조와 차이가 있으므로 마한·백제지역 목곽묘의 매장의례가 도입된 것으로 해석된다.

5세기는 고성, 통영지역에 분구묘가 출현하는 것이 특징이다. 5세기 전반으로 편년되는 통영 남평리유적[27] 10호 분구묘(도면 7-2)는 낮은 분구를 쌓고 분구 주위에 주구를 돌린 것으로 분구에 4기의 목곽묘를 축조하였다. 남평리 목곽묘와 주구에서는 소가야 토기와 신라계 토기가 출토되었다. 특히 5기의 목곽묘에 길이 15cm 내외의 소형 철정이 부장되고 있는데, 철정의 형식은 고흥 신촌과 장동유적 목곽묘에서 출토된 것과 거의 흡사하다. 분구묘의 도입, 철정의 부장, 김해·부산지역 신라계 토기의 출현 등은 전남 서남해지역과 고성으로 연결된 물류의 흐름이 매우 활발했음을 반영한다.

---

26) 경상대학교박물관, 2003, 『河東 愚伏里遺蹟』.

27) 동서문물연구원, 2009, 『統營 藍坪里遺蹟』.

5세기 후엽에 축조된 고성 송학동 1호분[28](도면 7-3)은 선축된 1A호분에 1B호분을 연접하였으며 1C호분은 연접부분을 굴착하여 조성하였다. 선축된 1A호분은 영산강유역의 분구묘를 도입하여 다곽분을 기획한 것이고, 이후 1B호분을 조성하는 과정에서 1A호분에 연접하여 축조함으로써 전체적인 고분의 외형은 전방후원형 고분을 의도했던 것으로 판단한다.[29] 특히 고분의 주위에 단절형 주구를 배치한 점은 가야 묘제에서는 확인되지 않는 기법으로 함평 신덕고분, 해남 창리 용두고분, 나주 신촌리 9호분, 나주 복암리 3호분에서 확인된다. 또한 분구 하단에 원통형토기(분주토기)를 배치한 점 역시 가야지역 고분에서는 생소한 것으로 영산강유역 원통형토기의 매장의례를 모방한 것으로 판단된다. 송학동 1호분은 전체길이 75m 정도로 영산강유역 전방후원형고분과 비교하면 큰 편에 속하고 전방부 폭보다 원부 직경이 약간 크고 허리폭이 방부 전면폭의 1/2 이상으로 넓은 점 등은 해남 장고봉형과 닮은 점이 많다.

전남 동부지역에 축조되는 소가야 목곽묘와 석곽묘는 이 지역이 소가야와 정치적, 문화적 공동체를 형성했을 가능성을 제시한다. 고성, 통영에 도입된 분구묘와 전방후원형 고분은 고성지역 수장층과 전남 서남해지역 수장층이 교류를 통해 강한 동질감을 형성해갔던 상황을 여실히 반영하고 있다.

---

28) 동아대학교박물관, 2005., 『固城 松鶴洞古墳群』

29) 하승철, 2011a, 「5~6세기 고성지역 고분문화의 이해」, 『경남의 가야고분과 동아시아』, 경남발전연구원 역사문화센터, 학연문화사.

하승철

3) 마한·백제―소가야―왜 교역체계의 성립

기원을 전후한 시기부터 4세기까지 왜와 한반도의 교류는 낙동강 하류역을 중심으로 이루어져 왔다. 광주 신창동유적에서 야요이 중기 (기원전 200~기원후 1세기) 전반에 해당되는 옹이 출토되고 남원 세전리유적에서 야요이 후기(기원후 1~250) 후반에 해당하는 장경호가 출토되었지만 한반도 동남해안지역에 비하면 극히 적다.

3세기 후반부터 왜의 하지키는 낙동강 하류를 중심으로 급격히 증가하고 패총, 주거지 등 생활유적뿐만 아니라 분묘에까지 부장되는 현상이 나타난다. 마한·백제지역은 4세기 중엽에 해당하는 전남 함평 소명유적[30] 17호 주거지 출토 연질옹, 광주 금곡유적[31] 1호 주거지 출토 고배 등이 있지만 여전히 소수이다. 4세기까지 왜의 관심은 낙동강하류역의 철 생산과 유통에 있었던 것이다.

그러나 5세기에 접어들면서 왜와 한반도의 교류 양상은 급변한다. 광양 석정유적에서 다량의 하지키가 출토되었고, 마한·백제권역 출토 스에키는 가야, 신라 지역 보다 월등히 많다. 석정유적 주거지에서 출토된 하지키는 다수의 왜인이 거주했음을 말해준다. 한반도 출토 스에키는 가야지역의 경우 고령 지산동고분군 5호 출토품을 제외하면 남해안과 남강을 따라 집중하는 것이 특징이다.[32] 마한·백제 지역의 경우 남해안의 광양, 순천, 여수, 고흥과 영산강유역의 나주를 비롯하여 내

---

30) 전남대학교박물관, 2003, 『咸平 昭明 住居址』.

31) 호남문화재연구원, 2009, 『光州 龍岡·龍谷·金谷遺蹟』.

32) 하승철, 2011b, 「외래계문물을 통해 본 고성 소가야의 대외교류」, 『가야의 포구와 해상활동』, 인제대학교가야문화연구소·김해시, 학연문화사.

류의 광주와 담양, 서해안의 부안은 물론 백제의 중심지인 공주, 서울 몽촌토성 등 전역에서 출토된다. 가야의 경우 산청 생초 9호분을 제외하면 1~2점이 산발적으로 출토되지만 마한·백제 지역의 경우 종류도 다양하고 출토 수량도 많다. 더불어 가야 출토품은 김해 여래리유적을 제외하면 모두 분묘에서 출토되고 반입품 위주인데 반해 마한·백제 지역은 주거지, 구 등 생활유적과 제사유적, 분묘 등 다양한 유구에서 출토되며 재지의 토기와 절충하여 새로운 형식이 등장하거나 모방되는 사례도 많다. 스에키 모방토기는 왜인의 이주, 정착과 관계가 깊다.

한반도와 왜의 교역체계가 변동하게 된 계기는 영남내륙 지역 정치체의 성장과 신라의 낙동강 하류역 진출에 따라 낙동강 교역로를 장악하여 철자원을 독점하던 금관가야가 몰락하게 된 상황과 관계 깊다. 금관가야의 몰락과 함께 새롭게 강화된 교역로는 마한·백제-소가야-왜를 잇는 '서남해안 교역로'이다. 서남해안 교역로의 강화와 함께 고성, 광양, 순천, 여수, 고흥 방사·한동, 해남, 광주 등이 교역의 전면에 등장하게 되며 교역의 거점이 형성되게 된다. 전남 동부지역과 서남해지역의 소가야 토기와 왜계 토기의 분포는 이러한 정황을 반영한다. 거제 장목고분, 마산 진북 대평리 M1호분, 고성 송학동 1호분, 광양 도월리 고분군, 고흥 안동고분, 고흥 야막고분, 해남 조산고분, 광주 월계동고분 등 왜계 고분이 교역의 주요 거점에 등장하는 상황도 마한·백제-소가야-왜의 교역체계가 강화되는 것과 관련이 깊다.

하승철

5. 맺음말

전남 서남해지역을 중심으로 마한·백제와 가야의 교류를 검토해 본 결과 5세기 중엽을 기점으로 교류양상이 변화하는 것을 확인하였다.

3~4세기의 교류는 금관가야, 아라가야를 중심으로 진행되었으나 5~6세기에 비해 출토량도 적고 분포 범위도 한정되어 있다. 금관가야 토기는 원저 광구소호, 유개대부파수부소호, 외절구연고배 등이며 고흥반도 북쪽의 장동유적과 신촌유적에 집중한다. 금관가야 토기는 소형 철정과 공반되고 있으므로 남해안지역 철의 유통과 관련하여 이입된 것으로 추측된다.

신라계 유물은 극히 적다. 5세기에 해당하는 대부파수부호는 소가야 토기와 공반되는 것으로 보아 소가야에 의한 2차 파급으로 파악된다. 6세기의 자료는 직접 이입품과 현지 모방품으로 구분된다. 여수 차동유적과 순천 운평리유적, 광양 도월리유적 출토 개와 고배는 직접 이입품이며 나주 영동리 3호분 출토품은 신라계 공인에 의한 현지 생산품이다.

아라가야 토기는 양이부단경호, 광구소호, 화염형투창고배 등이며 전남 동부지역과 서남해지역에 분포한다. 금관가야 토기에 비해 교류의 범위가 넓어진 점이 확인된다.

대가야 토기는 5세기 후엽부터 6세기 전반에 걸쳐 전남 동부지역에 집중된다. 특히 순천 운평리고분군을 중심으로 순천, 여수에 집중된다. 순천지역 수장층과 대가야 수장층이 매우 밀접한 관계를 형성하고 있었음을 말해준다.

4세기의 소가야 토기는 전남 동부지역에 집중하지만 5세기에 접어들면 분포 범위가 급격히 확대되어 서남해지역을 비롯하여 금강유역, 한강유역까지 출토된다. 풍납토성에서 출토된 소가야 토기는 한성백제와 소가야의 교류가 진행되고 있었던 사실을 반영한다. 금강유역에서는 5세기 전반의 시기에는 금강수계-남강수계를 활용하여 소가야와 교류하였고 이후 서남해안 교역로를 통해 교류를 지속하였다.

전남 동부지역은 전역에서 소가야 토기가 출토되고, 소가야계 토광묘(목곽묘), 석곽묘가 축조되는 것은 물론 주거지의 형태와 내부구조도 유사함으로 정치, 문화적으로 긴밀한 관계를 유지한 것으로 파악된다. 전남 서남해지역에서는 광주 동림동유적에 소가야 토기가 집중되는 것이 특징이다. 특정한 유적을 중심으로 외래계 유물이 지속적으로 출토되는 점과 모방, 절충된 토기가 출현하는 사실은 외래인의 집단 거주지가 형성되었음을 의미한다. 광주 동림동유적은 교역에 종사한 소가야인들이 집단으로 거주하였던 것으로 추측된다.

마한·백제 권역 출토 소가야 토기는 왜계 토기와 공반되거나 분포권이 겹치는 것이 특징이다. 광양 도월리유적 일대와 여수 죽림리 차동유적 일대, 순천 성산유적과 그 주변, 광주 동림동유적이 대표적인 사례이다. 이것은 마한·백제-소가야-왜의 교역로가 형성되었고 특정 지역을 중심으로 교역의 거점이 형성되었음을 의미한다.

5~6세기에 형성된 서남해안 교역로를 중심으로 마한·백제-소가야-왜의 교류가 증대되고 교역 거점이 형성됨과 아울러 문화적 동질감도 확대된다. 하동 우복리 10호 주구토광묘, 통영 남평리 10호 분구묘, 고성 송학동 1호분 전방후원형 고분은 이러한 교역로를 통해 전달된 마한·백제계 묘제이다.

하승철

토 론

박 중 환 (국립나주박물관)

발표자의 논문「전남 서남해지역과 가야지역의 교류 양상」에 대한 발표를 잘 들었습니다. 발표자께서는 가야와 신라지역에 대한 토기의 기형적 특징들에 대한 조사를 토대로 마한과 백제지역 특히 전남 서남해지역과 가야지역 사이의 교류 양상을 구체적으로 설명하고 있습니다. 논의의 전개과정에서 제시한 특정 정치체로부터 발생한 토기들 특히 가야지역과 신라지역의 토기에 대한 특징의 정리와 마한, 백제지역 발견 사례에 대한 정리는 토론자에게도 많은 공부와 참고가 되었습니다. 거론된 토기의 출토지역이 광범위하고 사례가 매우 많아서 토론과정에서 이들에 대해 일일이 예를 들며 논의하는 것은 여건상 쉽지 않은 일이 될 듯합니다. 따라서 본 토론문에서는 발표문에 제기된 전체 논지의 전개과정에서 느껴지는 궁금증이나 이견 몇 가지를 제기하고자 합니다.

01 먼저 전남 동부지역과 같이 문화권의 분포상 경계에 위치하는 지역의 문화상에 대한 이해의 방법에 대한 이견입니다. 3장

마한·백제지역 출토 외래계 토기의 분포와 그 의미 중 4) 소가야 토기의 분포와 그 의미, (3) 전남 동부지역 출토 소가야 토기부분에서 전남 동부지역 출토 가야 신라계 토기를 설명하면서 4세기부터 소가야 토기가 등장하여 5세기에 가장 넓은 분포권을 형성했다가 6세기에 접어들면서 순천지역을 중심으로 대가야 토기가 증가하고 소가야 토기는 감소한다고 했습니다. 이어서 6세기 중엽이 되면 소가야는 소멸하며 백제토기의 출토량이 증가하는 변화가 나타난다고 설명하고 있습니다. 물론 이 글의 목적이 마한 백제 지역에 나타나는 외래계 토기의 양상을 다루는 것이므로 외래계 토기의 출현을 중심으로 이야기를 전개하게 되었을 것으로 보이지만 위의 설명과 이어지는 해당 지역 역사 전개에 대한 서술은 해당 지역에 자리잡고 성장하고 있던 토착 정치체의 주체적 발전을 인정하지 않고 있는 듯한 인식을 보이고 있습니다. 다루고 있는 시기가 3세기 후반이후 6세기에 걸치는 시기이므로 이 시기의 해당 지역에는 마한 계통의 소국들이 성장하고 있었고 이들이 가진 문화는 토기의 구성이나 주거지의 형태 모두 재지세력의 토착적 특징들을 갖고 있습니다. 이들은 주암댐 수몰지구의 조사과정에서 확인된 승주 우산리의 지석묘와 대곡리 주거지 출토유물의 양상들을 보거나 여수 적량동과 오림동의 요녕식 동검문화에서 확인된 보다 앞선 시대의 청동기 문화로부터 계기적으로 발전해 온 보성강유역과 여수반도의 토착문화 전통을 발전시켜 온 것으로 이해되고 있습니다. 특정 지역에 이전과 다른 문화요소가 나타나는 것은 토착세력들이 자신들의 필요와 외부의 영향 사이에서 선택한 문화수용의 결과로 보는 시각이 필요하다고 여겨집니다. 교역의 주도세력을 해당 지역이 아닌 외부지역으로 설정하는 외부세력 중심의 접근과 시각은 위에 언급한 부분 이외에도 '금관가야에서 소가야로'라는 제목을 붙인 소절에서도 발견되고 있습니다.

02 두 번째 문화요소의 변동을 주민들의 집단 이주의 결과로 이해하는 관점도 있는데 이에 대해서도 이견이 있을 수 있습니다. '여수 죽림리 차동유적'을 설명하는 과정에서 이 지역의 고분을 백제계와 가야계로 구분하고 이곳에 백제고분이 등장하게 된 것은 '가야계 고분보다 시기가 늦은 6세기 후반 이후에 해당하므로 차동유적의 마한, 가야인들이 이주하거나 소멸한 이후 새롭게 조성한 것으로 파악된다'고 보았습니다. 고대의 문화는 인접 문화에 대한 영향의 수용과 새로운 문화와 정치체의 등장으로 이어질 수는 있겠지만 이러한 과정을 해당 지역에 살고 있던 주민들을 외부에서 온 사람들이 모두 구축하고 새로운 세력의 주민들이 진주하여 해당 지역에 외부에서 온 인간 집단이 정주하는 과정으로 이해하는 것으로 고대 사회의 지역간, 문화권간 영향 관계를 지나치게 단절적이고 대립적이고 정복적으로 보는 것이 되지 않을까 생각됩니다. 이러한 해석을 적용한다면 영산강유역에서 만들어지던 옹관묘가 사라지고 백제 계통의 석실묘가 만들어지기 시작했을 때 옹관묘 축조세력은 어디론가 떠나가고 석실묘를 만들던 백제 사람들이 이 지역에 들어와서 살았다고 보아야 할 텐데 이는 결코 타당하지 않은 고대사회에 대한 이해가 될 것으로 생각됩니다.

03 지리적으로 인접해 있고 문화적으로 유사한 지역의 역사와 사회를 이해하는 시각에 대한 문제입니다. 발표문에서 하나

의 예를 들자면 '전남 동부지역 출토 소가야 토기'라는 소절에서 4세기의 소가야 토기를 설명하는 부분을 들 수 있습니다. '4세기의 소가야 토기는 완형무투창고배, 파수부배 등이 특징이지만 통형고배, 연질옹, 평저완, 타날문 단경호 등도 경남 서부지역과 구별하기 힘들다'고 지적하고 있습니다. 이어 광양 성산리 성산유적 2호 수혈 등의 출토품에 대하여 함양 화산리유적, 산청 평촌리유적, 진주 가좌동유적 출토의 완형무투창고배와 극히 유사하다는 점을 언급하고 있습니다. 그리고 이러한 유사성의 원인을 소가야의 세력진출이나 영향의 결과로 보는 것으로 이해됩니다. 하지만 순천, 광양, 여수 지역의 전남 동부지역과 진주 등의 경남 서부지역은 지리적으로 인접해 있을 뿐 아니라 섬진강을 공유하고 있으며 남해안의 해로를 통하여 왕래하기 매우 용이한 이웃 지역입니다. 때문에 보다 이른 시기의 패총출토 유물로부터 남해안 지역의 공통된 문양과 유물조합상이 인정되어 오고 있습니다. 따라서 위에서 지적한 소가야 토기와 흡사한 전남 동부지역 토기에 대하여 남해안 일대의 문화적 동질성을 보여주는 자료로 이해할 수 있는 여지도 충분히 있다고 생각합니다. 예컨대 남해안 중부권이나 섬진강-남강권이라고 하는 지역 단위를 토대로 형성된 문화요소라는 이해도 가능할 수 있을 것입니다. 오늘날까지도 확인할 수 있는 광양 여천, 여수 지역의 지역언어적 특색이 경남 서부지역과 유사하다거나 경남 서부의 언어적 특색이 같은 경상도 언어이면서도 경북지역과 다른 특징을 갖는 것은 이들 양 지역이 오랜 시간에 걸쳐 문화적인 동질성을 갖고 있는 지역이었다는 것을 보여주는 또 다른 자료가 될 수 있습니다.

04   마지막으로 이는 지엽적이고 기술적인 구분의 문제입니다만 광주 동림동유적을 서남해지역으로 분류한다거나 전주를 금강유역으로 분류한 바 있는데 바다와 강과의 인접 상황을 좀더 세분화해서 접근하는 방법이 필요하지 않겠는가 하는 제안을 드리고자 합니다. 내륙지역이라는 지역 단위 구분과 같은 보다 세분화된 지역구분을 통해서 본다면 당시 사람들의 이동과 접근과 왕래의 상황을 좀더 현실에 가깝게 이해할 수 있는 방법이 될 수도 있을 것이라는 생각에서입니다. 이상으로 주로 논지의 전개와 관련된 시각의 차이라고 할 수 있는 문제를 몇 가지 제시하는 것으로 토론의 소임을 대신하고자 합니다.

9세기 전반 서남해지역의 해상세력

변 동 명 (전남대학교)

1. 머리말

9세기는 전통시기의 한국에서 보기 드물게 해상활동이 활발한 시기였다. 민간의 해외진출과 교역활동에서 하나의 신기원을 이룩하였다는 평이 나올 정도이다. 한국사상 민간의 해상활동이 이처럼 활기에 찼던 시기는 달리 찾아보기가 쉽지 않다. 新羅下代는 정치적 불안정과 사회경제적 갈등으로 평온하지 않은 시기였지만, 당시 황해와 남해 바다에서는 도리어 예를 찾기 힘들 만큼 활기찬 모습이 연출되었다.[1]

이 글은 그러한 시기에 현재의 전남 서남해지역 일원을 근거로 삼아 활동하던 해상세력을 살피고자 준비되었다. 당시 서남해의 연안 일대는 동아시아 해역의 海路가 모이는 요충이었다. 唐에서 바다를 이용해 신라의 수도인 慶州나 그 너머의 일본으로 향한다든지 혹은 역으로 일본이나 경주에서 당으로 향하는 경우, 신라의 武州 서남해 연안을 지나

---

1) 李基東, 1985, 「張保皐와 그의 海上王國」, 『張保皐의 新研究』, 莞島文化院, 87쪽 ; 권덕영, 2005, 「장보고와 재당 신라인」, 『재당 신라인사회 연구』, 일조각, 239쪽.

는 해상항로를 이용하는 게 일반적이었다. 당에서 황해를 건넌 뒤 南陽灣의 唐城에 상륙하여 육로를 이용해 경주로 향한다든지, 또는 濟州道의 남쪽 해상을 가로질러 규슈와 중국 江南을 오가는 경우도 없진 않았지만, 대체로는 그러하였다. 당시로서는 교역 물량의 규모나 운송의 안전성이라는 측면에서, 무주 서남해지역을 거치는 노선에 비길 만한 바닷길은 달리 찾기가 힘든 실정이었다. 장보고가 서남해지역의 청해진을 근거로 활동을 펼쳤다든지, 혹은 그러한 청해진이 들어선 莞島를 가리켜 『三國史記』에서 신라의 해로상 요처라 지목하였던 데에는,[2] 그만한 까닭이 없지 않았던 셈이다. 무주 서남해지역의 해상세력을 살피려 한 소이연이다.

여기에서는 또한 무주 서남해지역의 해상세력을 검토하되, 그 시기를 9세기 前半으로 한정하고자 한다. 해상활동이 활발하게 전개되었던 9세기 전체를 총괄해서 조명하는 일이 중요하다 함은 이를 나위가 없다. 다만 그에 못지않게 기간을 나눠서 고찰하는 일도 필요하다고 생각한다. 시간의 흐름에 따른 단계를 설정하여 접근하는 게, 추이를 파악하는 데에는 한결 유용해보이기도 한다. 더불어 신라인의 해외진출과 무역활동을 대표하는 인물이 張保皐였음을 상기하면, 9세기 전반을 주목해야 할 이유가 한층 자명해진다. 장보고는 널리 알려진 바와 같이, 9세기 前半에 서남해의 淸海鎭을 근거로 新羅와 唐 및 日本을 잇는 교역로를 호령하며 일세를 풍미하였다. 신라하대의 해상활동이라고 하면 가장 먼저 떠오르는 게 장보고의 활약이거니와, 그의 피살에 이은 청해

---

2) 『三國史記』 44 列傳4 張保皐傳, "… 後保皐還國 謁大王曰 遍中國以吾人爲奴婢 願得鎭淸海 使賊不得掠人西去 淸海新羅海路之要 今謂之莞島 …."

진 폐지를 하나의 분기점으로 삼아 9세기 前半에 전개된 무주 서남해지역 해상세력의 활동을 고찰하려는 또 하나의 이유이다.

전통시기 한·중·일을 잇는 바닷길의 요충에 위치하던 현 전남의 서남해지역에 주목하여, 신라하대의 해상세력이 활동을 개시하는 초입부에 해당하는 9세기 前半을 검토하려는 게 이 글의 목표이다. 9세기 前半에 바다를 무대로 활약하던 장보고를 포함한 무주 서남해지역 해상세력의 추이를 살피며, 그리하여 궁극적으로는 거기에서 찾아지는 특징까지를 헤아려보고자 한다. 기실 여기에서 살피려는 내용은 수많은 연구자들에 의해 다뤄져온 지 이미 오래이다. 이를 나위 없이 장보고에 대한 관심의 소산이며 자연히 그 대상도 장보고로 치우쳐 나타나거니와, 그리하여 사실을 밝히고 의미를 부여하며 그 현대적 의의를 찾는 데 이르기까지, 무수한 연구가 축적되어 더 이상 파고들 여지가 없어 보인다. 이제까지의 연구를 하나하나 검토하는 일마저도 자못 버겁다.[3]

다만 여기에서는 장보고나 청해진보다는 무주 서남해지역 토착 해상활동가들의 존재와 활약에 보다 무게를 두어 접근하고자 한다. 무주의 서남해 연안이라는 지리적 공간에 한층 유의하며, 더욱이 거기에 거주하는 주민이나 혹은 지역사회 내지 그 주도세력이라 할 토착 유력자의 동향을 조심스레 더듬어, 그 추이라든지 의미 등을 시대적 상황에

---

3) 관련 연구 모두를 여기에 나열할 능력은 없다. 간행된 저술만도 여럿이거니와, 필요한 한도 내에서 그때그때 제시할 예정이다. 연구 성과의 정리는, 권덕영, 2005, 「장보고 연구의 현황과 과제」, 『장보고연구논총』(Ⅳ), 해군사관학교 해군해양연구소에 상세하며, 더불어 허일 외, 2012, 『張保皐와 황해 해상무역』, 국학자료원, 2001 및 권덕영, 『신라의 바다 황해』, 일조각의 참고문헌, 그리고 金文經, 2012, 『7~10世紀 韓中日交易 硏究文獻目錄·資料集』(改訂版), 한국해양재단 등이 참고된다.

비춰 재조명하려 한다. 9세기 전반에 무주의 서남해지역을 근거로 활동하던 토착 해상세력의 존재와 성장이라든지 그 동향을 추적하되, 청해진의 치폐를 기준으로 단계를 나눠 접근하며, 그로써 이제까지 그다지 부각되지 않았거나 혹은 소홀히 지나친 부분은 없는지 등을 헤아려 그 의미를 되새기는 기회로 삼고자 한다.[4]

먼저, 신라의 초기 해상세력을 검토하겠다. 통일신라시기에 한반도의 연안을 오가며 출몰함으로써 비로소 기록에 등장하는 해상세력의 존재를 확인하고, 더불어 그 활동의 추이를 더듬어 이 글의 출발점으로 삼으려 한다. 다음으로, 무주 서남해지역을 근거로 활동하던 해상세력을 장보고와의 관련 속에서 조명하겠다. 흔히들 청해진이 설치되는 배경으로 거론해오곤 하였지만, 무주 서남해 연안의 토착 해상세력을 보다 구체적으로 드러낼 필요가 있어 보인다. 기왕에 알려진 자료일망정 조심스레 음미하며 서남해지역에서 해상세력이 대두하는 모습을 찬찬히 추적하되, 더욱이 그것을 장보고와의 관련 속에서 들여다봄으로써

---

4) 이 글에서는 무주의 서남해지역을, 대략 현재의 나주·목포와 무안·신안·영암을 중심으로 하여 동으로는 해남·진도·완도·강진 혹은 장흥까지 그리고 북으로는 함평 혹은 영광까지를 포괄하는 것으로 이해하려 한다. 이 서남해지역에 주목한 연구자도 여럿이거니와, 한층 그에 관심을 기울인 근래의 논고로는 다음이 눈에 띈다. 李基東, 1991, 「9~10世紀에 있어서 黃海를 舞臺로 한 韓·中·日 三國의 海上活動」, 『震檀學報』 71·72合; 徐榮敎, 1994, 「9世紀 중반 新羅朝廷의 海上勢力 統制」, 『慶州史學』 13; 李基東, 1997, 「羅末麗初 南中國 여러 나라와의 交涉」, 『歷史學報』 155; 徐榮敎, 2002, 「張保皐의 騎兵과 西南海岸의 牧場」, 『震檀學報』 94; 文安植, 2003, 「장보고의 청해진 설치와 해상왕국 건설」, 『東國史學』 39; 高慶錫, 2005, 「장보고 세력의 경제적 기반과 신라 서남해 지역」, 『한국고대사연구』 39; 權悳永, 2006, 「新羅下代 西南海地域의 海賊과 豪族」, 『한국고대사연구』 41; 張日圭, 2007, 「신라 하대 서남해안 일대 천태 관련 사찰과 장보고 선단」, 『新羅史學報』 10; 曺凡煥, 2008, 「張保皐의 海上勢力과 華嚴神衆信仰」, 『新羅文化』 32.

변동명

논의의 실마리를 풀어가려 한다. 셋째, 장보고가 피살당하고 청해진 해상왕국이 몰락의 길을 걸을 즈음 무주 서남해지역의 해상세력이 보인 움직임을 살피겠다. 장보고 죽음의 전후를 되짚으며 급변 사태를 대하는 서남해지역 해상세력의 태도라든지 혹은 저들이 선택해 나아간 길을 따져, 청해진 해상왕국이 붕괴된 이후의 무주 서남해지역 정세 내지는 해상세력의 동향을 가늠하고자 한다. 그리하여 궁극적으로는 저들의 당시 활동에서 찾아지는 특징이라든지 의의나 한계까지를 음미할 수 있기를 기대한다. 한국사상 보기 드물게 활발한 해상활동이 펼쳐지던 9세기의 전반부를, 가능한 한 자료에 충실한 입장에서 차분히 돌아보며 새삼 그 의미를 되새기는 시간이 되었으면 하는 마음이다.

2. 新羅의 초기 해상세력

신라의 해상세력과 관련하여 우선 주목되는 게 海賊의 존재이다. 張保皐가 淸海鎭의 설치를 건의하는 명분으로 내걸었던 게 해적의 소탕이라는 점에서 그러하다.[5] 여기서 장보고가 언급한 해적이 대체로 교역을 겸하는 등 海商과 거의 구분이 되지 않는 존재이며, 일괄해서 海上勢力으로 간주하여 무방하다 함은 이미 알려진 대로이다.[6] 해적이란 곧 법

---

5) 『三國史記』 44, 列傳4 張保皐傳, "… 後(張)保皐還國 謁大王曰 遍中國以吾人爲奴婢 願得鎭 淸海 使賊不得掠人西去 淸海新羅海路之要 今謂之莞島 大王與保皐萬人 此後海上無鬻鄕人者 …"

6) 해적 일반 및 9세기 동아시아 해역의 그것에 관해서는, 權悳永, 2006, 「新羅下代 西南海地域의 海賊과 豪族」, 『한국고대사연구』 41, 299~333쪽; 권덕영, 2012, 『신라의 바다 황해』, 일조각, 180~189쪽이 참고되거니와, 더욱이 海賊과 海商 혹은 海上勢力의

과 제도의 테두리 밖에서 움직이던 포괄적인 의미에서의 해상활동가를 가리키는 용어인 셈이거니와, 저들의 왕성한 움직임을 배경으로 흥덕왕 3년(828)에 청해진이 설치되면서 장보고의 공식적인 활동이 시작되었던 것이다.

황해를 비롯한 한반도의 연안에서 해적의 활동이 두드러진 것은 대체로 8세기 말 내지 9세기에 들어서의 일이었던 것으로 알려져 왔다. 唐과 新羅의 정국 불안 및 빈번한 자연재해를 그러한 배경으로 꼽는 게 일반적인 경향이기도 하다.[7] 한국의 역사에서 해적의 출몰이 문제로 부상하는 것은, 대략 8세기 중반 무렵에 들어서가 아니었던가 헤아려진다. 경덕왕 23년(764)에 일본을 방문한 신라의 사신이, '당나라가 (반란으로) 소란스럽고 海賊이 참으로 번성함으로 해서 (신라가) 甲兵을 징발하여 연변을 방수'하는 중이라고 진술하였던 데서 그러한 추정이 가능하다.[8]

신라가 군사를 동원하여 경비태세를 정비하고 나선 까닭을 묻는 일본 측에 대한 답변으로 나온 사신의 진술이라는 점에서, 위의 내용을 액면 그대로 받아들이는 게 어떨까 싶기도 하다. 海賊 운운하는 발언이 군사력을 동원한 신라에서 명분으로 내세운 정치적 언술일 뿐, 실제로

관계에 대해서는, 권덕영, 앞의 논문, 320~326쪽의 설명이 유용하다.

7) 김호범, 2007, 「신라 흥덕왕대의 청해진 설치 배경」, 『歷史學硏究』 29, 59~64쪽 ; 권덕영, 『신라의 바다 황해』, 180~184쪽.

8) 『續日本紀』 25, 天平寶字 8년 7월 甲寅, "新羅使大奈麻金才伯等九十一人 到着大宰博多津 遣右少弁從五位下紀朝臣牛養 … 問曰 比來彼國投化百姓言 本國發兵警備 是疑日本國之來 問罪也 其事虛實如何 對曰 唐國擾亂 海賊寔繁 是以徵發甲兵 防守緣邊 乃是國家之設 事旣 不虛 …."

는 그렇지 않았을 가능성도 없지 않아 보인다. 하지만 그 무렵 당나라
가 安史의 난(755~763)으로 대혼란에 빠져들고 뒤이어 각지에서 절도
사들이 할거하는 등 당의 지방통제력이 이완된 시기였음을 떠올리면,[9]
신라 사신의 발언을 반드시 외교적 수사로 치부할 수만은 없을 듯싶
기도 하다.

나아가 거의 동일한 시기에 해적들이 중국에서 新羅人을 掠賣하기 시
작하였음을 전하는 것으로 이해되는 기록을 대하면 한층 그러하다. 平
盧節度使 薛平의 상주문에 의하면, 중국에서 海賊이 신라의 良人을 잡아
다가 노비로 파는 건 山東 일대가 '賊'의 수중에 함몰된 이래의 일이었
다고 한다.[10] 여기에 나오는 '賊'이 곧 李正己와 그 후손을 가리킨다고
하므로[11] 저들 이씨 일족이 산동 일대에서 할거하던 그 시기(765~819)
에 해적들이 신라의 양민을 잡아다 당에서 노비로 팔아넘겼음을 알 수
가 있다.[12] 앞서 신라 사신에 의해 해적이 번성했던 것으로 지적된 그때
와 그리 떨어지지 않은, 거의 동일한 시기의 일이었다. 8세기 중반 즈음

---

9) 李基東, 「9~10世紀에 있어서 黃海를 舞臺로 한 韓·中·日 三國의 海上活動」, 291쪽.

10) 『唐會要』86, 奴婢, "穆宗長慶己年(821) 三月 平盧軍節度使薛萃奏 應有海賊詃掠新羅良口
將到當管登萊州界 及緣海諸道 賣爲奴婢者 伏以新羅國雖是外夷 常稟正朔 朝貢不絕 與內地
無殊 其百姓良口等 常被海賊掠賣 於理實難 先有制勅禁斷 緣當管久陷賊中 承前不守法度 自
收復已來 道路無阻 遞相販鬻 其弊尤深 伏乞特降明勅 起今已後 緣海諸道 應有上件賊詃賣
新羅國良人等 一切禁斷 請所在觀察使 嚴加捉搦 如有違犯 便準法斷 勅旨宜依."

11) 권덕영, 2005, 「장보고와 동아시아 해역의 해적」, 『재당 신라인사회 연구』, 일조각,
277쪽.

12) 山東半島를 통치하던 李正己 일가도 신라인을 奴婢로 掠賣한 일과 무관치 않았으
리라는 지적이 있거니와(蒲生京子, 1979, 「新羅末期의 張保皐의 擡頭와 反亂」, 『朝鮮史研究
會論文集』16; 2002, 「신라말기 張保皐의 대두와 반란」, 『張保皐關係研究論文選集』(해
상왕장보고연구회 편), (재)해상왕장보고기념사업회, 614쪽; 李基東, 「張保皐와 그의
海上王國」, 97쪽), 당시의 상황으로 미루어 설득력이 있어 뵌다.

이면 신라에서 해적의 출몰이 문제로 부각되기 시작하였음을 추정하기
에 부족함이 없다.

8세기 중엽에 들어 한반도 연해안에서 암약하며 출몰을 시작한 해적
은, 위 평로절도사 설평이 상주문을 올리던 당시(821)에는 더욱 기승을
부렸다. 해적들이 신라인을 잡아 중국에서 노비로 파는 행위가 이전보
다 되레 심해졌다는 게 설평의 판단이었다.[13] 더불어 9세기 초반이면 신
라의 연안에서 활발히 움직이던 해적의 모습이 보다 구체적으로 기록에
나타난다. 810년에 신라인 金巴 형제는 고을의 곡식을 운반하던 중 바
다에서 '賊'을 만나 피해를 입었다고 한다. 일행이 죄다 죽음을 당하고
김파 삼형제만이 살아남아 일본에 표착했다 이르거니와,[14] 인명 살상을
서슴지 않으며 약탈에 나선 해적의 모습이 자못 생생하다. 寂忍禪師 慧
哲은 814년에 입당 유학하고자 '罪徒'의 배를 탔다가 지방관에게 잡혀
죽을 고비를 넘겼다고 한다.[15] 함께 승선했던 죄인의 무리 30여 명이 조
정의 처분에 따라 모두 참수를 당했다는 기록에 비추어, 대체로 해상운
송을 겸한 밀무역에 종사하면서 때로 약탈마저 서슴지 않던 일종의 해
적이었을 것으로 판단되거니와, 이 역시 9세기 초반에 신라의 연해안을
누비던 비합법적 해상활동가 곧 해적의 존재를 보여준다는 점에서는

---

13) 위의 註 10)을 참조하라.

14) 『日本後紀』21, 弘仁 2년(811) 8월 甲戌, "… 大宰府言 新羅人金巴·兄金乘·弟金小巴等三人
申云 去年(810) 被差本縣運穀 海中逢賊 同伴盡沒 唯己等幸賴天祐 儻着聖邦 雖沐仁○ 非
無顧戀 今聞鄕人流來 令得放歸 伏望寄乘同船 共還本鄕者 許之."

15) 『譯註 歷代高僧碑文』(新羅篇) 谷城 大安寺 寂忍禪師 照輪淸淨塔碑文, "… 乃以元和九載
(814)秋八月 駕言西邁也 … 入唐初與罪徒同舡 到取城郡 郡監知之 枷禁推得款 禪師不言黑
白 亦同下獄 監具申奏 准教 斬三十餘人訖 次當禪師 師顔容怡悅 不似罪人 自就刑所 監不忍
便殺 尋有後命而幷釋放 唯禪師獨免 …."

변동명

위의 사례와 별반 차이가 없어 보인다.[16]

8세기 중엽 즈음 신라의 연해에서 모습을 드러내기 시작한 해적은, 9세기에 들어 그처럼 기승을 부리며 창궐의 조짐을 보였다. 숙위 중이던 신라왕자의 주청을 받아들여 唐 憲宗이 신라인을 노비로 부리는 것을 금지했다든지(816),[17] 혹은 平盧節度使 薛平의 상주에 따라 唐 穆宗이 신라 양민을 잡아다 노비로 매매하는 것을 엄금하고(821),[18] 또한 이미 중국으로 잡혀 왔다가 풀려난 신라인들이 신라 사신의 요청에 따라 뜻대로 귀환할 수 있도록 허락하였던(823) 조치[19] 등이, 그러한 형세를 바로잡기 위한 노력의 소산이었을 것임은 이를 나위가 없었다.[20] 그렇지만 해적의 분탕질은 수그러들 줄을 몰랐고, 마침내 그러한 흐름을 바꿀 전기가 마련된 것은 해적의 소탕을 명분으로 청해진 설치를 건의한 장보고의 활약에 의해서였다.[21]

바다에서 해적이 횡행하는 것은 약탈 대상의 존재를 전제로 한다.[22] 앞서 金巴 형제의 경우와 같은 고을 곡식 아마도 漕運 중인 듯싶은 官

---

16) 권덕영, 「장보고와 동아시아 해역의 해적」, 277~279쪽 ; 김호범, 「신라 흥덕왕대의 청해진 설치 배경」, 61~64쪽.

17) 『冊府元龜』 42, 帝王部 仁慈 唐 憲宗 元和 11년.

18) 『舊唐書』 16, 本紀16 穆宗 長慶 원년 3월 丁未 平盧薛平奏 ; 『唐會要』 86 奴婢 穆宗 長慶 원년 3월.

19) 『舊唐書』 16, 本紀16 穆宗 長慶 3년 정월 丁巳 ; 『唐會要』 86 奴婢 穆宗 長慶 3년 정월.

20) 李基東, 「張保皐와 그의 海上王國」, 97~98쪽.

21) 흥덕왕 3년(828)에 청해진이 설치된 이후, '此後海上無鬻鄕人者'(『三國史記』 44, 列傳4 張保皐傳)라고 하여, 海上에서 新羅人을 매매하는 행위가 사라졌다고 한다. 창궐하던 해적의 기세가 청해진의 설치를 계기로 한풀 꺾였음을 보여준다.

22) 권덕영, 2005, 「장보고와 동아시아 해역의 해적」, 『재당 신라인사회 연구』, 일조각, 273~274쪽.

穀이라든지, 혹은 잡혀가 노비로 매매를 당하곤 했다는 연해안의 주민 등이 그러한 존재에 해당할 것이다. 하지만 그보다는 물화를 가득 실은 교역선이야말로 해적이 노리는 주요한 표적이 아니었던가 싶다. 8세기 후반 이후 당과 신라의 정치적 불안정을 틈타 황해와 남해를 비롯하여 동아시아 해역을 허다히 오갔다고 하는 민간무역선이 그것이었다.[23]

설화적이긴 하지만, 그 무렵 신라인 海商으로 여겨지는 존재가 기록에 나타나는 데에서도 그러한 분위기를 느낄 수가 있다. 경덕왕대에 慶州人 長春은 '海賈' 즉 海商을 따라나섰다가 바다 가운데에서 난파를 당해 '吳'에 표착하였는데, 敏藏寺 관음보살의 가피를 입어 경덕왕 4년 (745) 4월 8일에 무사히 귀국하였다고 한다.[24] 설화적인 요소가 다분하지만, 정확한 일자까지 기록된 자료의 성격에 비추어 상당 부분이 사실에 근거하였을 것으로 판단된다. 신앙적 입장의 영험에 관한 부분만 제외하면,[25] 대략 실제 발생한 사건이었던 것으로 받아들여 무방해 보인다. 아울러 위의 '海賈'가 경주 사람인 장춘을 商團의 일원으로 받아들였다는 점에서 그 역시 신라 사람이었음직하며, 또한 표착한 곳이 남중국의 '吳'라는 점에서 저들이 신라와 중국을 오가는 무역상이었으리라

23) 秋山謙藏, 『日支交涉史硏究』, 岩波書店, 1939, 137~156쪽.

24) 禺金里貧女寶開 有子名長春 從海賈而征 久無音耗 其母就敏藏寺觀音前 克祈七日 而長春忽 至 問其由緒 曰 海中風飄舶壞 同侶皆不免 予乘隻板 歸泊吳涯 吳人收之 俾耕于野 有異僧 如鄕里來 吊慰勤勤 率我同行 前有深渠 僧披我跳之 昏昏間如聞鄕音與哭泣之聲 見之乃已屆 此矣 日晡時離吳 至此纔戌初 卽天寶四年乙酉四月八日也 景德王聞之 施田於寺 又納財幣焉 (『三國遺事』 3 塔像 4 敏藏寺)

25) 邊東明, 2010, 「新羅의 觀音信仰과 바다」, 『한국학논총』 34, 국민대 한국학연구소, 434~435쪽에서는 이를 관음보살의 해난구제 영험 사례로 이해하였다.

변동명

는 추정도 가능할 듯 여겨진다.[26] 공무역이 아닌 민간의 사적인 무역을 불법으로 취급하던 당시의 상황에서,[27] 신앙의 영험을 보여주는 사례가 아니었다면 남아 전하기 어려웠을, 신라인 海商의 존재를 알려주는 희귀한 기록이 아닐 수 없다. 당시 황해나 남해 등 한반도와 중국의 해역을 누비던 저들 민간교역선의 존재를 돌려놓고는, 8세기 중반 이래 특히 9세기 들어 자못 활발해진 해적의 활동을 설명하는 게 쉽지만은 않아 보인다.

기실 위의 海賊과 바다를 무대로 활동하던 張春과 같은 貿易商을 구분하는 건, 이미 지적하였듯이 거의 불가능하며[28] 또한 그다지 의미 있을 것 같지도 않다. 대체로 양자를 아울러서 함께 海上勢力으로 간주하는 게 일반적 경향인 듯싶거니와, 8세기 중·후반을 거치면서 각별히는 9세기에 접어들어 신라의 연해안에서 저들 海賊과 海商을 막론한 해상세력의 활동이 제법 활발해졌음을 이해할 수가 있는 것이다.[29]

그런데 당시 한반도의 연해안을 누비던 저들 해상활동가는 대체로 新羅人과 唐人이었던 것으로 파악된다.[30] 우선, 신라인이 납치당하여 당

---

26) 이와 관련하여 新羅人 海商으로 여겨지는 '張春'이 일본의 기록에 나타나 눈길을 끈다. "大宰府言 新羅人張春等十四人來 獻驢四"(『日本紀略』前篇 14 嵯峨 弘仁 9년 正月 丁酉)에 나오는 新羅人 張春이 그이다. 본문의 長春과는 시기적으로 70여 년의 차이가 있으며 漢字 표기도 또한 꼭 같지는 않지만, 이름의 유사함이라든지 바다를 무대로 활동하던 교역상이라는 점에서 상통하는 바가 없지 않아 공교로운 느낌이다.

27) 권덕영, 2012, 「신라 하대의 황해무역」, 『신라의 바다 황해』, 일조각, 194~195쪽.

28) 김호범, 「신라 흥덕왕대의 청해진 설치 배경」, 61쪽.

29) 권덕영, 「신라 하대의 황해무역」, 205~209쪽.

30) 海賊들이 唐人이나 新羅人 혹은 당인과 신라인의 혼성이라는 기왕의 지적에 관해서는, 권덕영, 「장보고와 동아시아 해역의 해적」, 277쪽, 각주 68)의 소개가 참고된다.

에서 노비로 매매되었으며 또 그러한 행위가 근절되도록 단속해줄 것을 신라가 당에 요구했다는 점에서, 거기에 唐人이 가담하였음을 부정하기는 어려워 보인다. 또한 신라의 연해안이 약탈의 주 대상이었다는 점에서, 신라인도 해적 행위에 연루되었을 가능성이 높은 것으로 판단된다. 해당 지역의 사정에 익숙하지 않고서는 그와 같은 활동이 쉽지 않았으리라는 점에서 그러하다. 추정을 더하자면, 신라와 당 양측에 각기 내부의 협조자가 존재했을 가능성마저 없지 않아 보인다. 후일 왜구가 동아시아를 분탕질하던 당시, 假倭라 일컬어지는 한국인과 중국인이 자주 저들과 함께 하였던 사례를 떠올리면 되는 일이다. 아울러 일본의 연안에서도 海賊과 海商의 활동이 관찰된다는 점에서, 일본인 해상활동가의 존재 가능성을 상정해봄 직하다. 다만 遠洋을 항해할 경우 신라인 사공과 신라 선박에 주로 의지하던 저들의 당시 처지에 비추어,[31] 거의 존재하지 않았거나 혹은 존재했더라도 그 비중이 무시해도 좋을 만큼 미미했을 것으로 추정된다.[32]

한편 당시의 그와 같은 다국적 해상활동가 중에서 자못 눈에 띄는 존재가 新羅人이었다. 우선, 당나라 사람으로 칭해지는 해상활동가 중

---

31) 金庠基, 1934·1935, 「古代의 貿易形態와 羅末의 海上發展에 對하여」, 『震檀學報』 1·2 ; 1984, 『東方文化交流史論攷』, 乙酉文化社, 30~31쪽 ; 日野開三郎, 1960, 「羅末三國の鼎立と對大陸海上交通貿易」, 『朝鮮學報』 16·17·19·20 ; 2002, 「羅末 三國의 對 中國 海上交通貿易」, 『張保皐關係研究論文選集』(해상왕장보고 연구회 편), (재)해상왕장보고기념사업회, 271~276쪽.

32) 신라와 밀무역한 혐의를 받은 관료 藤原宮田麻呂와 藤原元利麻呂가 843년과 870년에 각각 반란을 일으켰던 사례에(李基東, 「9~10世紀에 있어서 黃海를 舞臺로 한 韓·中·日의 海上活動」, 297쪽) 비추어, 일본인 해상활동가의 존재 가능성을 무시할 수는 없어 보인다.

에도 신라인으로 판명되거나 혹은 그럴 것으로 짐작되는 인물이 적잖이 포함된 사실을 지적할 수가 있다.[33] 재당 신라인 중 많은 수가 중국쪽의 황해 연안에 거주하며 바다에서의 활동으로 생계를 꾸려갔음이 밝혀진 바 있기도 하다.[34] 또한 811년과 813년에 신라 해적이 쓰시마 등지에 출몰하였다든지[35] 혹은 위 張春의 표류 사례 등에 비추어, 신라인 海賊과 海商 다시 말해 신라 해상세력의 활동이 제법 활발했던 듯 보인다는 점에서도 그처럼 생각된다.

8세기 중반 이래 신라인과 당인이 주축이 된 해상세력이 신라의 연안을 포함한 동아시아 해역에 출현하였으며, 9세기에 들어 그 움직임이 점차 활발해졌음을 알아보았다. 아울러 그러는 가운데 신라인 해상활동가의 움직임도 제법 활발하였을 것임을 더불어 살피었다. 당시 신라에서는 잦은 기근에도[36] 불구하고 정부 차원의 농민 안정대책이 적극적으로 시행되지 못하였다. 정정이 불안정한 탓이었다. 자연히 유민이 대량으로 발생하고 초적 또한 횡행하였다. 해적을 비롯한 해상세력이 출현하고 또 활동하기 좋은 환경이 조성된 셈이었다.

한편 유민 중에는 바다를 건너 당이나 일본으로 흘러들어가는 숫자

---

33) 권덕영, 2005, 「일본을 왕래한 이중국적 신라상인」, 『재당 신라인사회 연구』, 일조각, 212~228쪽.

34) 권덕영, 「신라인사회의 실태」, 위의 책, 85~88쪽.

35) 濱田耕策, 1999, 「新羅王權と海上勢力-特に張保皐の淸海鎭と海賊に關聯して」, 『東アジア史における國家と地域』, 唐代史研究會編, 刀水書房 ; 「신라왕권과 해상세력」, 『張保皐關係研究論文選集』(해상왕장보고 연구회 편), 684~685쪽 ; 권덕영, 「장보고와 동아시아 해역의 해적」, 『재당 신라인사회 연구』, 278~279쪽.

36) 당시 唐에서도 기근이 자주 발생하였는데, 그것은 평균 강수량의 감소라는 기상재해의 결과라고 한다(하일식, 2010, 「신라 말, 고려 초의 지방사회와 지방세력」, 『한국중세사연구』 29, 54~55쪽).

도 적지 않았다.[37] 강남의 浙東을 떠돌며 걸식하는 신라인이 170명이라느니,[38] 혹은 일본으로 몸을 의탁해간 신라인으로서 正史에 기록된 인원만도 1,031명으로 집계된다느니[39] 하는 등이 그것이었다. 그런데 바다를 건너 당이나 일본으로 향하는 무리의 경우, 막연하게 유민으로만 치부해 넘기기에는 자못 석연찮은 점이 있어 눈길을 끈다. 원양을 건너 해외로 향하는 데에는, 해양 정보라든지 또는 그에 걸맞은 선박이나 사공을 포함한 선원 조직 및 해상에서의 자위를 위한 무력 등을 갖추는 게 불가결한 전제이다. 근거를 잃고 떠도는 일반인으로서는 감히 엄두를 내기가 힘든 조건이 아닐 수 없다. 어떠한 과정을 거쳐서이든 유력자의 도움을 받지 않는다면, 당이나 일본으로 향하는 꿈마저도 꿀 수가 없는 게 저들 유민의 처지였다 할 것이다. 해상세력의 개입 내지 그와의 연계가 필수적이었으려니와, 대체로 본인이나 일부 가족을 세력가에게 팔아넘기며 의탁한다든지 혹은 세력가의 꾐에 빠져서 해외로 팔려가는 형태가 아니었던가 싶다.[40] 당시의 해상활동에서 신라인을 노비로 매매하는 게 유독 문제로 부각되었던 데에는 아마도 그와 같은 사정이 개재되었던 듯 여겨진다. 신라하대에 지방의 유력자들은 몰락농민이나 유민 등을 흡수하며 경제적·사회적인 세력기반의 확대를 도모하였다 일러지거니와,[41] 그 중에서도 해상세력은 바다 건너 당이나 일본으로

---

37) 李基東, 「張保皐와 그의 海上王國」, 93~94쪽.

38) 『三國史記』 10, 新羅本紀10 憲德王 8년.

39) 권덕영, 「재당 신라인의 대일무역 활동」, 『재당 신라인사회 연구』, 179쪽.

40) 李基東, 「張保皐와 그의 海上王國」, 98~99쪽 ; 김호범, 「신라 흥덕왕대의 청해진 설치 배경」, 62~63쪽.

41) 이기동, 1996, 「수취체제의 모순과 농민층의 피폐」, 『한국사』 11, 국사편찬위원

신라인 내지 그 유민이 옮겨가는 일에 개입하는 등으로 성장을 도모하였던 셈이다. 신라 해상세력의 존재를 상정하지 않고서는, 8세기 중·후반에서 9세기 전반에 걸쳐 빈발하던 당과 일본에로의 신라인 이동은 이해하기가 어려운 일이라고 하여 지나치지 않아 보인다.

8세기 중·후반 이래 신라 해상세력의 존재와 활동이 관찰되며, 9세기에 들어 그들의 존재감이 보다 현실적으로 드러나는 것을 몇몇 측면에서 검토하였다. 8세기 중·후반에 활동을 개시하여 9세기에 그 존재감을 부각시키던 海賊과 海商을 더듬어 황해와 남해를 누비던 해상세력의 존재를 확인하였으며, 이어 唐人과 함께 新羅人이 주도하던 그러한 해상활동에서 신라인 해상세력의 움직임을 찾아 드러내는 방식이었다. 이제 보다 구체적으로 저들의 존재라든지 활동의 추이를 밝힐 차례인데, 우선 신라 해상세력이 주로 활동하며 또한 근거지로 삼았던 지역을 더듬는 데서 논의를 시작하려 한다. 신라의 연해안 가운데 해상세력이 자리를 잡고 활동하기에 보다 유리한 지리적 공간을 헤아리며, 더불어 그곳을 근거로 삼아 활동하던 존재에 한층 직접적으로 다가서려 하거니와, 그에 관한 논의는 章을 바꾸어 진행하도록 하겠다.

3. 무주 서남해지역 해상세력의 성장과 張保皐

신라의 해상세력이 활발하게 움직이던 공간과 관련하여 우선 떠오

회, 58~59쪽;권덕영,「장보고와 동아시아 해역의 해적」,『재당 신라인사회 연구』, 271~272쪽.

르는 지역이, 앞서 언급하였듯이 현 전남의 서남해 연안 일대이다. 과거에 주로 이용되던 한반도 주변의 해상항로에 비추어 그처럼 판단된다. 당시 서남해안 일대는 동아시아 해역의 바닷길이 모이는 요충이었다.[42] 신라와 당 및 일본을 연결하는 海上航路는 그 대부분이 武州의 서남해 연안을 거쳐서 목적지로 이어지는 게 보통이었다. 唐에서 바다를 이용하여 신라의 수도인 慶州 내지는 그 너머의 일본으로 향한다든지, 혹은 역으로 일본이나 경주에서 당으로 향하는 경우 대체로 그러하였다. 현 전남의 서남해지역 일대는, 이를테면 신라의 해상활동가들이 활약을 펼치기에 다시없이 좋은 조건을 갖춘 지역이었던 셈이다.

하대의 신라 해상세력이, 서남해 연안이 지니는 그와 같은 지리상의 이점을 도외시하였을 리가 없다. 저들이 무주의 서남해지역 일원을 주요한 활동 근거지로 삼았다고 하더라도 하등 이상히 여길 까닭은 없어 보인다. 신라하대 해상세력의 주요한 활동 근거지 내지는 저들이 자주 이용하던 지리적 공간의 유력한 후보지로서, 현 전남의 서남해안 일대를 지목하여 조금도 지나치지 않다고 생각한다.[43]

나아가 장보고가 해상왕국을 건설한 거점인 청해진의 위치에서도

---

42) 金庠基, 「古代의 貿易形態와 羅末의 海上發展에 對하여」, 20~21쪽. 한국과 중국 및 일본을 잇는 고대의 바닷길을 다룬 글도 또한 적지 않은데, 해류와 함께 항해술과 조선술 등을 고려하며 여러 항로를 종합해서 다룬, 허일 외, 2001, 「統一新羅와 唐時代의 航路」, 『張保皐와 황해 해상무역』, 국학자료원, 309~330쪽;정진술, 2009, 「고대의 한중항로·고대의 한일항로」, 『한국 해양사』, 해군사관학교, 59~130쪽이 참고하기에 편하다.

43) 당시 海賊의 실체로서 '한반도 西南海 연안지대나 혹은 島嶼지방에 기반을 둔 해상세력가의 존재'를 소홀히 여길 수 없다는 견해에서도(李基東, 「張保皐와 그의 海上王國」, 98쪽), 무주 서남해지역이 해상세력의 주요한 활동 거점이었음을 헤아릴 수가 있기는 매한가지이다.

변동명

또한 그것을 확인할 수가 있다. 장보고는 해적의 소탕을 명분으로 청해진의 설치를 건의하였다고 한다. 청해진의 위치가 저들 해적을 포함한 해상세력의 주요한 활동 공간 내지는 근거지와 무관하지만은 않았을 것임을 암시한다. 해상세력의 활동 공간과 아무런 관련이 없는 지역에 청해진이 들어섰을 리가 만무하거니와, 청해진의 그러한 위치야말로 서남해 일원에 신라 해상세력의 주요 거점이 자리하였음을 보여주는 유력한 증좌라 할 것이다.

청해진을 포함한 현 전남의 서남해지역이 항로상의 요충이자,[44] 더불어 장보고에 의해 제압돼야 할 대상으로 지목된 해상세력이 근거로 삼고 활동하던 주요 공간이었을 것임을 검토하였다. 8세기 중·후반 이래 9세기에 걸쳐 활동을 펼치던 신라 해상세력의 주요 근거지가 무주 서남해 연안에 자리하였음을 더듬은 셈이다. 그런데 여기에서 주목되는 게, 무주 서남해 연안의 지역사회 동향이다. 현 전남의 서남해 연안 일원에 거주하던 주민이라든지 혹은 토착 유력자들이, 아무래도 저들 신라 해상세력과 무관하지만은 않았을 성싶기에 이르는 말이다.

무주 서남해지역의 주민이나 혹은 그 주도세력이라 할 토착 유력자들이, 저들 해상세력과 무언가 연고를 맺었을 가능성을 상정하는 게 온당해 보인다. 지역사회에서 해상활동에 직접 나서거나, 아니더라도 최소한 그에 가담 혹은 협조하는 등으로 연루되었을 개연성을 무시할 수가 없을 듯싶다. 바다에서의 생활에 익숙하였을 저들이 해상세력의 등장과 활동을 수수방관한다거나, 그리하여 때로 海賊化한 저들에 의

---

44)『三國史記』44, 列傳4 張保皐傳, "… 後保皐還國 謁大王曰 遍中國以吾人爲奴婢 願得鎭淸海使賊不得掠人西去 淸海新羅海路之要 今謂之莞島 …."

해 唐으로 잡혀가 노비로 팔리는 신세로 전락하는 존재에만 머물렀을 까닭은 없다. 장보고에 의해 新羅人 掠賣者로 지목된 존재가 신라의 해 상호족 내지는 무주지방의 호족이었으리라는 지적을 떠올리면,[45] 저들 서남해 연안의 토착세력이 그에 연루된 존재였을 가능성을 마냥 외면 할 수만은 없어 보인다. 장보고가 제압해야 할 대상으로 지목한 해상 세력 가운데 빠뜨려서는 안 되는 게, 청해진 주위 곧 현 전남의 서남해 일원을 거점으로 활동하던 저들 토착 유력자가 아닐까 여겨진다.

무주 서남해 연안의 토착 유력자가 신라하대에 들어 해상세력으로 대두하였을 가능성을 살펴었다. 여러 단계의 논의를 거치면서 가늠을 거듭한 끝에 도달한 결론이었다. 8세기 중·후반 이래 활동하며 9세기 에 이르러 그 존재감을 점차 드러내던 海賊과 海商을 더듬어 황해와 남 해를 누비던 해상세력의 존재를 확인하였으며, 이어서 唐人과 함께 新羅 人이 주도하던 그러한 해상활동에서 신라인 해상세력의 존재를 관찰하 는 것과 함께, 그들이 주로 현 전남의 서남해지역 일원을 근거로 삼아 활동한 사정을 들어 신라하대에 무주 서남해 연안의 토착 유력자들이 해상세력으로 대두하였을 것임을 지적하였다. 장보고의 등장이라든지 청해진을 중심으로 한 해상왕국의 건설이라는 것도, 실은 서남해 지역 사회의 그와 같은 움직임 속에서 가능한 일이었을 것임은 물론이다.

이들 무주 서남해 연안의 해상세력은 재당 신라인을 포함한 당나라 해상세력과의 연계 속에서 활동을 펼쳐갔을 것으로 짐작된다. 8세기 후

---

45) 日野開三郞, 「羅末 三國의 對 中國 海上交通貿易」, 『張保皐關係硏究論文選集』(해상왕장보 고 연구회 편), 347~351쪽; 蒲生京子, 「신라말기 張保皐의 대두와 반란」, 『張保皐關係 硏究論文選集』(해상왕장보고연구회 편), 624~627쪽.

변동명

반에 시작된 재당 신라인의 해상무역 활동이 9세기 전반 즈음이면 한·중·일의 대외무역을 독점하다시피 하였다고 일컬어지거니와,[46] 저들이 신라의 서남해지역을 오가는 사이 현지의 해상세력과도 연계를 맺었을 가능성이 높아 보인다. 무주 서남해 연안의 해상세력에 주목하였던 장보고도, 기실 그 자신이 재당 신라인으로서 해상교역에 종사했던 경험을 바탕으로 항로의 요충에 청해진을 건설하여 마침내 해상왕자로 부각되었음을 상기할 일이다.[47] 무주 서남해지역의 해상세력은, 재당 신라인을 주축으로 하는 당의 해상활동가와 협력하고 혹은 그에 가담하면서, 점차 활동의 폭과 깊이를 더해갔을 것으로 판단된다.

그런데 문제는, 장보고의 경우를 제외하면 9세기 前半에 현 전남의 서남해 일원에서 해상세력이 활동하였음을 전하는 어떠한 기록도 찾아보기가 쉽지를 않다는 점이다. 청해진이 설치되고 장보고가 공식적인 활동을 개시하기 이전에, 무주의 서남해 연안을 거점으로 삼아 활동을 전개하던 해상활동가의 존재라든지가 직접적으로 명시되어 드러난 적은 없다. 적어도 지금까지는 그러하다.

청해진의 장보고가 활동을 개시하자, 해상에서 신라인을 매매하는 자가 사라졌다고 한다.[48] 과연 실제로 그러했을까 의심하는 논자가 없

---

46) 권덕영, 「신라 하대의 황해무역」, 『신라의 바다 황해』, 203~209쪽.

47) 신라로 귀국하기 이전에 장보고가 당에서 해상 무역활동에 종사하였던가의 여부에 관해서는 견해가 나뉘는데, 그것을 긍정하는 입장에서 상세히 검토한, 徐侖希, 2001, 「淸海鎭大使 張保皐에 관한 연구-新羅 王室과의 관계를 중심으로」, 『震檀學報』 92, 3~8쪽이 참고된다.

48) 『三國史記』 44, 列傳4 張保皐傳, "… 後保皐還國 謁大王曰 遍中國以吾人爲奴婢 願得鎭淸海 使賊不得掠人西去 淸海新羅海路之要 今謂之莞島 大王與保皐萬人 此後海上無鬻鄕人者 …".

지는 않지만,[49] 대체로는 신라인을 掠賣하던 해적이 장보고에 의해 포섭 혹은 제압되었던 것으로 받아들이는 추세이다. 서남해 연안을 누비던 여러 해상세력이 장보고의 주도 아래 규합되고, 그리하여 청해진을 중심으로 하는 해상에서의 질서가 차츰 자리를 잡음으로써, 한·중·일을 오가는 해상항로의 안전이 확보되었던 것으로 이해들을 한다.

무주 서남해지역을 근거로 활동하던 해상세력도 장보고에 의해 제압 혹은 포섭되어 그의 통제 하에 들어갔을 것임은 물론이다. 장보고의 주도 아래 규합된 해상활동가 중에 서남해 연안의 해상세력이 포함되어 있으리라는 의미이다. 장보고의 휘하에서 움직인 것으로 기록된 인물을 더듬다 보면, 무주 서남해 연안을 거점으로 삼아 활동하던 해상세력의 존재를 찾아내는 게 가능함 직도 해 보인다.

한데, 장보고 휘하의 청해진에서 핵심적인 지위에 있던 인물들은 대체로 姓을 지닌 在唐 新羅人이었다고 한다.[50] 장보고의 휘하로서 그 존재가 기록되어 후대에 전해질 법한 인물 가운데, 무주 서남해지역을 근거로 성장하여 해상활동에 나선 토착 유력자는 찾아볼 수가 없을 것임을 암시한다. 그렇지만 곰곰이 기록을 살피다 보면, 반드시 그와 같지만은 않은 듯싶은 부분도 눈에 띈다. 가령 장보고가 다스리던 섬의 주민이라던 '於呂系'의 경우가 그러하다. 그는,

　… 그 후 於呂系 등이 귀화해 와서 이르기를, "저희들은 장보고가 다

---

49) 蒲生京子, 「신라말기 張保皐의 대두와 반란」, 『張保皐關係硏究論文選集』(해상왕장보고연구회 편), 624~627쪽.

50) 徐侖希, 「淸海鎭大使 張保皐에 관한 연구」, 17쪽.

스리던 섬의 주민입니다. 장보고가 지난해 11월 중에 死去하고는 평안히 살 수가 없으므로 이에 뒤섞여서 귀국에 도착하였습니다"라고 하였다. ...[51]

에 나타나는 바처럼, 장보고가 살해당한 뒤 거주하던 고장에서 평안히 생활할 수가 없어 일본으로 피신한 섬사람[嶋民]의 대표자로 기록된 인물이었다. 아마도 완도 내지는 인근의 섬에서 생활하다가 장보고를 제거한 세력의 탄압을 피해 일본으로 탈출했던 무리 중의 일원이었을 터이다.

그런데 어려계는 그처럼 신라에서 일본으로 탈출해간 무리를 대표하는 존재로서 자료에 그 이름을 남긴 인물이었다. 그를 평범한 일반인으로 간주하여 그냥 지나치는 게 과연 온당한 일인지 의문이 드는 것이다. 오히려 그 일을 앞장서 이끈 주도자로 이해하는 게 옳지 않을까 싶다. 선박을 주선하여 일본으로의 탈출을 도모하는 데 주도적으로 나설 만큼, 제 나름의 경제적 능력이라든지 일본으로의 항해 경험 등을 지닌 인물이 아니었을까 헤아려진다. 어려계가 청해진에서 돋보이는 역할을 담당하던 주요 인물에는 들지 못하였을지 모른다. 그렇지만 섬 주민들 사이에서 나름대로 지도력을 인정받던 토착 해상활동가이었을 가능성은 충분해 보인다. 장보고가 활약하던 9세기 전반에 현 전남의 서남해지역을 근거로 활동한 토착 해상세력이라 이를 만한 존재로서, 비록 군소 유력자였을망정 於呂系를 지목하여 그다지 큰 잘못은 아니지 않을까 생각한다.

---

51) 『續日本後記』11, 承和 9년 정월 1일, "… 又曰 李忠等廻易事畢 歸鄕本鄕 逢彼國亂 不得平着 更來筑前大津 其後 於呂系等化來云 己等張寶高所攝嶋民也 寶高去年十一月中死去 不得寧居 仍參着貴邦 是日 前筑前國守 …"

한편 이 於呂系와 유사한 존재로 지목할 수 있는 인물이 또한 富佗과 連位가 아닐까 싶다. 다음의 기록을 살펴보자.

莊和王后는 吳氏로서 羅州人이다. 祖는 富佗이고 父는 多憐君인데 대대로 羅州의 木浦에서 살았다. 多憐君이 沙干 連位의 딸인 德交를 아내로 맞이하여 왕후를 낳았다. …[52]

고려 태조의 비인 장화왕후 오씨와 그 선대에 관한 기록이다. 이에 따르면, 富佗과 連位는 각각 왕후의 조부와 외조부였다. 連位는 사간의 관등을 지닌 村主 출신으로, 그리고 그와 인척을 맺은 富佗 역시 그와 유사한 유력자로서 그 선대에 벌써 해상활동에 나선 토착세력이었을 것임이 밝혀진 바 있다.[53] 대략 동년배였을 것으로 간주하여 무방해 보이는 이들은, 나주라는 해상교통의 요충을 근거로 삼은 토착 유력 계층으로서, 일찍이 바다로 진출하여 해상활동에 나선 무주 서남해지역의 해상세력이었을 것으로 추정들을 한다.

부돈과 연위의 정확한 활동 시기는 잘 알 수가 없다. 다만 장화왕후를 기준으로 유추가 가능한 정도이다. 태조 왕건과 장화왕후를 비슷한 연배로 간주할 수가 있다면, 왕건의 생년(877)에[54] 비추어 왕후의 조부와 외조부인 부돈과 연위는 일단 두 세대인 60년 전 곧 817년을 전

---

52) 『高麗史』 88, 列傳1 后妃1 太祖妃 莊和王后, "莊和王后 吳氏 羅州人 祖富佗 父多憐君 世家 州之木浦 多憐君娶沙干連位女德交 生后 …."

53) 류선영, 2008, 「高麗太祖妃 莊和王后」, 『海洋文化研究』 창간호, 전남대 이순신해양문화연구소, 14~18쪽.

54) 『高麗史』 1, 世家1 太祖.

변동명

후하여 출생하였으리라는 예상이 가능해 보인다. 장보고의 청해진이 설치되기(828) 10년쯤 전에 해당한다. 따라서 청해진이 전성을 누리던 840년을 전후한 장보고의 말년 즈음이면, 부돈과 연위가 대략 20대에 진입하여 해상활동에 나설 만한 연령에 도달하였을 듯 여겨진다. 무주 서남해지역의 해상세력이었던 것으로 이해되는 두 사람이, 장보고의 휘하에서 활동하였을 가능성이 엿보이는 대목이다. 그 손주뻘인 태조 왕건의 출생년도를 기준으로 한 추정에 지나지 않지만, 富佗과 連位가 장보고에 의해 제압 혹은 포섭되고 통제되었다는 무주 서남해지역 해상세력의 일원이었을 개연성을 부정할 수만은 없어 보인다.

무주 서남해지역을 근거로 삼아 활동하였을 것으로 판단되는 해상세력의 존재를 더듬어 보았다. 그리하여 가능성이 있는 두셋을 발견하였거니와, 그들이 대체로 장보고가 활동하던 9세기 전반 그것도 청해진이 전성을 누리다가 폐지되기에 이를 무렵인 9세기 중반에 가까운 시기의 인물이었을 것임을 미루어 헤아렸다. 그에 앞선 시기, 가령 8세기 후반에서 9세기 초반에 이르는 사이의 무주 서남해지역 해상세력으로서 구체적으로 거명할 만한 존재라든지 등은 미처 찾아내지를 못하였다.

장보고가 등장하기까지 무주 서남해지역 일원의 해상세력은 그다지 유력한 존재는 아니었던 듯싶다. 장보고 휘하의 주요 인물들이 재당 신라인이었다는 지적에서도 짐작이 가는 일이거니와, 대략 840년대를 전후해서야 희미하나마 무주 서남해 출신의 해상세력 중 구체적으로 거명할 만한 인물이 비로소 드러나는 정도였다. 그 존재를 과시할 만큼 도드라진 활약을 보이는 무주 서남해지역의 해상세력이 출현하기에는 좀 더 시간이 필요했던 셈이다. 장보고는 그런 점에서 오히려 예외적인 존재에 가까웠던 듯 보인다. 중국에서의 해상활동 경험 및 재당 신라인을 아우른 토대 위에서 청해진을 중심으로 활약을 펼침으로써,[55] 비교적 단기간에 거대한 세력을 형성하는 데 성공하였다. 9세기 전반의 신라 사회에서 장보고는 자못 돌출적이라 일러 지나치지 않을 만큼 이단적인 존재였다 할 것이다.

무주 서남해지역의 해상세력은 장보고의 해상활동에 참여함으로써 보다 직접적으로 그 존재를 드러낼 계기를 마련했던 것으로 판단된다. 8세기 중후반에서 9세기 초반에 이르도록 점차 활동의 폭을 넓혀가던 저들이, 장보고의 휘하에서 경험을 축적하며 성장해간 끝에 청해진의 몰락을 전후해서 마침내 그 존재를 구체적으로 드러낼 수 있게 되었던 듯 여겨진다. 대략 840년대쯤이면 해상활동에 진입하였을 것으로 추정되는 於呂系라든지 富伨이나 連位와 같은 이의 등장을 이름이다. 그랬다가 장보고의 피살에 이은 청해진의 폐쇄를 배경으로 다시 독자적인 활동을 모색하면서, 무주 서남해지역의 해상세력이 점차 유력한 豪族으로 부상해갔던 게 아닌가 헤아려지는 것이다.

4. 장보고의 죽음과 무주 서남해지역 해상세력의 동향

장보고가 중앙의 정쟁에 간여하였다가, 길지 않은 기간의 영화를 뒤로 한 채 끝내 살해를 당하였음은 익히 알려진 사실이다. 그의 딸이 文聖王의 次妃로 들어오는 것을 반대한 중앙귀족 金陽 등이 武州人 閻長

---

55) 金光洙, 「張保皐의 政治史的 位置」, 67~70쪽 ; 徐侖希, 앞의 논문, 3~10쪽.

을 사주하여 그를 제거하였던 것으로 이해들을 한다.[56] 지방세력의 성장에 위협을 느낀 중앙귀족이 자기방어 의식에서 귀족간의 결합을 도모하며[57] 그에 대처하고자 나선 결과였다.[58]

앞서 장보고는 정변에 성공한 다음 새로이 옹립된 神武王에 의해 '感義軍使'라는 '封'號와 함께 食實封 2千戶를 받았다(839).[59] 그 무렵 당에서 신라의 국왕을 책봉할 적이면 내리곤 하던 '寧海軍使'를 떠올리게 하는 칭호로서,[60] 단순한 명예의 차원을[61] 넘어 아마도 청해진 일원에 대한 실제적인 지배를 인정하는 分封의 조치였던 듯 보인다.[62] 골품제와의 관계까지를 따져가며 말하기는 어렵지만, 제후에 상당하는 책봉의 칭호로서 나름의 독자성을 인정하는 의미가 포함되었던 것으로 여겨진다.

그에게 상당한 자율성이 부여되었음은, 장보고가 그 뒤 일본으로 파

---

56) 거의 일반화된 얘기인데, 金庠基, 「古代의 貿易形態와 羅末의 海上發展에 對하여」, 35~38쪽과 함께 관련 사실을 종합해 잘 정리한, 徐崙希, 「淸海鎭大使 張保皐에 관한 연구」, 28~34쪽의 설명을 참고하라.

57) 李基白, 1974, 「上大等考」, 『歷史學報』 19, 1962; 『新羅政治社會史硏究』, 一潮閣, 125~126쪽.

58) 여기에서 각별히 文聖王의 정치적 셈법을 강조하는 견해로는, 徐崙希, 「淸海鎭大使 張保皐에 관한 연구」, 28~34쪽이 참고된다.

59) 『三國史記』 10, 新羅本紀10 神武王 元年, "… 立子慶膺爲太子 封淸海鎭大使弓福 爲感義軍使 食實封二千戶 …."

60) 『三國史記』 9, 新羅本紀9 宣德王 6년 정월, "唐德宗 … 冊命王爲檢校大尉雞林州刺史寧海軍使新羅王."; 같은 책 10, 哀莊王 6년; 같은 책, 憲德王 元年 8월; 같은 책, 興德王 2년 정월; 같은 책 11, 文聖王 3년 7월. 여기에서는 신라 하대의 경우만 예거하였으나, 唐에서는 聖德王 이래 신라의 국왕을 寧海軍使로 책봉하였다고 한다(濱田耕策, 2004, 「후백제왕 甄萱의 대일 외교 의의」, 『후백제의 대외교류와 문화』, 후백제문화사업회, 352쪽).

61) 蒲生京子, 「신라말기 張保皐의 대두와 반란」, 635쪽.

62) 金光洙, 「張保皐의 政治史的 位置」, 77쪽; 李基東, 「張保皐와 그의 海上王國」, 115쪽.

견한 교역사절단의 처신이 문제로 비화하였던 데서도 짐작이 가능하다. 일본에 도착한 장보고의 교역사절단이 大宰府에 方物을 바치자, 일본 측에서는 그것을 장보고의 독자적인 외교 시도로 간주하였다.[63] 그리하여 타인의 신하된 자가 地境의 외부와 교섭에 나서는 것은 불가하다며 저들을 추방하려 하였다고 한다.[64] 840년의 일이었다. 결국 방물의 수령은 거절하되 민간에서의 교역은 허용하며, 더불어 이전의 예에 따라 양식을 제공하는 등의 편의를 베풀도록 조치하는 선에서 타협을 보았거니와,[65] 일본 측의 그러한 반응이 장보고의 독자적인 대외교류 추진과 무관치 않았을 것임은 물론이다. 국왕의 감의군사 책봉으로 인정된 지위에 근거하여, 장보고의 교역사절단이 이전과는 다른 입장에서 일본과의 교역을 추진하려다가 벌어진 사건이었음이 거의 분명해 보이는 것이다. 타국의 신하로서 감히 공물을 바치는 것은 온당치 않으니 돌려주도록 하라는 太政官의 결정에서 그것을 헤아릴 수가 있다. 이제까지 별 탈 없이 유지되던 청해진 장보고와 일본 사이의 교역이, 이때 갑자기 문제로 대두되었던 데에는 그와 같은 사정이 개재되었을 것으로 판단된다.

감의군사 책봉에 이어 장보고는 다시 鎭海將軍에 除'拜'되었다.[66] 불

---

63) 金庠基, 「古代의 貿易形態와 羅末의 海上發展에 對하여」, 25~27쪽.

64) 『續日本後紀』 9, 仁明天皇 承和 7년 12월 己巳, "大宰府言 藩外新羅臣張寶高 遣使獻方物 卽從鎭西追却焉 爲人臣無境外之交也."

65) 『續日本後紀』 10, 承和 8년 2월 戊辰, "太政官仰大宰府云 新羅人張寶高 去年十二月 進馬鞍 等 寶高是爲他臣 敢輒致貢 稽之舊章 不合物宜 宜以礼防閑 早從返却 其隨身物者 任聽民間 令得交關 但莫令人民 違失沽價 競傾家資 亦加優恤 給程粮 竝依承前之例."

66) 『三國史記』 11, 新羅本紀11 文聖王 元年 8월, "大赦 敎曰 淸海鎭大使弓福 嘗以兵助神考 滅 先朝之巨賊 其功烈可忘耶 乃拜爲鎭海將軍 兼賜章服."

과 몇 달 사이의 일이었다. 이 진해장군에의 임명 역시 여러 모로 그 의미가 해석되어 왔거니와,[67] 여기에서 각별히 눈길을 끄는 건 그와 함께 문성왕이 장보고에게 章服을 하사하였다는 사실이다. 신분에 따라 色服과 車騎에서 器用·屋舍에 이르기까지 엄격한 차별을 두던 신라의 골품제에 비추어[68] 범상히 보아 넘겨지지를 않는다. 진해장군에 걸맞은 복색을 갖추도록 국왕이 관심을 베풀었다는 뜻이려니와, 신라에서 장군은 진골 이상만이 나아갈 수 있는 지위였으므로 이때 하사한 장복 역시 진골의 그것이었을 터이다. 장보고로 하여금 진골 장군으로서의 복색을 갖추도록 문성왕이 특별히 배려하였음을 헤아릴 수가 있는 것이다.

주지하듯이 장보고는 섬 출신으로서 측미한 신분이었다. 그런데 이제 진해장군에 제수되고 더불어 그에 걸맞은 진골의 장복까지 갖춤으로써, 아마도 진골로 그 신분이 상승하였던 듯싶다. 왕족인 김씨를 제외하고는 왕비족 박씨와 함께 신라에 의해 병합된 국가의 왕족에게나 진골의 신분이 부여되던 전례에 비추어,[69] 자못 파격적인 조치였다.[70] 그

---

67) 단순한 명예 칭호로 간주하거나(蒲生京子, 「신라말기 張保皐의 대두와 반란」, 635쪽), 全海上에서의 권한 위임(金光洙, 「張保皐의 政治史的 位置」, 77쪽), 내지는 국왕이 장보고와 정식으로 君臣關係를 맺으려는 시도라는(李基東, 「張保皐와 그의 海上王國」, 116쪽) 등의 지적과 함께, 명실 공히 왕권과 연계된 중앙의 귀족으로 등장하였다거나(崔根泳, 1996, 「장보고와 청해진」, 『한국사』 11, 국사편찬위원회, 95쪽), 혹은 실제적인 직책은 없이 장군이라는 호칭의 부여로 장보고를 무마하면서 그 지위를 청해진에 한정시키려는 조치라는(徐侖希, 「淸海鎭大使 張保皐에 관한 연구」, 29쪽) 이해 등이 나온 바 있다.

68) 『三國史記』 33, 雜志2 色服 車騎 器用 屋舍.

69) 李基東, 1982, 「貴族國家의 形成과 發展」, 『韓國古代史講座』(古代篇), 一潮閣, 214쪽.

70) 신라에서 골품의 한계를 넘어 진골의 관등을 수여받은 祿眞과 溫君解·素那의 사례를 들면서, 녹진은 그것을 사양하였고 온군해와 소나는 사후의 추증임을 지적함과 동시에, 장보고의 경우 그 신분이 진골로 상승했다는 표현을 삼가는 대신, 진

파장이 심상치 않았으려니와, 각별히 중앙귀족의 입장에서는 미천한 海島人에게 진골의 신분이 부여된 이 사건을 쉽사리 용인하기가 어려웠을 법하다. 문성왕의 장복 하사는 그러므로 장보고에 대한 진골 신분의 부여를 기정사실화함으로써, 더 이상 논란이 확산되는 것을 막아 그 파장을 최소화하려는 의도의 소산이었던 것으로 판단된다.

문성왕이 장보고의 딸을 次妃로 맞아들이려 하자, 조정의 신하들이 일제히 반대하고 나섰다고 한다. 섬사람[海島人]인 장보고의 딸을 왕실의 배필로 삼는 건 불가하다는 비판이었다.[71] 얼핏 장보고가 진골이 아닌 미천한 신분임을 지적하는 듯 여겨지기도 한다. 그렇지만 장군으로서 그에 걸맞은 진골의 장복까지 하사받은 그에게, 진골의 신분이 아니라며 비판한다는 건 설득력이 약해 보인다. 엄격한 골품제 사회에서, 진골이 아닌 이에게 국왕이 진골의 색복을 하사한다는 건 있을 수 없는 일이었을 것이다. 따라서 신하들의 비판은, 진골이 아니어서라기보다는 말 그대로 장보고가 섬 출신임을 들어 왕실과 통혼하기에는 그 家格이 맞지 않다는 정도의 의미로 받아들이는 게 순조로워 보인다.

장보고가 이미 진골로 편입된 이상 그의 딸을 왕비로 들이는 데 골품상의 문제는 없었을 터이다. 그런데 신라에서는 왕비를 취할 때 그 신분에 엄격한 제한을 두었으며, 더욱이 憲德·興德王은 동일한 仁謙系

골 장군의 복색을 허용함으로써 장보고의 위상을 현실적으로 대폭 인정하였던 것으로 이해하는 견해가 있다(신성재, 「9세기 전반의 新羅 政治社會와 張保皐勢力」, 『學林』 24, 7~8쪽 및 28~29쪽).

71) 『三國史記』 11, 新羅本紀11 文聖王 7년 3월, "欲娶淸海鎭大使弓福女爲次妃 朝臣諫曰 夫婦之道 人之大倫也 … 則國之存亡 於是乎在 其可不愼乎 今弓福海島人也 其女豈可以配王室乎 王從之."

내의 여성을 맞아들여 인겸계의 연합전선을 형성하였다고 한다.[72] 비록 진골의 신분일망정 장보고처럼 한미한 가문의 여성을 왕비로 들이는 건 온당치 못하다는 반대가 충분히 나옴 직하다. 가야의 왕족으로서 진골로 편입되었던 김유신 가문의 경우, 동일 신분 내에서 혼인 대상을 구하는 데 어려움을 겪었던 전례를 상기할 일이다.[73] 동일한 진골 신분 내에서도 家格을 따지는 게 관행이었음에 비추어, 국왕의 혼인에서는 한층 더 까다롭게 가문을 따지리라는 건 불문가지이다. 길게 논의할 겨를이 없거니와, 위 신하들의 반대가 장보고의 진골 여부를 문제 삼아서라기보다는, 비록 진골이라고는 하지만 장보고의 딸을 왕비로 들이기에는 그 가문의 격이 낮음을 비판하는 데 있었던 정도로 이해함이 온당하지 않을까 헤아려지는 것이다.

청해진 대사 장보고가 감의군사에 책봉되어 제후적 존재로서 나름의 독자성을 인정받은 데 이어, 장군의 색복을 갖춘 진골로 그 신분을 상승시켜간 끝에, 마침내 그 딸을 왕비로 들여 그 지위를 한층 굳건히 하고자 도모하였음을 살폈다. 신라 사회를 규정하던 엄격한 신분적 제약을 넘어선 海島人의 사례인 바, 신라의 역사에서 유례를 찾기 힘든 존재가 곧 장보고라 일러 지나치지 않아 보인다.

그런데 중앙 진골귀족의 입장에서는, 海島人 장보고의 그와 같은 급속한 성장과 왕경 진출이 쉬이 용납하기 어려운 사태의 전개였을 법하다. 자신들의 특권을 뒷받침하던 골품제가 뿌리째 흔들리는 느낌이었으려니와, 장보고의 딸을 왕비로 맞아들이지 말도록 일제히 반대하고

---

72) 徐侖希, 「淸海鎭大使 張保皐에 관한 연구」, 29쪽.

73) 李基東, 1982, 「貴族國家의 形成과 發展」, 『韓國史講座』(古代篇), 一潮閣, 216쪽.

나섰다는 조정 신하들의 반응에서 그러한 심리를 읽어내는 게 그리 잘못은 아닌 듯싶다. 지방세력의 성장이 중앙귀족의 자기방어 의식을 자극하였으리라는 지적이 새삼 상기되는 대목이다. 왕경의 유력자로 등장한 섬사람 장보고의 존재가 중앙귀족에게는 자못 위협적이었으려니와, 그가 끝내 피살로 생을 마감하는 비극의 주인공으로 역사에 남게 된 연유를 알 만하다.

중앙귀족은 장보고를 제거하고자 무주 지역사회 내부의 갈등을 조장하였다. 장보고를 살해한 武州人 閻長의 존재에서 그러한 사정을 헤아릴 수가 있다. 중앙귀족의 반격에 더하여, 무주의 지역사회도 또한 장보고의 피살에서 자유롭지를 못하였던 셈이다. 장보고와 청해진이 서남해 연안을 넘어 武州의 내륙으로까지 그 영향력을 확대해간 게 화근이었다.

청해진은 완도와 인근의 도서를 관할하는 鎭으로 창설되었다.[74] 대사 장보고는 해적을 퇴치하겠다며 청해진을 발판으로 해상질서의 유지를 자임하고 나섰다. 그리하여 서남해지역의 해상세력을 포섭 혹은 제압하여 저들을 휘하로 끌어들이는 데 성공함으로써, 청해진은 해상세력의 본영으로서 그 성가를 높였다. 김우징 일행이 청해진으로 몸을 의탁해온 것은 그러한 시기의 일이었다. 장보고로 하여금 비상하도록 날개를 달아준 격이었다. 한층 세력을 키워간 장보고와 청해진은, 신무왕을 옹립하는 데 성공할 즈음이면 무주의 내륙지역으로까지 그 영향력을 확대해갔던 것으로 보인다.[75]

---

74) 徐侖希,「淸海鎭大使 張保皐에 관한 연구」, 14~15쪽.

75) 김주성, 1997,「張保皐세력의 흥망과 그 배경」,『韓國上古史學報』24, 168~169쪽.

　　　　　　　　　　　　　　　　　　　　　　변동명

장보고를 살해하고 청해진을 접수하였던 것으로 기록에 전하는 武州人 閻長은, 武州 治所 내지는 인근 출신의 內陸土豪로 이해된다.[76] 그는 무주 도독을 역임한 金陽과 깊은 연고를 맺은 사이였던 것으로 보이는데, 慶州를 향해 출정하는 장수의 명단에 이름을 올린 것으로 미루어[77] 아마도 김우징·김양의 일행이 청해진으로 합류해갈 무렵 그에 참여하였던 듯싶다. 무주 치소를 포함한 내륙의 토착세력 중 일부가 청해진에 의탁하여 힘을 합쳐간 셈이었다. 민애왕 원년(838) 3월에 장보고의 병력을 빈 김우징 등이 무주를 습격하여 성 아래에 이르자, 武州人들이 모두 항복하였다고 한다.[78] 싸우지도 않고 손을 들어버린 것으로 미루어 閻長의 사전공작이 예상되거니와, 꼭 그것이 아니었더라도 무주의 내륙 토착세력이 염장과 한뜻이었던 데 따른 선택으로 해석하여 지나치지 않을 듯싶다. 그들 역시 청해진세력에 동조하며 또한 그에 의지하고자 손을 내민 셈이었다. 뒤이어 그 해 12월에는 金亮詢이 鵡洲軍을 이끌고 청해진으로 합류해왔다.[79] 武州停의 군사력이 청해진에 가담하였던 것으로 이해되는데,[80] 앞서 청해진 군사의 습격에 대항하지 않고 항복

---

76) 鄭淸柱, 1996,「新羅末·高麗初 西南海岸地域 豪族의 動向」,『新羅末高麗初 豪族硏究』, 一潮閣, 146쪽.

77) 『三國史記』4, 列傳4 金陽傳, "… (金)陽號爲平東將軍 (開成三年)十二月 再出 金亮詢以鵡洲軍來 (金)祐徵又遣驍勇閻長·張弁·鄭年·駱金·張建榮·李順行 六將統兵 …."

78) 『三國史記』4, 列傳4 金陽傳, "… 至開成二年八月 前侍中(金)祐徵 收殘兵入淸海鎭 結大使弓福 謀報不同天之讐 (金)陽聞之 募集謀士兵卒 以三年二月 入海 見祐徵與謀擧事 三月 以勁卒五千人 襲武州至城下 州人悉降 進次南原 …."

79) 위 註 77)의 史料를 참조하라.

80) 李文基, 1997,「景德王代 軍制改革의 實態와 新軍制의 運用」,『新羅兵制史硏究』, 一潮閣, 402~403쪽.

하였다던 州治의 武州人들이 그 주축으로서, 이번 거사 역시 무주 내륙 토호의 의사와 무관치 않았을 것으로 판단된다. 장보고와 청해진의 영향력이 무주의 치소로까지 확장되어갔을 것임을 보여주는 사례들이다.

염장 등 무주 내륙의 토호가 김우징 일행과 거의 비슷한 시기에 청해진으로 의탁해갔으며, 뒤이어 청해진 병력에 의지한 저들이 무주의 치소를 점령함에 이르러, 청해진과 장보고의 영향력이 내륙에도 미치게 되었을 것임을 살폈다. 신무왕 옹립에 성공할 즈음이면, 장보고와 청해진의 영향권이 서남해지역을 넘어 무주의 내륙으로까지 확장되어가는 게 하나의 추세로 자리 잡지는 않았을까 헤아려지는 것이다. 感義軍使로서 諸侯的 지위를 인정받은 데다, 鎭海將軍으로서 眞骨의 色服을 갖춘 위에, 그 딸을 왕비로 들이고자 시도할 만큼 당당하던 장보고의 위세에 비추어, 그러한 예상이 결코 지나쳐 보이지 않는다.

청해진과 장보고의 영향력이 무주의 치소에까지 미쳐옴에 따라, 내륙의 토착세력 사이에서는 아마도 위기의식이 감돌았을 법하다. 거의 피할 수 없는 사태의 전개라 여겨지거니와, 무주의 토착세력을 대표하던 州治의 토호에게서 한층 더 그러한 감정이 강렬히 표출되었을 듯싶다. 통일신라에 들어 州治를 제 고을로 끌어와 무주 지역사회의 주도권을 장악하고자 무진 애를 쓰던, 저들의 행적에 비추어 그처럼 판단된다. 앞서 신라가 삼국을 통일하던 초기에, 현 전남지역에서는 동북의 내륙지역과 서남의 연해안지역이 州治의 소재를 둘러싸고 치열한 경쟁을 벌인 적이 있었다. 현 光州와 羅州 사이의 州治 소재를 둘러싼 갈등이 그것이었다. 州의 治所를 제 고을로 끌어와 무주 지역사회의 주도권을 장악하고자 두 지역사회가 격렬하게 맞섰거니와, 결과적으로 내륙의 토호가

변동명

승리하여 광주를 州治로 하는 武珍州가 성립하기에 이르렀다.[81] 무주의
치소를 대표하는 광주지역 토착세력의 자부심을 짐작할 만하다. 그런
데 이제 상황이 일변하였다. 서남해지역의 청해진이 급속히 성장하여 내
륙으로 손을 뻗친 끝에, 무주의 치소까지 그 영향권으로 흡수되어가는
추세였다. 州治의 토착 유력계층으로서 남다른 위기감을 갖지 않았을
까닭이 없다.

  청해진으로 대표되는 무주 서남해지역 해상세력의 놀라운 성장은 내
륙 토착세력의 견제를 유발하는 방향으로 작용하였음이 분명하다. 무
주 내륙의 토호 출신으로 여겨지는 염장이 장보고를 살해하는 데 앞장
섰으며, 궁극적으로 청해진을 장악하였던 데서 짐작할 수가 있는 일이
다.[82] 더불어 거기에는 아마도 중앙귀족의 이간책이 개입되었음 직하다.
836년 이전에 무주 도독을 역임한 金陽의 경우,[83] 무주 지역사회에서 내
연하던 저간의 갈등을 충분히 파악하였을 터이다. 그리하여 내륙토호
이자 자신의 휘하이던 염장을 부추기며 그의 서남해 해상세력에 대한
반발 내지 견제의 심리를 자극함으로써, 그로 하여금 장보고를 제거하
는 데 앞장서도록 사주하였던 게 아닌가 여겨진다. 그로써 자신들의
정치적 목적을 달성함은 물론, 나아가 장보고 피살이 신라 중앙의 서

---

81) 邊東明, 2012, 「武珍州의 성립과 車得·安吉 설화」, 『歷史學研究』 48, 37~66쪽.

82) 장보고의 피살에 서남해지역 해상세력(李基東, 「張保皐와 그의 海上王國」, 115~116
  쪽) 혹은 군소무역업자(권덕영, 「장보고와 동아시아 해역의 해적」, 『재당 신라인사
  회 연구』, 285쪽)가 개입되었으리라는 견해가 있다. 장보고가 군림하며 해상무역의
  이익을 독점하는 데 대한 중소 해상세력의 반격이라는 것이다. 일리 있는 지적이거
  니와, 더불어 武州 내륙 토호들의 개입 가능성도 또한 못지않게 높은 것으로 이해
  함이 온당하지 않을까 생각한다.

83) 『三國史記』 44, 金陽傳.

남해지역 해상세력 탄압에서가 아니라 지역민들 사이의 주도권 다툼에서 초래된 결과인 양 관심을 돌리는 효과까지도 노렸을지 모른다.

장보고가 피살되던 당시를 『삼국사기』에서는,

> … (閻長이) 弓福의 검을 탈취하여 (궁복의) 목을 벤 다음 그 무리를 불러 타이르자 (무리가) 엎드려 감히 움직이지 못하였다. …[84]

라고 전한다. 청해진의 어느 누구도 저항할 생각을 못한 채 모두 염장에게 굴복하였다는 것이다. 그러나 염장에 대항하여 반란을 일으켰다는 部將 李昌珍이라든지, 또는 염장이 장악한 청해진을 벗어나 일본으로 몸을 의탁해간 於呂系 일행,[85] 그리고 장보고의 피살 후 신라에서 당으로 피신하였다는 淸海鎭 兵馬使 崔暈의 존재[86] 등으로 미루어, 기록 그대로 믿어 넘길 수 없음은 물론이다.

어느 경우에나 대체로 그러하겠지만, 장보고의 죽음 이후 청해진은 대략 두 부류로 나뉘었던 듯 보인다. 청해진을 장악하고자 나선 염장에 협조하는 부류와 그에 저항하는 부류가 그것이었다. 염장의 사자로서 大宰府에 나타난 李少貞 등이 전자이며,[87] 위의 部將 李昌珍 등은 후자였다.[88] 염장이 장보고를 살해하고 또 청해진을 장악할 수 있었던 데

---

84) 『三國史記』11, 新羅本紀11 文聖王 8년, "… 閻長佯叛國 投淸海 弓福愛壯士 無所猜疑 引爲 上客 與之飮極歡 及其醉 奪弓福劍 斬訖 召其衆說之 伏不敢動 …."

85) 『續日本後記』11, 承和 9년 정월 1일.

86) 『入唐求法巡禮行記』4, 會昌 5년 7월 9일.

87) 『續日本後記』11, 承和 9년 정월 1일.

88) 권덕영, 「장보고와 동아시아 해역의 해적」, 『재당 신라인사회 연구』, 285~287쪽.

에는, 신라 중앙의 지원에 더해 청해진 내부 공모자의 도움이 적지 않게 작용하였음 직하다. 청해진 내부의 동조세력 규합과 같은 사전 모의가 예상되거니와, 장보고의 세력이 강화되는 것을 두려워한 중앙귀족 金陽이 청해진 내부의 분열을 획책하였을 가능성이 거론되는 것도,[89] 그런 측면에서 충분히 수긍이 간다 할 것이다.

사실 장보고의 청해진은 자못 다양한 세력으로 구성되었던 듯 여겨진다. 가령 신무왕 옹립을 위해 출정한 장수만하더라도 최소한 두 부류로 나누는 게 가능해 보인다. 당시 출정한 장수의 명단을 살피면, 맨 앞에 閻長과 張弁이 나오고 뒤이어 鄭年을 포함한 4장수의 이름이 열거된다.[90] 그런데 장보고가 慶州로의 출정을 독려하면서 자신의 병력 5천을 맡긴 인물은 鄭年이었다.[91] 사령관은 平東將軍 金陽일 터이지만, 출동한 청해진 병력의 실질적인 통솔권이 정년에게 주어졌을 것임을 암시한다.[92] 명단의 앞에 기록된 염장과 장변이 그 뒤에 나오는 정년 이하의 장수들과 구분되는 존재였을 가능성이 높아 보이거니와, 자연히 장변도 염장의 경우처럼 김우징 일행이 의탁해오던 즈음 청해진에 합류한 인물이 아니었을까 짐작된다. 동일한 목표를 지니고서 함께 지휘관으로 출정하였지만, 염장·장변과 정년 이하의 4장수는 서로 다른 부류로 구분하여 파악하는 게 온당하지 않을까 헤아려지는 것이다.

---

89) 徐侖希,「淸海鎭大使 張保皐에 관한 연구」, 32쪽.

90) 위의 註 77)의 史料를 참조하라.

91) 『三國史記』 44, 列傳4 張保皐·鄭年傳, "… (鄭年)遂去謁(張)保皐 飮之極歡 飮未卒 聞王弑國亂無主 保皐分兵五千人與年 持年手泣曰 非子不能平禍難 年入國誅叛者立王 …."

92) 金庠基,「古代의 貿易形態와 羅末의 海上發展에 對하여」, 34~35쪽.

출정군 장수의 명단에서도 간취되듯이, 다양한 세력으로 구성된 청해진에는 내부 분열의 가능성이 상존하였던 듯싶다. 장보고와 청해진의 세력이 시간을 두고 점차적으로 확장되어간 데 따른 피할 수 없는 현상이었다. 唐에서 그가 처음 활동하던 무렵의 동료나 수하에서 시작하여, 신라로 돌아와 완도에 터를 잡으면서 규합한 부류에다, 흥덕왕의 청해진 설치를 바탕으로 끌어들이거나 혹은 김우징 일행의 합류와 뒤이은 정변 성공을 배경으로 영입한 세력에 이르기까지, 장보고의 청해진에는 무척 다양한 사람들이 모여들었을 터이다. 장보고 휘하의 세력이 퍽이나 복잡하게 구성되었던 듯싶거니와, 그처럼 다기한 인적 요소만큼이나 이해관계 등에 따른 내부 분열의 가능성은 늘 잠재하였던 셈이다.

신라의 중앙귀족과 무주의 내륙 토착세력은, 그처럼 청해진에 잠재하던 내분의 요소가 표출되도록 자극하는 데 성공하였다. 그리하여 장보고를 살해하고 청해진을 장악하려던 목표를 달성하였다. 그렇다면 당시 무주 서남해지역의 토착 해상세력은 어떤 태도를 취하였을까? 장보고가 제거당하고, 청해진이 염장 등 신라 중앙의 지원을 등에 업은 내륙 토착세력에 의해 장악되어가는 사태를 마주한 저들의 반응이 궁금하다.

무주의 서남해 연안을 근거로 활동하던 해상세력의 당시 동향을 직접적으로 거론한 자료는 찾기가 쉽지 않다. 다만 이 경우에도, 염장에게 저항하는 부류와 마지못해서이건 자발적이건 그에게 순응하는 부류로 나뉘었을 것임은 충분히 예상 가능하다. 그리하여 전자는 염장에 의해 진압되거나 혹은 바다 건너 타국으로 피해갔을 터인데, 가령 섬사람[嶋民]을 이끌고 일본으로 망명한 於呂系와 같은 무리가 그에 속하였다. 반면에 후자는 어찌 되었든 현지에 남아 해상활동을 계속하였을 것으로 여겨지는데, 그와 관련하여 눈에 띄는 게 "會昌(841~846) 이후 (신라의) 조공이 다시는 (당에) 이르지 않았다"는 기록이다.[93] 장보고가 살해를 당한 회창의 시기를 거치면서,[94] 신라에서 당으로의 사신 파견이 끊겼음을 전한다. 그러나 회창 이후에도 당으로의 사신 파견이 완전히 끊긴 것은 아니었다. 다만 그 무렵 들어 사신 파견의 횟수가 줄어들었음은, 불완전하나마 관련 통계에서도 확인이 된다.[95]

장보고의 죽음과 청해진 혁파를 계기로 해적이 다시 출현하고[96] 그리하여 신라와 일본에서 당으로 사신을 파견하는 데에도 어려움을 겪었음은 이미 알려진 바 있다.[97] 장보고의 노력으로 자리를 잡아가던 해상질서가 무너지고 더불어 항로의 안전이 위협을 받으면서 나타난 현상이려니와, 여기에서 새삼 떠오르는 게 서남해지역의 해상세력이다. 앞서 장보고에 의해 포섭 혹은 제압된 무주 서남해 연안의 해상세력이, 이때 다시 해적과 같은 이름으로 기록에 등장하였던 건 아닐까 헤아려지는 것이다.

장보고의 사후 청해진은 이전과 사뭇 다른 모습이었을 것으로 판단

---

93)『唐書』220, 列傳145 新羅傳, "… 會昌後 朝貢不復至 …."

94) 장보고의 피살 시기를 둘러싸고 논란이 이어졌는데, 근자에는 대략 841년으로 의견이 모아지는 듯싶다. 단,『삼국사기』를 따라 장보고 피살을 문성왕 8년(846)의 일로 간주하더라도, 그것이 會昌 연간에 발생한 일임에는 변함이 있을 수 없다.『삼국사기』의 장보고 피살 編年이 會昌 年號 사용기간의 끝과 관계가 있으리라는 지적은, 濱田耕策,「신라왕권과 해상세력」, 695~697쪽을 참조하라.

95) 권덕영,「수·당과의 사절 왕래」,『신라의 바다 황해』, 106~112쪽.

96) 濱田耕策,「신라왕권과 해상세력」, 701~704쪽.

97) 권덕영,「장보고와 동아시아 해역의 해적」,『재당 신라인사회 연구』, 290~296쪽.

된다. 주도세력의 교체에 따른 혼란과 반대세력의 이탈 등으로 역량이 크게 약화되었을 터이며, 자연히 해상무역과 해적 퇴치의 근거이자 해상질서를 유지하던 본영으로서의 위용도 탈색되어갔을 것이다. 그러다가 851년의 혁파 조치로 역사의 무대에서 완전히 사라지게 되거니와, 여기에서 그 동안 장보고와 청해진에 가려 드러나지 않았던 무주 서남해지역 해상세력의 대두를 예상하는 건 너무도 당연한 듯싶다.[98] 신라 중앙에서 서남해지역을 비롯한 연안의 해상세력을 통제하고자 노력하였다지만,[99] 그것도 별로 효과적이지는 못하였던 듯 여겨진다. 해적이 출몰하는 탓에 중국으로 사신을 파견하는 일조차 난관에 봉착하였다는 지적에 비추어 그처럼 생각되거니와, 그와 같은 활발한 해상활동의 주역 가운데 하나로 무주 서남해지역의 해상세력을 꼽는 것은 하등 지나쳐 보이지를 않는다. 장보고의 해상활동에 참여함으로써 경험을 축적하며 성장을 도모하던 무주 서남해 일원의 해상세력이, 장보고의 피살에 이은 청해진의 폐쇄를 배경으로 다시 독자적인 활동을 모색하였는데, 그러는 과정에서 매우 모험적인 활동의 일부가 해적의 출몰과 같은 형태로 기록에 남아 전하게 된 건 아니었을까 헤아려지는 것이다. 무모함을 무릅쓰고 추정하자면, 앞서 거론하였던 나주의 해상세력 富佗이나 連位와 같은 부류를 그러한 존재로 떠올릴 수가 있음직하다.

이들은 아마도 金陽이나 閻長으로 상징되는 신라 중앙이나 무주의 내륙세력에 대해 호감보다는 반감을 품었을 듯 여겨진다. 기회가 닿는 대로 신라 중앙이나 무주 치소의 통제에서 벗어나려 들었을 가능성이

98) 李基東, 1997, 「羅末麗初 南中國 여러 나라와의 交涉」, 『歷史學報』 155, 7~12쪽.
99) 徐榮教, 1994, 「9世紀 중반 新羅朝廷의 海上勢力 統制」, 『慶州史學』 13, 1~37쪽.

변동명

높아 보이거니와, 그들 활동의 일부가 해적의 출몰이라는 형태로 기록에 남아 전하기에 이른 연유를 짐작할 만하다. 이들 무주 서남해지역의 해상세력은 뒷날 후삼국의 쟁패시기에 光州의 甄萱을 등진 채 松嶽의 王建에게 歸附하였다. 위 富伱의 손자인 多憐君과 같은 이른바 羅州豪族이 그들이었다. 武州의 州治인 내륙의 光州를 발판으로 후백제를 세운 견훤에 대한 반발에서였다. 내륙 토호인 염장 등이 앞장서서 장보고를 살해하고 청해진을 장악한 이래 불만을 삭여오던 무주 서남해 일원의 해상세력이, 후삼국의 격동기를 맞아 동일한 해상세력 출신의 왕건에게 손을 내민 셈이었다.

당시 무주 서남해지역에서 왕건과 손을 잡은 호족은 다련군 외에도 여럿이었다. 나주의 羅聰禮라든지[100] 영암의 崔知夢[101] 등이 그들이었다. 이들은 대체로 서남해에서 해상활동에 종사하던 토착세력의 후예로 이해되는데, 多憐君의 선대인 富伱나 連位의 경우에 비추어 나총례의 선대로서 三韓功臣 大匡이었다는 인물이라든지 혹은 최지몽의 父인 元甫 相昕 및 최지몽의 스승인 大匡 玄一 등의 선대도, 또한 장보고 이래로 성장을 거듭한 무주 서남해 출신의 해상세력이지는 않았을까 추정된다. 그리하여 다련군이나 매한가지로, 무주 내륙의 호족을 배경으로 후백제를 세운 견훤이 아닌, 해상세력 왕건에게 협조하였던 듯 여겨지는 것이다.

장보고의 휘하에서 경험을 축적하며 성장의 바탕을 다지던 무주 서남해의 해상세력은, 장보고의 죽음과 청해진의 혁파 이후 대처방식을

---

100) 『高麗史』 104, 羅裕傳.

101) 『高麗史』 92, 崔知夢傳.

둘러싸고 진통을 거듭하였다. 그리하여 염장에게 저항하다 진압을 당하거나 혹은 於呂系처럼 타국으로 망명해간 부류를 제외하고는, 대체로 현지에 남아 해상활동에 종사하며 독자적인 성장을 모색하였다. 후일 羅州豪族으로 불리며 역사의 전면에 대두한 세력이 곧 저들의 후예이려니와, 후삼국의 격동기를 맞이하여 서남해지역의 해상세력은 무주의 내륙 호족을 토대로 삼은 견훤을 등진 채 해상세력 출신의 왕건을 지원함으로써 고려의 건국과 후삼국 통일에 이바지하였다.

5. 맺음말

전통시기에 한·중·일을 잇는 바닷길의 요충에 위치하던 현 전남의 서남해지역에 주목하여, 신라하대의 해상세력이 활동을 개시하는 초입부에 해당하는 9세기 前半을 검토하였다. 장보고나 청해진보다는 무주의 서남해 연안이라는 지리적 공간에 한층 유의하며, 9세기 전반에 그곳을 근거로 활동하던 해상세력의 존재와 성장이라든지 그 동향을 고찰하였다.

신라에서 해상세력이 처음 모습을 드러낸 것은 8세기 중반 무렵이었다. 8세기 중·후반에 활동을 개시하여 9세기에 그 존재감을 부각시키던 海賊과 海商이 그들이었다. 당시 황해와 남해를 누비던 해상세력은 唐人과 함께 新羅人이 주축을 이뤘는데, 그들의 활동 중에서 在唐 新羅人은 물론 신라인 해상세력의 그것도 관찰되었던 것이다.

신라의 해상세력은 주로 무주 서남해지역을 근거로 활동하였다. 당시의 해상항로라든지 청해진의 위치에서 알 수가 있는 일이었다. 무주 서남해 연안의 토착 유력자가 신라하대에 들어 해상세력으로 등장할 가능성이 그만큼 높았던 셈이거니와, 실제로 그에 어울릴 법한 인물이 두셋 찾아지기도 하였다. 대체로 장보고와 청해진이 전성을 누리다가 사라지는 9세기 중반 즈음의 인물들이었다. 장보고가 등장하기까지 이들 무주 서남해지역 일원의 해상세력은 그다지 유력한 존재가 아니었다. 대략 840년대를 전후해서야 희미하나마 구체적으로 거명할 만한 인물이 비로소 드러나는 정도였다.

무주 서남해지역의 해상세력은 장보고의 해상활동에 참여함으로써 보다 직접적으로 그 존재를 드러낼 계기를 마련하였다. 8세기 중후반에서 9세기 초반에 이르도록 점차 활동의 폭을 넓혀가던 저들이, 장보고의 휘하에서 경험을 축적하며 성장해간 끝에 청해진의 몰락을 전후해서 마침내 그 존재를 구체적으로 드러낼 수 있게 되었다. 대략 840년대쯤이면 해상활동에 진입하였을 것으로 추정되는 於呂系라든지 富仳이나 連位와 같은 이들이 그러한 존재였다.

장보고는 신라 중앙귀족과 무주 내륙토호의 합작에 의해 제거되었다. 청해진 또한 저들의 손아귀에 떨어졌다가 미구에 폐쇄되었다. 장보고의 휘하에서 경험을 축적하며 성장의 바탕을 다지던 무주 서남해지역의 해상세력은, 장보고의 죽음과 청해진의 혁파 이후 대처방식을 둘러싸고 진통을 거듭하였다. 그리하여 염장에게 저항하다 진압을 당하거나 혹은 於呂系처럼 타국으로 망명해간 부류를 제외하고는, 대체로 현지에 남아 해상활동에 종사하며 독자적인 성장을 모색하였다. 이들은 金陽이나 閻長으로 상징되는 신라 중앙이나 무주 내륙의 세력에 대해 반감을 품었으며, 기회가 닿는 대로 신라 내지는 무주 치소의 통제에서 벗어나려 들었다.

무주 서남해지역의 해상세력은 뒷날 후삼국의 쟁패시기에 光州의 甄萱을 등진 채 松嶽의 王建에게 歸附하였다. 위 富伉의 손자인 多憐君과 같은 羅州豪族이 그들이었다. 武州의 州治인 내륙의 광주를 발판으로 후백제를 세운 견훤에 대한 반발에서였다. 내륙 토호인 염장 등이 앞장서서 장보고를 살해하고 청해진을 장악한 이래 불만을 삭여오던 무주 서남해지역의 해상세력은, 후삼국의 격동기를 맞이하여 동일한 해상세력 출신의 왕건에게 손을 내밀어 지원함으로써, 고려의 건국과 후삼국 통일에 이바지하였다.

무주 서남해지역은 가장 이른 시기에 떠오른 해상세력의 근거지였다. 항로의 요충이라는 지리적 이점에 더해 장보고와 청해진의 놀라운 성장에 힘입은 바 컸다. 장보고는 신라와 당의 邊方에서 邊境人을 규합하여[102] 해상왕국을 건설하였다. 무주 서남해 연안의 해상세력도 그에 속함은 물론이거니와, 결과적으로 이들은 장보고와 청해진의 선구적인 해상활동을 계승하여 왕건에게로 이어주는 역할을 수행하였다.[103]

9세기 전반에 무주 서남해지역은 동아시아 문물교류의 주요 거점이었다. 전통적인 황해 중부항로는 물론 특히 황해 남부항로를 개척하여 잘 이용할 수 있도록 노력한 덕분이었다.[104] 청해진을 설치한 이듬해

---

102) 金庠基, 1978,「古代의 貿易形態와 羅末의 海上發展에 對하여」, 22쪽 ; 盧泰敦,「羅代의 門客」,『韓國史研究』21·22합, 28~30쪽 ; 金光洙,「張保皐의 政治史的 位置」, 72~74쪽.

103) 李基東,「張保皐와 그의 海上王國」, 119쪽.

104) 文安植, 2003,「장보고의 청해진 설치와 해상왕국 건설」,『동국사학』39, 71쪽.

(829) 신라 중앙에서는 南陽灣에 다시 唐城鎭을 개설하였다. 청해진을 견제하려는 포석이었거니와,[105] 자연히 장보고와 청해진에서는 당성진을 의식해야 하는 중부항로보다는 남부항로에 보다 관심을 기울일 수밖에 없었다. 청해진에 의해 활성화된 이 항로를 통한 남중국과의 활발한 교류는, 정치·경제적인 측면을 넘어 禪宗의 수용과 같은 사상·문화적인 측면에서도 한국의 역사에 지대한 영향을 미치었다.

장보고는 진골로의 신분상승과 함께 딸을 왕비로 들이려 하는 등 신라 골품제로의 편입을 시도하다가 실패하였다. 그렇지만 장보고의 실패는 무주 서남해지역의 해상세력과 같은 호족을 각성시켰다.[106] 9세기 후반에 들어 호족은 골품제 편입을 꿈꾸기보다는 신라를 등진 채 새로운 사회를 구상하는 쪽으로 방향을 전환하였다. 실패를 경험하였던 서남해 연안을 비롯한 무주 일대에서 그러한 기운이 강한 것은 자연스러운 현상이었는데, 가령 반중앙집권적인 성향의 禪宗이 이 고장에 가장 먼저 자리를 잡고, 신라를 등진 새로운 정권이 견훤에 의해 광주에서 가장 먼저 수립된 일과 같은 것이 그러하였다. 말하자면 장보고를 비롯한 9세기 전반 무주 서남해지역의 해상세력은, 신라의 골품체제를

---

105) 濱田耕策, 1999, 「新羅王權と海上勢力-特に張保皐の淸海鎭と海賊に關聯して」, 『東アジア史における國家と地域』, 唐代史研究會編, 刀水書房;「신라왕권과 해상세력」, 『張保皐關係研究論文選集』(해상왕장보고 연구회 편), 692~693. 또한 穴口鎭이 장보고 사후 청해진의 동요에 대비해 황해 북부 해역을 관리하려는 목적에서 설치되었음은, 濱田耕策, 같은 논문, 698쪽을 참고하라.

106) 장보고가 '진골귀족의 일원이 되고 중앙의 정치무대에 등장하기를 바랐던' 것이 '중앙귀족들의 심한 반발을 불러일으켜' 결국 살해당하였는데, '진골귀족과의 어처구니없는 야합을 꾀하다가 해를 입은 셈'이지만 '그의 뒤에 오는 자들은 그의 말로에서 큰 교훈을 얻었을' 것이라는 지적이 참고된다(이기백, 1965, 「호족의 등장」, 『한양』, 1965년 4월호;2005, 『韓國史散稿』, 一潮閣, 417쪽).

벗어나 새로운 사회를 지향하도록 후삼국의 도래를 이끈 선구적 역할을 수행한 셈이었다.

송 은 일 (전남대학교 이순신해양문화연구소)

이 글은 청해진의 치폐를 기준으로 9세기 전반 장보고를 포함한 서남해지역에서 활동하였던 해상세력의 존재 및 동태는 물론이고 그것의 특징까지를 살펴본 것이다.

이 글에 대한 의의는 그동안 장보고를 비롯한 서남해지역 해양세력에 대한 연구는 상당히 온축되어 있는 실정인데도 불구하고 이제까지 그다지 부각되지 않았거나 혹은 소홀히 지나쳤다고 생각되는 부분을 꼼꼼히 헤아려, 그 추이와 의미까지를 살펴봄으로써 9세기 전반 서남해안지역의 해상세력의 동향을 한 눈에 들여다 볼 수 있다는 점이다.

이 글은 관련 자료가 그다지 많지 않는 가운데에서도 불구하고 가능한 모든 자료를 활용하여 논지를 차분히 이끌어 나갔다고 생각되어 특별히 지적할 부분은 없다. 다만 토론자가 이 글을 읽어 가면서 한두 가지 궁금한 사항이 있어 발표자의 의견과 답변을 듣고자 한다.

01 첫째, 장보고의 활동을 기점으로 하여 이전과 이후 해상세력의 성향을 간단히 설명해주었으면 한다.

02 둘째, 현재 한반도에서 서남해지역의 범위에 대해서는 변산반도에서부터 영산강 하구 일대, 무안반도, 화원반도, 해남반도, 고흥반도, 여수반도까지 이어지는 지역을 이른다고 하는 것이 대체적인 데, 9세기 전반 서남해안지역과 현재 서남해지역의 범위가 동일한 것인지 아니면 다른 것인지 발표자의 의견을 듣고 싶다.

03 셋째, 이 질문은 논외의 내용이지만, 9세기 당시 서남해지역 외에 해상세력이 존재했는지의 여부와 존재했다면 그 지역은 어느 곳인지에 대해서 답변해주었으면 한다.

부록

『전남 서남해지역의 해상교류와 고대문화』
토론 녹취록

좌 장 임 영 진 (전남대학교)

발표자 김 병 근 (국립해양문화재연구소)

李 美 子 (中國 浙江工商大学)

문 안 식 (전남문화재연구소)

高田貫太 (日本 國立歷史民俗博物館)

하 승 철 (경남발전연구원 역사문화센터)

변 동 명 (전남대학교)

토론자 정 진 술 (해군사관학교 충무공연구회)

조 윤 재 (인제대학교)

문 동 석 (서울여자대학교)

서 현 주 (한국전통문화대학교)

박 중 환 (국립나주박물관)

송 은 일 (전남대학교 이순신해양문화연구소)

임영진   여러분 안녕하십니까? 「전남 서남해지역의 해상교류와 고대문화」 국제학술대회 주제발표에 이어 토론을 시작하겠습니다. (토론자 소개 등 생략) 오늘 모두 6편의 주제발표가 이루어졌는데 각 발표에 대해 지정토론을 하고 그 다음에 몇 가지 중요한 문제를 중심으로 종합토론을 진행하도록 하겠습니다. 시간이 충분하지 않고 질문 내용이 자료집에 실려 있으므로 최대한 요약해서 질문해 주시고 답변은 짧게 해 주시기 바랍니다. 먼저 '고대 동아시아와 전남 서남해지역의 항로'를 주제로 김병근 선생님께서 발표를 하셨는데 이에 대해 정진술 선생님께서 질의 해주시겠습니다. 시간 절약을 위해 사회를 맡은 저는 꼭 필요할 경우 외에는 개입하지 않도록 하겠습니다.

정진술   먼저 여러 가지 자료를 제시해서 전남 서남해지역의 항로를 김병근 선생님께서 잘 정리하셨습니다. 논문 작성에 굉장히 수고를 많이 하셨습니다. 항로 문제는 사실 저도 관심 있는 내용이기 때문에 대부분은 동의하는 견해지만 저와는 견해를 달리하는 부분이 있습니다. 일단 토론자로 참석을 한 이상 한 두 가지 견해를 달리하는 부분을 얘기하지 않을 수가 없습니다.

첫째는 항로의 명칭인데, 우리나라와 중국 간의 항로를 서해연안항로, 서해횡단항로, 서남해사단항로 이렇게 세 가지로 제시했습니다. 그런데 물론 발표하실 때도 필자 나름대로 생각을 말씀하셨는데, 여기서 서해연안항로라 하면 서해 전체를 아우르는 말이기 때문에 한국의 서해 어느 해안부터 중국의 어느 해안까지가 예전 항로인지? 그게 너무 포괄적이어서 지리적인 개념이 애매하다는 것이죠. 서해횡단항로 역시 너무 포괄적이라는 것이죠. 또 서남해사단항로라는 것은 서남해가 공식적으로 우리나라 바다를 가리키는 용어는 아닙니다. 참고로 말씀드리면 중국의 입장에서는 황해가 맞겠지만, 우리 입장에서는 서해가 옳습니다. 『삼국사기』에도 서해로 나와 있고 『고려사』에도 서해로 나와 있습니다. 다시 말해서 서해에서 한중간의 무수히 많이 존재하는 연안항로, 횡단항로, 사단항로들 가운데, 어느 항로를 각각 주된 항로로 이름 할 것인가?

고려할 점은 첫 번째는 역사적으로 빈번히 이용되었던 주요 항로를 대상으로 해야 할 것이고, 둘째는 선박의 지리적인 이용 방향에 대한 개념이 포함되어야 할 것입니다. 셋째는 한반도와 한국인 입장에서 표현하되 통시대적인 보편성을 가져야 한다, 그렇게 생각이 됩니다. 조언을 한다면 한·중 항로에 대해서는 지금까지 학자들마다 수십 가지의 명칭으로 각각 다 다르게 표현을 했습니다. 셀 수 없이 많습니다. 오늘 또다시 이러한 용어를 새롭게 제시하셨기 때문에 이렇게 새로운 용어를 제시하기 보다는 지금까지 나타난 용어 중에서 보편타당한 용어를 찾아내서 사용하는 것이 좋지 않을까? 하는 것이 제가 달리 생각하는 견해입니다.

질문을 드리겠습니다. 첫 번째는 해양실크로드와 해상실크로드를 서로 다른 의미로 사용한 것 같은데 그 차이점이 무엇인지를 궁금하게 생각하고요. 두 번째는 신안선이 중국 명주에서 일본 교토로 갔는데 그것이 중국 선박이 흑산도를 중간기착지로 왕래하는 서남해사단항로의 이용을 보여주지 않는가? 이렇게 생각하셨는데 이 신안선의 난파 사례를 흑산도를 중간 기착지로 왕래하는 서남해사단항로로 이용했다는 그 근거를 좀 밝혀주셨으면 하는 생각입니다. 이 두 가지만 질문 드리겠습니다. 이상입니다.

임영진　　　감사합니다. 포괄적으로 견해를 정리해 주시고 직접적인 질문은 두 가지만 해 주셨습니다. 김병근 선생님, 답변 부탁드립니다.

김병근　　　네, 답변 드리겠습니다. 제가 모두에 발표하면서 이 항로 명칭에 대해서는 사실은 문제점이 많다. 제가 전에 이 항로를 쓰면서도 저는 무조건적으로 받아들였었습니다. 노철산경유항로, 황해횡단항로, 동중국해사단항로로 무조건적으로 저는 아무 의문 제시 없이 받아들였는데, 공부를 하다보니깐 좀 묘한 생각이 들었습니다. 사실 이번에 주제가 '서남해'라는 용어가 한문, 한글 사전을 봐도 정식 단어가 아닙니다. '서남해' 용어가 아주 생소하지만 그럼에도 불구하고 저는 우리의 관점에서 서해의 관점이 연안이란걸 보면 제가 지도로 표기한 수중 발굴 지역을 보면 그 지역이 다 연안이거든요. 그래서 우리 관점에서 서해를 다 봤던 상황이고, 횡단항로의 대부분도 사실 애매합니다. 정선생님 말씀하신 어느 지점을 횡단했는가에 따라서 정말 등주쪽이냐 초주쪽이냐 아니면 양주쪽이냐 천주쪽이냐 이런 지역까지 다양하게 볼 수 있는데, 그걸 포괄적으로 하는 게 무어냐 하면 중국쪽에서 봤을 때는 황해 횡단한 게 맞겠죠. 그리고 사실은 등주쪽을 보면 등주가 위쪽으로 발해만 아래는 황해 이게 나란히 있기 때문에 그 위쪽은 정말 발해라는 명칭이 정확하지만 이때 황해쪽을 볼 때 황해횡단항로로 둬도 큰 문제는 없을 것 같습니다. 근데 우리 입장에서 보면 서해횡단 한 것이

되어야 하는데 정선생님께서 용어는 정립을 하셨고요. 제일 문제가 되는 것은 서남해횡단항로·사단항로거든요. 이게 정말 서남해를 정식명칭으로 쓸 것인가. 정선생님께서는 서해남부사단항로라고 용어를 쓰셔서 저는 오히려 그것보다는 서남해를 하나의 용어로 만드는 것이 어떨지. 오늘 발표하신 발표자 대부분이 서남해라는 용어를 쓰셨거든요. 근데 이 지역 사람들의 입장에서 보면 서남해가 용어가 정확합니다. 그렇지만 아직 정식적으로 학계에서 받아 주냐에 대해선 조금 의문이 되기 때문에 이 분야에 대해선 앞으로 제가 계속 연구과제로 남기도록 하겠습니다.

그리고 해양실크로드와 해상실크로드 개념 차이가 큰 차이는 없습니다. 근데 중국책을 번역해보니깐 중국 사람들은 해상사주지로라는 용어를 쓰거든요. 그게 실크로드인데 개념을 받아들였는데, 중국 사람들은 개념을 받을 때 아시아의 중근동 페르시아만에서 일본의 끝자락, 경주로 일본까지 가는 해를 해상실크로드로 개념을 정립했다고 해서 받아들였던 거고. 큰 의미는 없이 발언 상에 제가 약간 혼돈을 준 점은 사과를 드립니다. 그렇지만 이 용어도 중국쪽에서도 해상실크로드라는 게 받아들여졌기 때문에 아마 참고는 될 수 있을 것 같습니다.

특히 신안선 출항지를 대부분 알려진 사실로는 일본으로 바로 가는 항로인데 신안선을 사단항로의 중간 기착지로 볼 수 있느냐 이 부분이 아주 뜨거운 감자는 아니고 신안선이 다뤄지는 초기에는 대부분이 고려 귀착이냐 그렇지 않으면 일본의 직항이냐 문제가 많이 제기 됐습니다. 그러다가 일본으로 직항하는 설이 거의 계속 우세했는데 제 생각은 조금 달랐었거든요. 제가 학위논문 쓸 때 신안의 기착 근거는 당시

항로상의 흐름입니다. 제가 아까 말씀드렸던 표류를 하더라도 영파로 흘러가고 표류에 들어오더라도 위쪽이 많이 올라가기 때문에 제주도를 오른쪽으로 횡단해서 가는 것이 있고 열도인데 이 신안선 같은 경우는 신안에 너무 깊숙이 들어와 있고, 신안선에 실려 있는 유물들도 고려 유물도 있습니다. 고려 유물도 있고 거기에 특히 숟가락, 젓가락, 동경 이런 유물들이 있습니다. 당시 해로상을 보면 당연히 어떤 목적을 갖고 고려에 들어왔다고 봅니다. 그렇지 않고 그 배가 설사 6월~8월 사이에 태풍을 만났다하더라도 그게 어디에서 신안선이 우현쪽이 깨져서 물이 들어갔었습니다. 그렇다면 이 배가 흑산도 근방의 아래쪽에서 난파가 되었다면 굳이 우리나라의 서해안까지 신안선이 아주 깊숙이 들어올 이유가 없다. 흑산도를 기점으로 서부의 항로를 따라서 순항을 하다 가 신안의 어느 지점에서 합쳐서 침몰되지 않았나 하는 그런 관점을 말 씀드렸습니다. 이 부분은 사실은 항로상의 하나, 발굴유물들, 당시 시 대상이 사실은 원나라가 고려를 속국으로 하던 시기거든요. 국가의 개 념은 인정했었지만, 그래도 당시의 고려와 원과의 항로는 우리가 정말 쉽게 이야기하면 우리 동네 걸어 다니듯이 항로로 이해할 수 있는 가능 성은 있다. 저는 그러한 관점에서 이 말씀드렸습니다.

임영진　　　감사합니다. 두 분이 하실 말씀이 많으실 터인데 최대한 압축해서 해 주셨습니다. 한국과 중국의 교류 항로에 있어서는 크게 연 안항로, 서해횡단항로, 서남해사단항로 세 가지로 의견이 모아져 있지 만 구체적인 용어에 있어서 연구자에 따라 약간씩 다르고 세부적인 출 항지와 입항지에 대한 견해들도 좀 다른 것 같습니다. 오늘 발표하신 다른 분들만 하더라도 변동명 선생님은 황해중부항로, 황해남부항로 등의 용어를 쓰고 계시고, 문안식 소장님은 연안항로, 서해중부횡단항로, 서해남부사단항로 등 다른 용어를 쓰고 계십니다. 역사에 대한 논의에 있어서는 해석이 중요하기 때문에 정확한 해석을 위해서는 기반을 이루는 역사적 사실의 확인과 거기에 수반되는 용어에 있어 어느 정도 상호간의 합의가 필요합니다. 그렇지 않다면 이를 토대로 진행하는 논의, 해석에 있어서 상당한 어려움에 봉착하기 쉽습니다. 그래서 오늘 토론에서도 이러한 문제를 감안하셔서 논의해 주실 것을 부탁드립니다. 항로 문제와 관련된 미진한 부분은 나중에 종합토론에서 다루도록 하겠습니다. 다음에는 중국에서 오신 리메이즈 선생님이 발표하신 「9세기 중국 강남연해지역과 한반도 서남해지역과의 해상교류」에 대해 조윤재 교수님께서 토론해 주시겠습니다.

조윤재 네, 안녕하십니까? 방금 소개받은 인제대학교 조윤재입니다. 먼저 리메이즈 선생님 글을 보고 많은 공부가 되었습니다. 그런데 제가 평소의 연구방향이나 여기에 대한 특별한 노력이 많지 않아서 깊은 질문을 드릴 수가 없을 것 같습니다. 그리고 상당부분 학계에서 얘기하고 있는 여러 가지 사항들을 정리를 해주셨기 때문에 특별히 각을 세워서 토론을 할 수 있는 그런 사항은 개인적으로 발견을 하지 못했습니다. 그래서 제가 읽어보고 궁금한 것 세 가지 정도만 질문을 드리는 걸로서 토론의 직무를 대신하고자 합니다.

첫 번째는 발표자께서 본문에서 9세기 초 발생한 한반도 서남지역의 자연재해를 예시했습니다. 자연재해에 대한 논문들이 많이 나와 있는

데, 본문에서 "신라 서남해안에 거주하던 일본의 견수사 혹은 견당사, 일본의 유학승 등을 통해서 절강 동부 및 산동반도로 이민을 추정하고 있다." 이렇게 정리를 하고 있습니다. 물론 상당히 개연성이 있는 추리입니다. 그렇지만 이 시기는 물론 이전 시기의 최근의 중국 동부연안으로 이민한 서남지역, 특히 백제권 이전시기인데 고고학적 흔적이라든지 문헌들 그리고 여러 가지 정황들이 보이고 있습니다. 그렇기 때문에 우리 학계에서 견당사, 견수사 특히 일본에서 견당사, 견수사를 상당히 중점을 두고 과도하게 해석을 하는 경향이 있었습니다. 그러나 일본에서 신라로 거쳐 가는 견신라사의 가능성도 최근에 제기를 해야 되지 않을까? 이런 생각이 듭니다. 그렇기 때문에 이런 해양에 대한 정보라든지 이런 것들도 제가 생각했을 때 상당부분 축적이 되고 그것을 통해 인지가 되지 않았을까? 그렇다면 굳이 일본의 견수사, 견당사 및 유학승을 통한 그러한 이민이 이보다 더 전대부터 알려진 한중간의 해상루트를 인지하고 다소 의도가 있는 이민으로 봐야할 것이 아닐까? 이 점에 대해서 한번 발표자의 의견을 듣고 싶습니다.

두 번째로는 본문에서 역시 언급되고 있습니다. 엔닌의 귀국 노정에서 활용된 활발한, 우리 학계에서 말하는 북로 항해노선 또는 황해횡단항로 라고 하는 항로입니다. 중국 대륙에서 황해로 돌출한 산동반도, 한반도 서해안을 잇는 코스로 3세기 초 위·진시기부터가 되겠죠. 이 시기부터 활용되어서 삼국통일 이후 활성화된 경로입니다. 기록에 의하면 신라사에 편승한 엔닌이 산동반도 적산을 출발해서 신라 서해안의 산의 동쪽을 바라보고, 다시 동남쪽으로 하루를 더 항해하여 4일 만에 웅주 서쪽 해안에 이르러 흑산도, 제주도, 대마도 부근을 경유해서 북구주 비전국 송포에 도달했다 이렇게 적고 있습니다. 이 노선은 잘 알려진 바와 같이 장보고 선단이 자주 활용했던 항로인데 그렇다면 발표문에서 언급하고 있는 '당신라인'의 구체적 존재가 장보고 선단과 관련이 있었던 것은 아닌지 이 점에 대해서 다시 한번 질문을 드리도록 하겠습니다.

세 번째로 간단한 질문입니다. 그렇지만 저는 개인적으로 대단히 궁금한 질문입니다. 기록에서 보이듯이 '소주선'이라 칭하고 있는 신라상선에 대해, 그러니까 이 신라상선을 '소주'로 기록에서 쫓고 있다고 하는데 신라상선에 대해서는 고대 해양사나 해양고고학에서 실물 자료라던지 정보가 상당히 부족한 편입니다. 그래서 과연 당시 원거리 항해를 했던 신라선박에 대한 구체적인 정황을 파악해야 하는데 이 부분에 있어서 상당히 부족한 점이 있습니다. 학계에서 제기되고 있는 여러 추정들은 아직도 추정에 불과합니다. 그래서 자료는 후일을 기약해야 되지 않을까 하는 상황인데요. 당시 신라상선을 '소주선'으로 이름을 붙인 특별한 내력이 있었는지, 이 부분을 발표자께서 알고 계시는 정보가 있으시면 알려주시기 바랍니다. 고맙습니다.

임영진   감사합니다. 리 선생님, 혹시 통역이 필요하십니까? 한국말이 익숙하시니까 시간 관계상 직접 한국말로 해주시면 좋겠습니다만.

리메이즈   네, 조윤재 교수님 감사합니다. 답변을 드리겠습니다. 첫 번째 질문인데요. 첫 번째 질문에서 이민들이 산동 절강지역으로 이민

온 것이 의도적인 이민으로 봐야하는지, 여기에 대해서 질문한 것 같은데요. 제가 이 논문에서 전라남도 서남해지역은 중국에서 일본으로 가거나 일본에서 중국으로 올 때 길목입니다. 그리고 아까도 오전부터 여러 학자 분들이 발표하신 내용 가운데서도 고고학적으로나 여러 방면에서 전남지역과 중국과의 교류 관계가 아주 밀접했다는 것도 다시 한번 확인했고요. 그래서 저는 이 논문에서 전남지역이 해상 루트 요충지라는 점에서 이 지역의 사람들은 해상 활동 경험이 아주 풍부하다고 생각합니다. 또한 일본의 견수사, 견당사가 이 지역을 지나기 때문에 그들을 통하여 어느 정도로 중국을 통하는 해상 루트에 관한 정보를 입수했을 것이라고 생각합니다. 이렇기 때문에 서부지역에서 피해가 들었을 때 170명 신라이민들은 거리적으로 가까운 중국 절강으로 의도적으로 왔지 않았을까라고 생각합니다. 이 부분에 대해서 제 논문에서는 확실히 의도적이라는 것을 밝히지 않았어요. 방금 조교수님의 질문을 듣고 의도적일 가능성도 있겠구나 하는 것을 느꼈습니다.

두 번째 질문, 재당신라인하고 장보고 선단과의 관련이 있지 않았는지 하는 질문인데요. 제가 이 논문을 쓸 때 9세기 중엽 전, 장보고가 사망하기 전은 다루지 않았어요. 장보고가 사망한 후 재당신라인들의 활동범위가 점점 강남지역으로 이동합니다. 그것은 장보고 사망 원인도 있겠지만, 중국의 장강유역의 대운하가 모래라든가 진흙이 퇴적되면서 큰 화물선들이 운하를 이용하지 못하게 됩니다. 이런 상황에서 점점 동남해안으로 진출하던 큰 화물선들이 항구가 점점 강남지역으로, 명주라든가 지금의 영파, 태주, 온주, 복주 이 지역에 이동합니다. 그러니까 원래 장보고 선단에서 활약하던 재당신라인들과 상인들도 항구의 이동에 따라서 점점 남쪽으로 이동된다고 생각합니다. 그런데 남쪽으로 이동했을 때 이미 9세기 중엽이기 때문에 원래 장보고 선단에서 해상 활동을 하던 사람들의 2세가 이 강남지역에서 해상 활동을 하게 됩니다. 그렇기 때문에 이 논문에서 밝히지 않았지만 조교수님의 질문을 듣고 보니 확실히 장보고 선단을 더 곁들어서 논의를 전개했으면 더 확실히, 분명하게 밝혀지겠구나 하는 생각이 듭니다.

세 번째는 질문은 '소주선', 신라 상선을 '소주선'으로 불렀다는 것인데, '소주선'으로 부른 것이 아니에요. 기록에서 "엔닌이 소주선을 탔다." 소주선 주인은 누군가? 주인은 신라 사람들입니다. 그러니까 기록 문맥을 따져보면 '소주선'은 확실히 신라 상선입니다. 근데 제가 '소주선'을 논문에 제시한 것은 문헌기록을 그대로 쓴 것이지 소주선이 중국선이라는 뜻이 아닙니다. 확실히 신라 상선인 것은 문맥에 따져보면 확실합니다. 이상입니다.

임영진　　　수고하셨습니다. 세 가지 질문에 대해 답변해 주셨는데, 리 선생님, 세 번째 문제에 있어서 혹시 신라 상인들이 중국에 가서 중국 배를 구해서 한국과 중국의 해양 활동에 이용했을 가능성은 없을까요? 분명히 주인은 신라상인들인데 그 앞에 소주선이라고 칭한 것은 분명히 나름대로 이유가 있지 않을까요?

리메이즈　　　아, 소주선이라는 것은 우리 현대 사람들이 '소주에서 만든 배'라고 이렇게 이해가 되는 것 같은데요. 기록의 전체 문맥을 보면 "소주에서 배를 탔다."고 그런 뜻으로 문맥이 해석된다고 생각됩니다.

임영진　　감사합니다. 그리고 첫 번째 문제에 있어서, 리메이즈 선생님은 동북아시아 고대사를 연구하시는 기본적인 틀이 중국과 일본이 큰 비중을 차지하는 분위기 속에서 공부를 하시다 보니까 통일신라 때 중국으로 건너간 한국인들이 일본에서 중국을 왕래하는 배를 이용한 것이 아니냐 하는 논지의 글을 쓰신 것 같고 그것을 조윤재 교수님이 지적해주셔서 논의가 이루어진 것 같습니다. 조윤재 교수님께서 제시한 문제와 관련해서 한가지 덧붙이자면, 산동반도 남쪽으로 강소성과 산동성의 중간에 연운항이라는 항구가 있는데 그 일대에 중국에 기반을 두지 않은 한국적인 석실분들이 상당히 많이 있습니다. 그래서 이에 대해 몇몇 관심 있는 분들이 글을 쓰고 계시고, 구체적으로 백제계라고 보기도 하는데 백제 말기인지, 통일신라에 해당하는 시기인지에 대해 약간 논란이 있습니다. 그러나 역사적으로 신라방, 신라소가 형성되기 전에 이미 한국에서 건너간 사람들이 거기에 자리 잡고 무덤을 남겼다는 것은 이미 그 이전에 개척되어 있었던 산동반도와 한반도의 항로를 배경으로 해서 쌍방향 교류가 이루어지면서 한국에서 중국으로 진출한 사람들이 자리 잡고 있었고 그런 역사적 배경을 바탕으로 통일신라 때 많은 사람들이 들어 갈 수 있었을 것이라는 가능성도 있다는 점을 말씀 드리겠습니다.

다음에는 세 번째 주제로 넘어가도록 하겠습니다. 문안식 소장님께서 발표하신 「백제의 해상활동과 신안 신의도 상서고분군의 축조배경」에 대해 질문을 해 주시겠습니다. 문동석 선생님 부탁합니다.

문동석　　네, 토론문을 읽으면서 말씀드리겠습니다. 토론문의 질문사항이 10가지나 되다보니 많은 것 같아 네 가지 내지 다섯 가지로 축약해서 줄여드리도록 하겠습니다.

먼저 첫 번째 질문입니다. 안좌도 배널리 3호분의 성격에 대해서 선생님께서 가야 혹은 왜국인 이주 가능성과 토착세력 중 항로 개척의 조력자 집단의 가능성을 제시하고 있습니다. 그러나 두 경우 모두 매장시설은 가야계 석곽, 출토 유물은 왜계 갑주라는 괴리를 설명하지 못하고 있습니다. 또한 가야계 석곽의 규정도 매우 모호하게 출토하고 있습니다. 가야 고분의 지역성을 고려한다면 유구 구조에 대한 구체적인 비교가 필요할 것이라고 보여집니다. 가야 수혈식 석곽의 어떠한 특징을 공유하는지, 어느 지역과 유사한지 등의 문제가 설명되어야 할 것입니다. 왜냐하면 가야의 세력 중심의 이동이라는 측면에서, 구체적으로 지역성을 염두에 두고 가야와 비교 검토 된다면, 가야 해상권의 경영의 주체 문제 등의 실마리로 작용할 수 있다고 보여지기 때문입니다.

그 다음 두 번째 질문입니다. 특정한 물자의 출토 여부를 통해 피장자의 성격을 이야기할 때, 영향력의 확대 혹은 문화적 접촉, 직접 이주를 구분하고 계시는데 이걸 어떻게 상정하고 있으신지? 궁금합니다. 이주 가능성, 영향력 내지는 접촉, 왜국과 교류 등 특정한 물품이 다른 지역에서 출토된다는 점에서 같은 경우이지만 다르게 해석을 하고 있기 때문에 이 부분을 설명 부탁드립니다.

세 번째 질문입니다. 5세기 중반 개로왕의 한성 함락과 중앙의 영향력 약화가 원인이 되어, 가야와 왜국 사절단의 해로 개척 과정에서 서남해 도서지역과 접촉하였을 가능성을 이야기하고 있습니다. 그런데 5세기 말 가야와 왜국은 남조로 향하는 항로 개척보다 물자 교류를 위한 서남해 토착 세력과의 접촉으로 중국 물자의 수입 방식의 전환으로 상정하고 있습니다. 그 원인은 무엇인지 궁금합니다. 이는 중앙 직접 지배 노력의 적극성의 차이는 있어도 가야-왜의 무역 전략 변경의 바탕이 될 정도는 아니라는 것인데, 갑자기 무역 전략 내지는 대중국교섭 전략에 변화가 생긴 것인지 설명되어야 할 문제라고 생각됩니다.

네 번째 질문입니다. 서남해지역의 여러 군소 해상세력이 다리를 뗴는 삼족기로 자신의 정체성을 표현한 것으로 해석하고 있습니다. 그러나 웅진, 사비기 고배의 대각 혹은 삼족기의 다리를 훼기하는 무덤의 의례가 다수 확인되고 있습니다. 이는 지나친 의미로 보여집니다.

마지막 질문입니다. 사단항로의 개척 결과를 남방문화의 유입으로 설명하고 있습니다. 이때 남방문화의 의미가 무엇인지 궁금합니다. 대체로 남방문화를 강조하는 시각은 三品彰英으로부터 비롯되었는데, 이를 통해 그는 남북이질문화권을 주장하였습니다. 난생설화 등이 대표적인 근거였습니다. 그러나 이러한 주장이 잘못된 것임에 대해서는 이기백의 비판 받은 바가 있습니다. 중국남부와 동남아시아 지역을 구분하고, 그 문화요소를 보다 면밀히 검토할 수 있었으면 하는 바램입니다. 이상입니다.

임영진　　　시간 절약을 위해 많이 줄여 주셨는데요, 문소장님도 최대한 간단히 답변해 주시기 바랍니다.

문안식　　　고맙습니다. 선생님께서 잘 지적을 해주셔서 제가 공부하는데 많은 도움이 됐습니다. 거듭 감사의 말씀드립니다. 첫 번째 저는 서남해지역과 가야의 교역은 3~4세기 금관가야, 그 다음 4세기 후반~5세기 전후의 아라가야를 거쳐 5세기 중엽 이후에 소가야가 교류의 핵심이 된 것으로 생각하고 있습니다. 소가야 계통의 유물들이 나주 장등이나 장흥 상방촌, 장흥 지천리, 해남 신금 등의 여러 유적에서 확인된 사실이 참조됩니다. 또한 해남을 거쳐 신안의 안좌도와 신의도 및 그 일대에는 가야 형태의 세장방형 석곽구조와 유사한 묘제가 확인되는데, 소가야와의 접촉을 반영한 것으로 생각됩니다. 소가야와 교류활동은 바다 건너 일본 기타규슈, 서남해지역을 경유하여 백제 한성, 그 다음에 다시 바다를 건너 남중국 등과 접촉하는 등 국제적 교류를 추구했을 가능성이 있습니다. 그 과정에서 이주와 정착도 있을 것이고, 교류와 교역도 있을 것이고, 해로를 안내하는 등의 단순한 접촉도 이루어졌을 것입니다. 이러한 과정을 반영한 수혈식 석곽묘는 형식으로 볼 때 가야 계통으로 보지만, 왜국 계통의 갑옷과 갑주 등이 나온 사실이 주목됩니다. 이건 달리 생각해 볼 수 있다고 생각합니다. 예컨대 해남 만의총 1호분에서는 재지적 특성이 강하지만 가야지역의 수혈석곽묘 형태를 띠고 있고, 또 백제계를 비롯하여 신라계 등 여러 계통의 다양한 유물이 포함되어있습니다. 또한 나주 영동리 3호분에서도 유사한 양상이 확인되기 때문에 수혈석곽에서는 반드시 가야계 유물만 나와야 되고, 왜계 계통의 무덤에서는 왜계 유물만 나와야 된다. 이것보다는 서남해지역에서 역동적인 교류가 활발하게 이루어진 사실을 고려하면 다양한 유물이 동시에 출토될 가능성도 있고, 한 묘제 내에 이질적인 유물이 동시에 들어갈 수 있다 이렇게 해석하고 있습니다.

그 다음에 두 번째 지적 말씀을 듣고 제가 조금 더 신중하게 용어

선택을 해야 하겠다는 생각이 들었습니다. 다만 서남해지역과 가야 및 구주 방면 사이에 전개된 교류에 대해서는 이주와 대외교류 두 가지 가능성 모두 염두에 두고 생각할 필요가 있다고 생각합니다. 하승철 선생님도 말씀하셨지만 동림동 유적같이 소가야 사람들이 정착했을 가능성도 있고 일시적일지 장기적일지 조금 더 검토해야겠지만, 장고분 역시 마한인의 역귀향인지 아니면 왜인의 이주인지 모르겠지만 정착과 재지화 되는 과정이 확인이 됩니다. 이러한 것들을 염두에 두고 직접 이주, 문화적인 접촉, 영향력 확대 등의 문제를 조금 더 고민하겠습니다.

세 번째 문제는 저는 이렇게 생각합니다. 5세기 후반 이후에 전남 서남해지역에서 소위 말하는 영산강식 석실분과 장고분이 등장한 계기는 새로운 항로의 개척과 관련이 있다 생각합니다. 畿內 大化政權에 의한 구주 통합에 반발한 구주 일대의 일부 토착세력이 대마도 해협을 통해서 경상 남부 해안을 거치지 아니하고 곧바로 五島列島에서 청산도를 경유하는 루트를 통해 강진이나 해남, 영광 또는 나주 영산강 유역을 왕래하는 새로운 항로를 개척한 것으로 생각됩니다. 새로운 항로가 개척된 이후에 有明海 연안 등의 해상세력과 서남해 연안의 토착세력이 접촉하는 과정에서 장고분 등이 축조된 것으로 짐작됩니다.

그 다음은 영동리고분 삼족 토기에 대한 지적인데요, 받침대 등 제사에 사용된 기물과 장송의례가 끝난 후에 깨트리거나 무덤 주위에 묻거나 뿌린 고대 장례 풍습 등을 조금 더 신중하게 생각하겠습니다. 남방문화 성격은 여기서 제가 논의할 것은 아니고, 남방문화가 서남해 해로를 통해서 한반도로 전파되었을 가능성이 있고, 전파 발신지가 서남해였다는 점을 강조해서 말씀드렸던 것입니다. 이상으로 대답을 마치겠습니다.

임영진　　예, 감사합니다. 아마 하고 싶은 말씀이 굉장히 많으실 것 같은데 참아주신 것 같습니다. 아울러서 이런 답변에 대해서 문동석 교수께서도 더 하실 말씀이 많으시겠지만 나중에 종합토론 때 기회를 마련하겠습니다. 5~6세기 서남해 항로는 한국, 왜, 중국이 모두 관련되어 있다고 보는데 그 문제는 종합토론에서 다루기로 하겠습니다. 다음에는 다카타 칸타 선생님께서 발표하신 「5·6세기 백제, 영산강유역과 왜의 교섭」에 대해 서현주 선생님이 토론해 주시겠습니다.

서현주　　한국전통문화대학교 서현주 입니다. 「5·6세기 백제, 영산강유역과 왜의 교섭」에 대해서 발표를 해주셨는데, 발표자 의견은 크게 영산강유역권이라 이야기 할 수 있는 이 일대의 5·6세기 고분을 왜와 관련된 고분을 중심으로 크게 두 시기로 나누어서 의견을 말씀해주시고 계십니다. 주로 5세기 전반 고흥 야막고분, 길두리 안동고분, 해남 외도 1·2호분 등 남해안지역의 왜계 고분은 왜계 도래인의 무덤으로 보고 계시는데, 남해안에서 항해상의 요충지에 일정기간 체재하면서 재지집단과 같이 살며 그 과정에서 이러한 왜계의 도래인 무덤이 조영된 것으로 추정하고 계십니다. 그리고 5세기 후엽~6세기 전반에는 영산강유역의 전방후원형 고분이 대표적인 왜계 고분인데, 그 고분에 대해서는 재지계의 고총고분과의 공존을 강조하면서, 일본의 전방후원분, 백제계 묘제와 관련된 여러 가지 사람, 물자, 기술들이 들어오고, 그 과정에서 정착하거나 재지화된 왜계 도래인 집단이 물자나 기술 전달에 깊이 관여하면서 그러한 것들을 영산강유역의 여러 집단이 수용하고 그 과정에서 묘제화가 이루어진 것이 바로 영산강유역의 전방후원형 고분이 아닌가라고 설명을 하고 계십니다. 그러시면서 영산강유역의 전방후원형 고분은 영산강유역을 주체로 하지만 왜나 백제 등의 정치경제적 의도가 내포된 다의적인 분묘라고 평가하고 계십니다. 기존의 연구성과들과 견해를 같이하는 부분들도 있고 약간 다른 부분도 있다고 생각되는데, 보충설명이 필요한 부분이 있다는 생각이 들었습니다. 그러한 부분에 대해 질문을 세 가지만 드리겠습니다.

먼저 5세기 전반 남해안지역의 왜계 고분으로 말씀하셨던 그 무덤에 대한 내용입니다. 고흥지역의 야막과 길두리 안동 고분, 장덕리 장동 고분군, 이것들은 약간 특징들이 다른데 이 고분들을 거의 비슷한 5세기 전반으로 보고 계시고 그중에서도 야막 고분과 길두리 안동 고분은 왜계 고분, 왜계 도래인의 무덤으로 보고 계십니다. 야막과 고흥 길두리 고분이 위치한 고흥반도에서 아직 재지 고분의 상황에 대해서는 구체적으로 분명하지는 않다, 그중에서도 장덕리 장동 고분군은 왜계 고분과는 차이가 있는 재지고분인 것 같다라고 언급하고 계시는데, 왜계 고분으로 보신 야막과 길두리 안동 고분은 거의 비슷한 시기로 보시고 거리로도 그렇게 멀지않은 가까운 거리에 있습니다. 이런 상황이지만, 두 고분 사이에는 규모나 매장시설에서 약간 차이가 있습니다. 그런 차이가 나타나는 것에 대해서는 왜 그렇다고 생각하시는지 의견을 좀 밝혀주셨으면 합니다. 오히려 야막 고분보다는 길두리 안동 고분이 시기적으로 조금 늦으면서 백제적인 요소나 이 지역의 재지적인 요소가 좀 더 포함된, 그래서 야막 고분 같은 경우는 왜계 도래인의 무덤으로 보기는 어렵지 않을까라는 생각이 드는데, 그것과 관련해서 시기, 성격에 대한 의견을 두 고분의 이 차이를 언급하시면서 말씀해주셨으면 합니다.

그리고 두 번째 질문인데 왜, 백제, 영산강유역의 교섭에 일본의 도서지역 해안부 여러 집단이 관여했을 것으로 언급을 하고 계십니다. 주로 5세기 전반에 서남해역 지역에 나타나는 왜계 고분과 관련해서 언급을 하고 계시는데 일본에서 이것과 관련된 고분으로서는 백제계 이식이 출토된 5세기 전반의 가가와현의 고분을 들고 계십니다. 그렇다면 5세기 전반의 영산강유역과 일본의 도서나 해안부 지역의 제집단과 관련이 있다고 볼 수 있는 좀더 직접적인 자료나 요소가 있는 고분은 일본 내에 더 없는지 말씀해 주셨으면 합니다. 이런 상황이라고 한다면 오히려 5세기 전반의 상황에서도 백제와 관련되는 교섭이 강조되어야 하는 게 아닌가 하는 생각이 들어서 영산강유역과 관련된 자료나 요소에 대해서 일본 내 유적을 중심으로 말씀해 주셨으면 하고, 다음 세 번째 질문을 드리겠습니다.

이것은 5세기 전반의 왜계 고분, 5세기 후엽부터 6세기 영산강유역 전방후원형 고분이라고 말씀하셨던 두 가지 고분과 모두 관련된 문제인데 영산강유역의 왜 관련 고분의 양상이 이렇게 5세기 전반, 5세기 후엽부터 6세기 전반 크게 시기적으로 차이를 보이게 되는 것에는 어떠한 연유가 있다고 보시는지 궁금합니다. 결국 이 부분은 한반도의 정황, 일본 내부의 정황과도 관련이 될 수 있을 텐데 두 시기 모두 백제에서 왜까지 관계가 다 있었다라고 보시는 의견을 갖고 계신 것 같습니다. 결국 두 시기의 차이가 나타나는 배경에 대한 문제는 당시 한반도의 정황뿐만 아니라 왜와의 교섭과도 기본적으로는 관련이 된다고 생각되기 때문에 두 시기의 차이를 당시의 정치적인 정황, 특히 한반도를 중심으로 그 부분을 연결시켜서 그런 차이가 나타나는 것에 대해서 보충설명을 해주셨으면 합니다. 이상입니다.

임영진　　학계의 현안 문제에 해당하는 핵심적인 주제들을 요약해서 질의하셨는데, 다카타 칸타 선생님, 직접 한국말로 답변하실 수 있으면 시간 절약에 큰 도움이 될 것 같습니다. 무리한 일이 아니라면 부탁드리겠습니다.

다카타 칸타　　네, 서현주 선생님이 여러 가지 좋은 질문을 해주신데 대해 대단히 감사하게 생각합니다. 첫 번째 질문에 대해서는 먼저 시기적인 문제입니다만, 안동 고분에 나오는 갑주를 보면 이것은 판형철단갑주 하고 소찰병유미비부주 두 가지가 있습니다. 이 사례는 일본에서는 시가현의 신카이도분이라든지 거의 비슷한 것이 나와 있기 때문에 야막 고분의 갑주보다 많이 늦게 볼 필요는 없다, 저는 그렇게 생각합니다. 다른 부장품을 봐도 5세기 중엽이라든가 후반까지 내려 볼 필요는 저는 일본적인 입장에서는 그럴 필요는 없다고 생각합니다. 그 안에서도 철촉에 관해서는 안동 고분에서는 조금 장경화 된-철촉이 있기 때문에 그 부분에서 야막보다 한단계 조금 늦은 병유기법 도입기 새로운 시기였을 가능성은 있습니다만. 그렇게 하더라도 야막 다음에 안동이라든가의 단계적론적으로는 생각할 필요성은 없다고 저는 생각을 하고 있습니다.

두 번째 재지화하는 것인데요. 고흥반도에서 앞으로 묘제의 발굴조사가 많이 이루어지면 밝혀지겠습니다만 그래도 고흥반도 지구에 있는 장동유적의 묘제를 보면 그거하고 안동 고분의 묘제하고는 역시 큰 차이가 납니다. 안동 고분에도 즙석이 있고 그렇기 때문에 장동유적하고 대비했을 때 역시 안동 고분의 이질성은 강하지 않을까? 그렇게 생각을 하고 저는 야막 고분에도 역시 백제와의 무언가 관련성이 있다고 생각하기 때문에 그런 왜계 고분 자체가 왜, 영산강유역, 백제 그런 교류상에 있는 것으로 봤을 때, 사람들이 출자는 왜라고 하더라도 그것이 백제하고 왜, 일본 재지사람 하고 같은 관계를 가지고 피장자를 생각할 필요는 있지 않을까 그런 생각합니다. 그리고 두 번째 부분입니다만, 이것은 저보다도 서선생님이 더 잘 아시는 것 같습니다만, 일본에서는 영산강유역의 계통이 역시 많이 확인되어 있습니다. 그 안에서도 4~5세기 중반쯤까지 아까 발표에서도 조금 말씀드렸습니다만 북부구주지역하고 김해지역의 여러 가지 유적이 있습니다. 그러니까 그런 부분하고 백제적인 귀걸이라던가 그런 것이 나온 위신재적인 부장품, 일본에서 그런 고분이 나온 것도 같이 함께 생각할 필요가 있다고 생각합니다. 그렇게 했을 때 영산강하고 북구주, 백제하고 왜하고 1대 1의 관계보다는 좀 더 복합적인 관계가 이미 성립되어 있었고 그걸 가능하게 했던 것은 역시 지역집단들의 능동적인 활약(활동)이라고 저는 생각합니다.

그리고 마지막 질문이 가장 큰 문제이긴 합니다만, 5세기 전반의 왜계 고분은 왜하고 한반도의 백제, 영산강유역, 가야라든가 그런 세력들하고 관계를 맺을 때 필요한 관계망이 정리되었다고 저는 생각합니다. 그 단계를 5세기 전반의 왜계 고분이 나타낸다고 생각합니다. 백제하고 왜가 공식적으로 동경으로 간 시기는 360년 내외이며, 4세기 말에서 5세기 전반 백제는 고구려 남진에 대비하기 위해서 왜하고 의도적인 관계가 필요했다고 생각하고 왜쪽에서도 역시 선진적인 문화를 받아들여야 했기 때문에 그런 부분에서 백제 그리고 최근에는 영산강유역에서 5세기 전반에 올라가는 왜계 부장품이 확인되기 시작하고 있기 때문에 백제하고 왜 그 둘 사이에 영산강유역의 그 관계를 기본적으로 밀접한 관계가 성립된 시기가 5세기 전반이라고 생각합니다. 그것에 비해서 5세기 후엽 같은 경우에는 그것은 영산강유역의 전방후원분은 영산강유역이 주체적으로 묘제를 선택했다고 느끼고 있습니다. 다만, 그것은 백제 중앙, 영산강유역, 구주지역, 왜의 간접적인 관계라고 저는 생각은 안합니다. 전방후원분 안에는 김해지역하고 직접적인 관계를 나타내는 자료나 그런 부분이 있고, 그 외에 일본열도의 고분에서도 직접적인 관계를 나타내는 자료도 많이 있습니다. 당연히 영산강유역의 자료도 포함되어 있습니다. 그렇기 때문에 그 안에서 왜 영산강유역에만 전방후원분이 나타나느냐 그렇게 생각을 했을 때 그것은 역시 영산강유역의 지역집단이 가장 그것이 필요했기 때문에 그것의 필요성에 대해서는 이미 백제 중앙이 남하했기 때문이라든가 그런 것이 있습니다만, 그 부분의 주체는 영산강유역의 세력이 있었고 그 세력이 받아들인 묘제가 결과적으로 전방후원분이었다. 그럼 그것을 참고로 생각을 하고 그 안에서 왜도 왜 나름대로의 리더가 있었고 아마 백제도 백제 나름대로 리더가 있었기 때문에 그 안에 있는 부장품이 이뤄지는 백제계 장신구 등 그런 의미에서 저는 다의적인 분묘라고 생각을 한 겁니다. 이상입니다.

임영진 대단히 감사합니다. 매우 복잡한 문제인데 한국 사람보다 더 논리적으로 잘 압축해 주신 것 같습니다. 답변 내용은 발표하신 내용에서 크게 벗어난 것은 아니고, 이 문제에 대해서는 아마 단상에 올라와 계시는 대부분의 연구자들이 관심을 가지고 한마디 하시고 싶어 할 것입니다. 나중에 종합토론 때 가능한 한 논의하실 시간을 마련해 보도록 하고, 다음 주제로 넘어가겠습니다. 「전남 서남해지역과 가야지역의 교류 양상」에 대해서 하승철 선생님께서 발표해 주셨는데, 여기에 대해서 박중환 관장님 토론 부탁합니다.

박중환 네, 나주박물관의 박중환입니다. 하승철 선생님께서 발표하신 내용에 대해서 잘 들었습니다. 제가 김해박물관에 잠깐 근무한 적이 있었습니다만 가야토기에 대해서나 가야 여러 소국들의 토기 양상의 차이 등에 대해서는 자세히 잘 모르고 있었는데 그 부분의 전문지식이 약했던 저로서는 좋은 공부의 기회가 됐다고 생각합니다. 질문드리고 싶은 것은 발표요지에도 썼습니다만 일반적인 관점에서 궁금한 점한 가지하고, 또 한 가지는 발표요지에 적지는 않았습니다만 또 다른 궁금한 사항이 하나 있어서 이 두 가지를 말씀드릴까 합니다.

하나는 두 지역의 문화상이 유사하게 나타나는 것과 정치적인 세력 관계와의 관계를 어떻게 받아들여야 할 것인가의 문제입니다. 유사한 토기 기형들이 원래 발생한 지역이 아닌 다른 지역에서 나타나는 것은 양 지역 사이에 정치적인 영향이 있었다고 해석할 수 있는 필요조건은 될 수가 있을 것 같습니다. 그런데 그것이 정치적으로 영향을 주었다고 해석할 수 있는 충분조건이 될 수 있을 것인지에 대해서는 어떨지 좀 궁금해집니다. 발표의 주제 자체가 서남부 지역에 대한 가야 세력의 영향을 이야기하는 것이기 때문에 당연히 가야토기에 대해서 지적을 했고 여러 가야 세력들의 서남해지역에 대한 영향과 그 결과로 해석을 할 수밖에 없었겠지만 그 문화적인 양상의 유사성이 곧바로 정치적인 영향력의 결과라고 곧 바로 확신하기는 좀 어렵지 않나 생각됩니다.

또 다른 문제는 여러 가야 세력들의 서남해지역에 대한 영향을 이야기하셨는데 대가야라던가 금관가야 지역과의 관계에 대해서는 특별한 이견이 없습니다. 다만 소가야 문제인데요. 소가야 부분은 결론부분에 하승철 선생님께서 쓰셨듯이, "전남 동부지역에 4세기 대에 소가야 토기가 집중하지만 …" 그리고 "5세기에 접어들면서 분포범위가 급격히 확대되어서 서남해지역을 비롯해서 금강유역, 한강유역까지 분포되고 그 양상이 굉장히 확대되어간다"고 했습니다. 활발한 분포도 자료와 함께 출토 상황을 말하고 있습니다. 그런데 고고학 자료로 설명하는 하승철 선생님의 이런 설명은 역사기록을 통해서 이해하고 있는 일반적인 역사상과는 차이가 있습니다. 한반도의 서남해지역은 백제가 진출하기 이전에 마한세력이 있었다고 일반적으로 이야기 되고 있는데 마한세력에 대해서는 역사기록에 나라 이름들만 나열되어 있지 각각의 나라들의 구체적인 활동사항에 대한 기록은 없습니다. 그런데 가야 쪽은 아시듯이 『삼국유사』에 '가락국기'라고 하는 기록도 있고, 가락국기 안에 나오는 소가야 세력들의 활동뿐만 아니라 소가야와 신라와의 교섭관계를 알 수 있는 기록들도 남아 있어서 이들 기록을 통한 양 지역의 교섭관계에 대한 연구와 이해가 가능합니다. 그런 기록을 보면 소가야 세력이 금관가야와 대립하면서 남해안 교역루트의 주도권을 확보하기 위해서 금관가야를 공격했다가 신라의 개입으로 실패하게 되고 이를 계기로 소가야 세력이 급속하게 쇠퇴하게 되는 것으로 이해됩니다. 그게 4세기대에 전개되는 양상이라고 받아들여지고 있고 그 이후 소가야는 신라에 흡수되어 갔다고 보는 것이 현재까지 알려져 있는 가야 역사의 전반적인 흐름이기 때문에, 하승철 선생님께서 주장하신 서남해지역에 대한 소가야의 활발한 진출과 자료의 출토상황에 대한 고고학적인 자료와 현재의 일반적인 가야 역사의 전개과정에 대한 이해 사이에 놓여있는 시기적인 차이를 어떻게 받아들여야 할지 이 부분에 대해서 말씀해주시면 좋겠습니다.

하승철　　　네, 질문 감사드립니다. 토론자 선생님께서 당초에는 네 가지 질문을 하셨는데, 시간관계상 두 가지만 하셨습니다. 제가 표현을 좀 거칠게 쓴 부분도 있고 학계에서 제기한 부분도 있지만 역시 이주라든지 이동을 논의할 때는 문화적인 현상을 너무 확대해석하는 것을 줄이라고 지적을 받아 왔습니다. 일단, 두 가지 질문을 하셨으니 말씀을 드리겠습니다.

유사 토기문제에 대해 자료에 있는 세 번째 문제라고 생각합니다. 예를 들어 전남 동부지역에 소가야 토기라든지 주거지, 묘제 이런 것들이 굉장히 많이 등장합니다. 4세기 대에도 유사한 양상이 있고, 5세기, 6세기도 유사한 양상이 있는데, 저도 제일 궁금한 것이 역시 전남 동부지역의 마한 소국의 실체는 어떠한 것이었을까? 이 부분이 궁금해집니다. 고흥 장동유적 등에서 소가야토기, 금관가야토기, 신라토기가 나오지만 역시 현지 세력의 토기양식들도 보입니다. 오늘 외래계 토기를 중점으로 이야기 하고 있어서 전남 동부지역이 '소가야 연맹체' 이런 이야기까지 진행되고 있는데, 전남 동부지역에 '마한 소국의 실체'라든지 '상황'은 제가 공부하고 있는 중에 있습니다. 일단은 제 생각은 전남 동부지역과 영산강유역은 주거지, 묘제 등에서 차이가 많습니다. 전남 동부지역은 소가야쪽의 양상과 유사한 점이 더 많습니다. 이후 5세기 후반, 6세기가 진행되면서 백제계의 요소들이 많은 것은 사실입니다.

두 번째 질문에는 소가야 연맹체, 포상팔국 연맹체 문제가 되겠습니다. 문헌기록에는 3세기라든지, 4세기 대에 포상팔국 연맹이 신라를 공격했다 쇠퇴하게 되는 식으로 가는데 제가 생각하는 소가야의 시기는 대체로 5세기가 됩니다. 고고학으로 보면 5세기 대에 소가야가 가장 넓은 범위에서 토기양식, 문화적 현상이 나타나기 때문에 5세기 대에 가장 많은 활동을 한 것으로 됩니다. 그러면 문헌기록하고 거의 1~2세기 정도가 차이가 나는 현상이 발생합니다. 이 부분에서 문헌과 고고학의 괴리가 있습니다. 일단 고고학적 상황을 보면 5세기 대 남해안 소가야 여러 소국들이 아주 활동적인 영향을 펼쳤다고 생각하고 있습니다. 그런 활동들 속에서 마한 백제지역과 교류하면서 해상세력으로서 많은 역할을 하고 있고 그런 상황 속에서 소가야 토기들이 마한 백제지역에 많이 유입이 되고 있습니다. 제가 말씀드릴 것은 여기까지입니다.

임영진　　　감사합니다. 중요한 문제들에 대해 질문과 답변이 오고 갔는데요, 전남 동부지역이 5세기 말~6세기 대에 가야권, 특히 소가야권과 관련된 문물이 상당히 큰 비중을 차지하게 되는데 문화적인 유사성과 정치적인 관계를 연동시켜, 바로 대입시켜 해석할 수 있겠는가 하는 문제이죠. 박중환 관장님의 견해는 문화적으로 유사성이 높다 하더라도 그것은 문화적인 면에 국한되어 있을 뿐, 정치적인 면까지 예속된 것으로 보기는 어렵다, 즉 전남 동부지역을 가야권이라고 보기는 어렵다는 말씀이십니다. 문헌기록이 많지 않기 때문에 논란이 될 수밖에 없는데, 그 반대의 상황 속에서 논란이 되는 지역도 있습니다. 잘 아시다시피 영산강유역은 6세기 초까지 대규모 옹관묘가 성행하면서 백제하고 다른 독자적인 문화를 영위하였는데, 문화적으로 백제하고 달랐다고 해서 백제가 정치적으로 지배하지 않았다는 증거라고 말할 수는 없다는 주장이 제기되어 왔던 것이지요. 그래서 문화적인 현상과 정치적인 관계를 어디까지 연결시켜야 될 것인지 끊임없이 논란이 되풀이 되는데, 어떠한 입장에서 보느냐에 따라 서로 다른 각도로 해석할 수 있는 여지가 있는 문제일 것입니다. 두 분의 논의 역시 그와 같은 배경에서 이해해 볼 수 있지 않은가 생각이 되고, 앞으로 계속해서 논의해야 될 중요한 과제라고 생각됩니다. 마지막으로 변동명 선생님의 「9세기 전반 서남해지역의 해상세력」에 대해서 송은일 선생님께서 질문 해주시기 바랍니다.

송은일   안녕하십니까? 송은일 입니다. 많이 기다렸습니다. 저는 변동명 교수님의 글을 읽을 때마다 참 재미있다라는 생각을 갖게 됩니다. 이는 논문이면서도 많은 이야기를 담고 있기 때문이 아닐까 합니다. 저는 이러한 글쓰기 방법을 많이 배우려고 노력을 하고 있습니다. 이 글은 청해진의 치폐를 기준으로 9세기 전반 장보고를 포함한 서남해지역에서 활동하였던 해상세력의 추이와 특징까지를 살펴본 것입니다. 이 글은 관련 자료가 그다지 많지 않는데도 불구하고 다양한 자료를 대입시켜 당시 해상세력은 물론이고 그들의 움직임까지도 꼼꼼히 살펴봤다고 할 수 있습니다. 특히 이 글에서 주목되는 것은 당시 서남해 해상세력이라 하면 장보고를 생각하는 것이 보편적인데 연위·어여계·부돈 등과 같은 새로운 인물들을 발굴한 것이라 할 수 있겠습니다. 앞서 언급했습니다만 그다지 많은 자료가 없는데도 불구하고 유관 자료를 잘 활용해서 논지를 차분하게 이끌어 나갔다고 생각되어 특별히 지적할 사항은 없습니다만 토론자가 이 글을 읽어가면서 한두 가지 궁금한 사항이 있어 발표자의 의견을 듣고자 합니다.

첫 번째, 장보고의 활동을 기점으로 하여 이전과 이후 해상세력의 성향을 간단히 설명해주셨으면 합니다. 두 번째, 현재 한반도에서 서남해 지역의 범위에 대해서는 변산반도에서부터 화원반도, 해남반도, 고흥반도, 여수반도로 이어지는 지역을 대체적으로 이야기하는데, 9세기 전반 장보고가 활동했던 시기의 서남해안지역과 현재 서남해지역의 범위가 동일한 것인지 아니면 다른 것인지에 대해서도 말씀해주시면 고맙겠습니다. 세 번째, 이 질문은 논외의 내용이라고 생각되지만, 이 글과 연관이 있어 말씀드리겠습니다. 9세기 당시 서남해지역 외에 해상세력이 존재했었는지의 여부와 존재했다면 그 지역은 어느 곳인지에 대해서도 아시는 대로 답변해주시면 감사하겠습니다. 이상입니다.

변동명　　　네, 고맙습니다. 여러 가지로 우정이 넘치는 지적이어서 공부를 많이 해야 되겠습니다. 우선 장보고의 활동을 기점으로 해상세력의 성향에 나타난 변화, 이건 참 단정적으로 말씀드리기 어려운 사항입니다. 결론 부분에서 간단히 말씀드렸듯이 장보고까지는 대체로 신라의 골품체제에서 완전히 벗어날 생각은 없었던 것 같은데 그의 실패 이후에는 고개를 돌리게 되고 그랬던 것은 아닌가? 경주 중심의 신라 체제에 대한 생각이 달라졌던 것이 아닌가? 이 정도 생각하고 있습니다. 대답이 될지 모르겠습니다.

두 번째, 서남해역 범위, 이것은 제가 이 글을 시작하면서 고민했던 부분입니다. 제목을 달 때 제가 넣어야 했는데 안 넣었습니다. 수정해야겠다고 생각했습니다. 제목에 무주 서남해지역이라고 고쳐서 넣겠습니다. 애초에 전남 서남해지역이라고 주제를 받았었습니다. 일반적으로 서남해지역이라고 하면 충청도 해역에서 시작하여 이쪽 전라도의 동부 해역까지 다 넣어서 한꺼번에 두루뭉술하게 이야기해왔는데, 저는 그중에서도 현재의 전남 그러니까 무주의 서남해지역, 대체로 영광 혹은 함평에서 시작하여 남해안의 완도, 강진 이 정도 범위까지를 생각하였습니다. 고흥에서 순천, 여수의 경우는 남해 중부 내지는 전남 동부해역으로 떼어서 접근하는 게 옳지 않을까 생각합니다. 제가 이번에는 그 정도를 염두에 두고 글을 썼는데, 서문에서라도 그것을 정확하게 밝혀서 혼동이 없도록 하겠습니다.

다음으로, 서남해지역 외의 9세기 전반 해상세력 문제인데, 물론 다른 지역에도 존재했을 터이지만 구체적으로 확실하게 지적해서 말하기에는 어려움이 있습니다. 9세기 전반이라면 얼른 생각나는 것이 왕건의 조부인 작제건입니다. 대체적으로 해상세력으로 인정을 받고 있는데, 장화왕후 오씨의 조부와 비슷한 연배로 추정한다면 당시의 해상세력으로 언급할 수가 있을 듯싶습니다. 그밖에 당진의 복지겸의 조상인

복학사라는 분이라든지, 김해나 진주의 해상세력 같은 경우도 가능성의 측면에서 떠오르긴 합니다만, 좀 더 구체적으로 따져봐야 할 것 같습니다. 그런 존재들을 배경으로 해서 후일 왕건과 같은 인물이 나타났을 텐데, 9세기 전반에 활동한 것이 분명한 해상세력의 존재를 구체적으로 거명하기란 그리 쉽지를 않습니다.

임영진　　　　짧게 답변 해주셔서 감사합니다. 지금까지 여섯 분의 발표에 대한 질의, 응답을 마쳤습니다. 애초에 1시간 정도로 생각하고 시작했고, 가능한 한 줄여보고자 하였는데 그렇게 되지는 못하였습니다. 남은 시간이 매우 촉박하지만 핵심적이고 공통적인 문제를 중심으로 종합토론을 시작하겠습니다. 오늘 학술회의 주제가 「전남 서남해지역의 해상교류와 고대문화」입니다. 해상교류 문제를 논의하자면 기본적으로 선박구조를 비롯한 선박 자체에 대한 논의도 필요할 것이고, 시대에 따른, 기술 발전에 따른 항해 기법에 대한 문제도 논의가 되어야 할 것이고, 또 시대를 통관해서 한중, 한일, 중일 사이에 이용되었던 항로에 대한 언급이 필요할 것 같고, 시기적으로 기술 발전이라든가 정치적인 변화에 따라 이용되는 항로가 변하였을 가능성도 높고, 그것이 갖는 종합적인 의미에 대해서도 논의가 필요할 겁니다. 그래서 이런 것들을 하나하나 살펴볼 필요가 있겠는데, 사실 이런 주제들은 각 주제별로 학술회의를 할 수 있는 큰 주제들입니다만 시간이 충분하지 않기 때문에 크게 두세 가지만 압축해서 논의해 보고자 합니다.

　첫 번째는 항로 문제에 있어서 전남 서남부지역에서 중국 영파 쪽으로 이어지는 사단항로가, 명칭에 있어 논란이 있겠습니다만, 언제부터 활용되기 시작했는가? 이 문제에 대한 견해들이 약간씩 다르기 때문에 간단하게라도 다루고자 합니다.

두 번째는 5~6세기 초에 이르는 기간 동안 무안, 신안, 고흥, 경상도까지 이어지는 소위 왜계 고분들의 분포가 역사적으로 어떤 의미를 가지는가? 그 피장자는 누구이고 어떤 역사적 배경에서 그런 지역에 그런 특징을 가진 고분들이 만들어졌는가? 또 그것이 갖고 있는 백제와 전남, 왜와의 관계는 어떠한가? 하는 문제입니다.

먼저 서남해사단항로라고 일컬을 수 있는 항로의 사용 시기 문제입니다. 문안식 소장님께서는 백제 웅진기부터 개척되기 시작했다고 보고 계시는 것 같고, 가장 늦게 보시는 분은 정진술 선생님이신데 11세기 고려로 보시는 거죠? 상당한 차이가 있습니다. 나름대로 어느 정도 근거를 가지고 말씀을 하실 텐데 다른 분 가운데 이 문제에 대해 발언하실 분 안 계신가요? 아까 김병근 선생님께서는 백제지역에서 나오는 중국 동진계 청자들을 토대로 그 시기에 개척되지 않았을까 하고 보시는 것 같습니다. 일단 가장 늦게 보시는 정선생님의 견해가 다른 견해에 비하면 대단히 큰 차이가 있는데 그렇게 늦게 밖에 볼 수 없는 이유에 대해 먼저 말씀 부탁드리겠습니다.

정진술　　　좀 답변하기가 어렵습니다. 이 문제를 제시하려면 첫째는 고대항해술을 먼저 이야기 해야겠고, 그에 따라서 문화현상을 어떻게 이해를 해야 할 것인가가 있습니다. 우선 간략하게 빨리 이야기 하겠습니다. 우리가 흔히 고대항해술 특히 동아시아에서는 9세기 이전을 원시 항해술 시대라고 합니다. 나침반과 해도가 없이 선원이 감각만으로 항해했던 시대가 동아시아에서는 9세기 이전이라는 거죠. 오늘 발표자 토론자 모두 그 시대 범위에 해당되는 내용을 다루고 있는 바로 그 시기입니다. 그 시기에는 항해가 어떻게 이뤄졌냐는 것이죠.

첫째는 가장 기본적인 항해술로 연안에서 섬이나 육지를 눈으로 보면서 항해하는 방법 곧 연안항해인데 그것이 첫째 가장 중요한 방법이고, 둘째는 아무것도 보이지 않는 대해에서, 고대에는 서해나 동해는 모두 망망대해입니다. 엄청난 대양이었습니다. 이 대해를 항해할 때는 어떻게 해야 될까? 눈에 보이지 않는데 무엇을 기준으로 선원이 키를 잡을 것인가? 이건 굉장히 중요한 문제입니다. 그래서 바로 정방향 대양항해술이 거기서 나오는 건데요. 정방향이라는 것은 정동, 정서, 정남, 정북을 말하는데, 대양에서 선원이 그나마 식별할 수 있는 방법이 이 정방향밖에 없습니다. 밤에는 특히 북극성을 볼 수밖에 없고, 그 북극성을 기준으로 해서 그 네 방향을 가늠할 수 있죠. 낮에는 태양을 기준으로 해서. 그런데 정방향은 이렇게 가능하지만 사선방향은 선원이 무엇을 보고 기준을 잡아서 키를 잡고 갈 것인가? 기준될 만한 것이 없습니다. 낮에는 대충 감 잡아서 간다고 하지만 밤이 되면 길을 잃어버립니다. 밤이 되어가지고 배가 한 바퀴 돌아버리면 선원이 방향을 잃어버립니다. 특히 하늘이 희미해져서 아무것도 보이지 않는 경우. 그래서 이 사선방향의 항해라는 것은 나침반이 등장한 이후에 비로소 안전하게 가능했던 항해방법이라는 것을 우선 알고 들어가야 합니다. 그래서 오늘 김병근 선생님도 백제시대를 거론하셨고 문안식 선생님도 백제시대 서해남부사단항로라고 이야기 합니다. 흑산도하고 주산도를 기준으로 했을 때 그 거리는 약 330해리인데 송나라 서긍의 사신선을 인용하지 않더라도 옛날 원시항해술 시대의 배가 5일 동안 항해를 해야만 통과할 수 있는 거리입니다. 그 말은 5일 동안 같은 방향의 일정한 바람을 계속 받아야만 안전하게 통행할 수 있는 거리라는 겁니다. 바로 이 서해남부 사단항로, 흑산도에서 양자강 하구 주산군도까지 항해가 그토록 위험하고 어려웠던 이유가 바로 거기에 있습니다. 5일 동안 지속적으로 부는 바람을 만나기가 쉽지 않죠. 나침반이 있었던 송나라 서긍이 1123년에 고려에 오면서도 위험을 무릅씁니다. 갈 때도 위험이 닥쳐서 키가 부러졌죠. 그렇게 위험했는데, 나침반이 있어도 위험했는데, 하물며 나침반도 없고 아무것도 없던 백제시대에 서남해 사단항로를 자유자재로 구사했다고 이야기하기에는 우리 문화해석에 있어서 큰 비약이 아닌가? 이 사단항로는 그렇습니다만 특히 중부횡단항로 곧 황해도와 산동반도의 항로의 해석에 있어서도 그 사용 시기도 신중을 기해야 합니다. 왜냐하면 최초로 사용한 기록은 잘 아시다시피 『위서』백제전에 나오는 5세기 후반에 처음으로 그 항로 이용이 시도가 됩니다. 그러나 그때도 자유롭지 못했습니다.

그러기 때문에 8세기 말 가탐의 도리기가 작성된 게 8세기 말 9세기 초로 짐작이 되는데요. 그때도 서해북부 연안항로 즉 요동반도 연해를 돌아서 항해했다고 명확히 나와 있습니다. 물론 저는 도리기 내용에는 중간에 산동반도에서 황해도로 이어지는 항로도 포함이 되었다고 해석하는 사람 중에 하나입니다만 어찌됐건 8세기 말 9세기 초까지도 그 북부연안항로를 이용할 수밖에 없었다는 겁니다. 그만큼 서해는 고대에 위험했고 쉽지 않은 항해였다는 것이죠. 특히 기왕에 말이 나왔으니까, 해석의 문제가 제일 중요하다고 생각합니다. 문안식 선생님이 고토

오열도와 청산도간에 새로운 항로가 이미 백제시대에 개발되었다고 했습니다. 저는 거기에 대해서도 아주 위험한 해석이라고 생각하는데요, 왜냐하면 이 거리는 원시항해술 시대의 속도로는 최소 이틀이상의 항해 기간이 필요합니다. 그 말은 깜깜한 밤에도 똑같은 방향으로 이 사단항해를 해야 한다는 겁니다. 완도에서 고토오열도까지는 사단입니다. 사단으로 키의 기준을 잡을 아무런 방법이 없습니다. 특히 야간에는 한바퀴 돌아버리거나 아니면 5~10도 정도만 어긋나도 목표지역에서는 수십해리가 어긋납니다. 조난당하기 십상입니다. 바다에서 조난당한다는 것은 곧 죽음을 의미합니다. 그만큼 어려운 것이 이 사단항해입니다. 그렇기 때문에 우리가 잘 알다시피 엔닌이 귀국할 때도 사단항로를 이용하지 않고 우리 남해연안을 따라서 거제도 남단에서 대마도를 거쳐서 가는 것을 여실히 볼 수 있는 것입니다. 고대 항해 문제를, 항로 문제를 해석할 때는 확실한 근거에 의해서 신중해야 한다고 저는 이야기하고 싶습니다. 이상입니다.

임영진　　대단히 감사합니다. 정선생님께서는 안전한 항해가 이뤄질 수 있는 여러 가지 조건을 말씀해 주셨고, 이 견해와는 다른 견해를 내신 두 분의 견해가 거론되었는데 고고학적으로는 몇 가지 자료를 가지고 가능성을 유추할 뿐 그걸 입증하기는 어렵기 때문에 다른 분의 의견을 듣도록 하겠습니다. 리메이즈 선생님, 장보고 시대, 9세기 대의 한중교류를 언급하시면서 5세기 대에 왜가 백제의 도움을 받아서 중국으로 갔다는 말씀을 해주셨는데, 그때 이용했던 항로는 어떤 항로였을 것으로 생각하시나요?

리메이즈   저의 인식에 대해서 간단히 말씀드리겠습니다. 왜가 백제를 통해서 중국에 갔다 하는 것은 역시 연안항로라고 생각합니다. 그 가탐도리기에 나오는 항로인데요. 서부해안을 따라서 요둥반도에서 장산도라든가 섬을 지나서 산동반도에서 직접 중국에 들어갔다고 볼 수 있습니다.

임영진   산동반도에서 직접 중국에 들어갔다? 연안을 따라 산동반도로 가서 다시 연안을 따라 강남지역으로 내려오는 것이죠?

리메이즈   네, 중국 남북조 때에는 산동반도에서 또 남쪽으로 황해 연안을 따라 내려오다가 지금의 장강하구에서 장강을 거슬러 당시의 도읍이었던 지금의 남경에 도착했다고 볼 수 있습니다.

임영진   네, 전남 신안 같은데서 바로 중국 강남 쪽으로 가지는 못했을 것이라는 것이군요.

리메이즈   네, 그때 백제 역시 중국의 남조와 내왕할 때에 연안항로를 사용했다고 보여집니다.

임영진   한분만 더 청해 듣도록 하겠습니다. 일본에서 오신 다카타 칸타 선생님, 전남지역과 왜의 관계에 대해 열변을 토해주셨는데 소위 왜5왕의 시대에 중국에 갔던 사신들이 이용했을 항로를 어떻게 보고 계십니까?

다카타 칸타　　저는 기본적으로 왜는 백제의 도움이 없으면 중국에 어떻게 가면 되는지도 몰랐을 거니깐요. 그런 의미에서 백제에서 중국으로 갔을 때 보통 어느 경로로 갔는지 그거에 따라 달라서 개인적으로 생각할 때는 역시 연안항로가 가장 확실하고 왜의 입장에서는 반드시 중국에 가야하니깐 가장 안전한 항로를 선택하지 않았을까? 그렇게 생각합니다. 그것이 답입니다.

임영진　　감사합니다. 이구동성으로 백제시대에 서남부사단항로를 이용하는 것은 어려웠을 것이라고 말씀하고 계십니다. 문안식 소장님, 상당히 중요한 가능성을 제기하셨는데, 문소장님의 얘기를 안 듣고 다음 주제로 넘어가면 섭섭해 하실 것 같습니다. 1분 정도만 말씀해 주시지요.

문안식　　네, 정진술 선생님은 항해술과 항로 등의 연구에서 아주 탁월할 권위자이신데요. 제가 공자님 앞에서 문자를 쓰는 것 같습니다. 다만 문헌기록과 고고자료를 통해 일부 의견을 보충하고자 했습니다. 제가 직접 청산도를 올라가서 보니깐 제주도 해역이 너무 잘 보입니다. 한라산이 동네 앞산처럼 보입니다. 청산도 앞의 여서도를 거쳐 제주도와 한라산이 파노라마처럼 펼쳐져 보였습니다. 또한 제주도의 구전 기록에 한라산에서 일본의 오도열도가 보인다는 기록이 남아 있습니다. 서남해 도서, 청산도, 제주도를 거쳐 오도열도를 경유하여 구주로 가는 해로가 육안 관찰이 가능합니다.

　　서남해와 남중국 사이의 항로 역시 웅진시대부터 열렸을 가능성이 높습니다. 백제 사절이 동성왕과 무령왕 때 남조를 방문한 횟수가 굉장히 많습니다. 이들은 사단항로를 활용했을 가능성이 많습니다. 장춘이라는 신라 상인이 통일 직후 중국을 왕래한 기록이 있는데, 장보고보다 백년 앞선 시대입니다. 장춘이 귀국한 해로가 사단항로였습니다. 한편 왜국의 견수사와 견당사도 처음에는 신라를 거쳐 중국으로 가지만, 신라가 바닷길을 차단한 후에는 규슈에서 곧바로 절강으로 가거나 오키나와로 돌아서갑니다. 백제와 일본 모두 사단항로 등 큰 바다를 통해 중국으로 항해할 수 있는 충분한 능력이 확보되어 있었다고 생각합니다.

임영진　　이 문제는, 여러분께서 들으셨겠지만, 의견이 차이가 나기 때문에 사회를 보는 제 입장도 좀 당혹스럽습니다. 어느 정도 접합점을 찾아 가는 게 토론의 목표라고 할 수 있겠는데, 접점을 찾아가기가 힘들 것 같습니다. 정선생님, 혹시 타결점은 없을까요? 말씀하신대로 정상적인 항법, 항해술을 이용해서 연중 가고자 했을 때 어느 때라도 갈 수 있었던 시기가 9세기 대라면, 바다에 사는 사람들은 연중 특정 시기에 좋은 날씨를 만나 특정 지역에 갈 수 있다는 것을 오랜 경험 속에서 알 수 있었을 것으로 추정되는데 그런 경험 속에서 가장 안전한 기간을 택해서 간헐적이라도 그런 항로를 이용했을 가능성은 조금 열어 두시는 게 어떨까요?

정진술　　그런데 가능성을 열어두기에는 그 증거가 명확히 필요하거든요. 그런데 특히 고고학에서 육지 연안에 어떤 물건이 상대방하고 똑같은 물건이 나왔으면 99.9%는 전부다 직선항로로 연결합니다. 근데 그건 전 곤란하다고 봅니다. 왜냐하면 그것은 첫째는 표류를 생각해야 합니다. 옛날에는 거의 표류에 의해서 교류가 이루어졌습니다. 두번째는 옛날에 가장 안전한 방법은 연안을 따라서 빙 돌아가는 항로가 제일이었다는 것이죠. 그리고 특히 백제의 서남해 사단항로 문제는 말을 하지 않을 수 없습니다만, 결정적으로 『일본서기』에 이런 내용이 나옵니다. 오나라로 향하는 5세기 곧 웅신 37년의 사실인데, 김성호 선생님은 그 연대를 426년으로 추정했습니다. 5세기 전반이죠. 일본 사신이 중국 오나라로 가기 위해서 백제 연안을 따라서 고구려까지 올라갑니다. 근데 고구려 사람에게 물었으나 가는 길을 몰라서 결국은 고구려 당국의 도움을 받아 갈 수 있었습니다. 당시 백제와 일본과의 관계를 생각한다면 그리고 백제에서 서해남부 사단항로 즉 흑산도에서 주산군도로 가는 항로를 알거나 또는 산동반도와 황해도 간의 항로를 백제가 자유자재로 이용할 수 있었다면 상상할 수 없는 기록입니다.

임영진　　　예, 말씀 잘 들었습니다. 이 문제는 더 이상 거론하지 않겠습니다. 청중석에 계시는 여러분들께서 직접 들으셨으니까 여러분들께서 각자 나름대로 판단해주실 것을 부탁드리고 마지막 주제로 넘어가도록 하겠습니다. 계속 미뤄왔는데 시간이 너무 촉박하군요. 서남부 도서지역과 내륙지역에서 발굴되고 있는 5세기 대와 6세기 초에 걸쳐있는 왜계 고분들, 원분도 있고, 장고형을 띤 고분도 있고, 내부시설도 석관, 석곽, 석실 등 다양하고, 출토 유물도 다양합니다. 이에 대해 그동안 여러 가지 견해들이 제기된 바 있습니다. 다카타 칸타 선생님도 약간 다른 각도에서 발표해 주셨는데 시간 관계상 모든 분들의 의견을 다 청해 볼 수는 없겠고, 제가 시간 절약을 위해서 한 가지 질문을 드리겠습니다.

소위 왜계 고분들이 전남에서부터 경남지역까지 연안과 도서지역에 주로 분포되어 있는데, 왜에서 연안항로를 이용하면서 안전한 항해를 위해서 길잡이로 파견됐을 수도 있고, 일부는 아마 현지 토착세력 가운데 그런 일에 협조적인 분들이 있어서 왜계의 그런 자료를 도입했을 가능성이 있다는 견해가 일반적입니다. 그런데 일본식 장고분이 영산강 유역권에서만 15기가 알려져 있는데, 전남지역을 벗어난 곳은 전북 고창뿐 입니다. 고창은 당시 문화적으로나 정치적으로 영산강유역과 운명을 같이하는 세력권이라고 할 수 있습니다. 따라서 장고분은 넓은 의미에서 영산강유역권에만 분포한다고 할 수 있겠는데 왜계 고분 가운데 규모가 작은 원분은 경상도에서도 나오는 데 반해서 장고분은 전남에서만 나오는 이유를 밝히는 것이 왜계 고분 문제를 이해하는 데 상당히 중요하다고 생각합니다. 그 차이에 대해서 얘기 해주실 분 안 계신가요? 그 차이에 대한 납득할 만한 의견이 있다면 다른 여러 가지 문제도 해결될 수 있을 것 같습니다. 어느 분부터 말씀을 해주실까요? 발표자보다 토론자 가운데 말씀해 주실 분이 안 계신가요? 서현주 교수님 30초 정도로만 해주시기 바랍니다.

서현주　　경남 서해안 쪽에서도 왜계 고분이 나오고 있는데 5세기 전반 대 고분은 많지 않은 것 같습니다. 이른 시기 고분은 현재 전남 서해안 쪽에 좀 더 늘어나고 있는 상황이 아닌가 싶은데 5세기 전반, 또는 5세기 중엽까지 내려갈 수 있는 왜계, 즉 왜인이 조영했다고 볼 수 있는 고분이 좀 더 전남 서해안 쪽 일대에 많은 것과 함께 결국 5세기 후엽 6세기 전반의 상황에서는 백제와의 관계가 배경이 되어야 될텐데, 저도 오늘 발표를 하셨던 다카타 선생님과 마찬가지로 영산강유역의 전방후원형 고분이 재지세력만, 왜만, 백제만 따로따로 강조될 수 없다고 생각합니다. 다만, 많은 분들이 그런 생각을 하실 텐데, 그 중에 어떤 걸 더 강조하느냐, 더 주체가 되느냐 내지는 배경의 중심이 되느냐의 문제라고 생각합니다. 영산강유역의 전방후원형 고분 또는 장고분이라고 말하는 고분이 만들어졌던 시기가 백제에 있어서는 남쪽으로 천도하는 시기이기도 하고 왜와의 교류가 본격화되는 시기이기도 합니다. 그래서 백제가 남쪽으로 천도를 하면서 영산강유역의 세력이 상대적으로 백제와 차별하려고 하는 의도를 강조하는 분도 계실 거고, 백제가 내려오면서 영산강유역이 그 전부터 가졌던 왜와의 교류 과정에서 얻은 노하우를 백제 진출 이후의 교섭 과정에서 많이 활용했을 가능성도 있다고 생각하는데 기본적으로 저는 후자의 입장을 취하고 있습니다.

임영진　　　감사합니다. 시간이 다 되었는데, 하승철 선생님이 생각하시는 바가 있으실 것 같은데 먼저 발언해 주시고 마지막에 다카타 칸타 선생님이 발언해주시기 바랍니다.

하승철　　　네, 삼국 고분 중에 야막 고분, 배널리 고분 이것은 기본적으로 출토 유물이라든지 유물 부장방식이 왜이기 때문에 왜의 피장자라고 봅니다. 왜 전라도 전방후원형 고분하고 원분하고 차이가 나느냐 역시 축조집단의 세력 차이입니다.

임영진　　　축조집단의 세력 차이라면 …

하승철　　　네, 만들고 싶다고 이게 전방후원분을 섬에서 다 만들 수 없고 이게 엄청난 노동력이 필요하고 기획력이 필요하기 때문에 내륙 쪽에서밖에 만들 수밖에 없는 상태가 되겠습니다.

임영진　　　축조 집단과 세력의 차이 …

하승철　　　그리고 말씀하신 대로 전방후원분이 여러 가지로 축조 배경이 다 달랐을 것이다. 피장자도 다를 것이다. 이 의견에도 동의합니다.

임영진　　　장고분의 주인공이 영산강유역권의 토착세력이라면 가야쪽도 왜와 깊은 교류 역사를 가지고 있는데 무슨 까닭에 가야권에서는 장고분이 1기도 나오지 않느냐는 것이 문제가 될 것입니다.

하승철　　　저도 그게 의문입니다. 저는 송학동이 가장 유사한 전방후원형 고분을 띠고 있다고 생각하는데, 나머지는 왜계 석실의 형태의 요소는 받아들이고는 있지만 전방후원형 고분의 그것은 만들지는 못하고 있습니다.

임영진　선호도 차이였다고도 볼 수 있을까요?

하승철　네, 목적이 가야는 아닙니다. 제 생각에는 당시에는 중심 목적은 영산강을 거쳐서 백제까지 가는 게 주목적이기 때문에 가야는 중간 기착지였을 것이라고 봅니다.

임영진　마지막으로 다카타 칸타 선생님 부탁합니다.

다카타 칸타　경남지역하고 전남지역 중 왜 전남지역에만 전방후원분이 있는지 저는 그것이야말로 영산강유역 세력의 선택의 결과라고 생각합니다.

임영진　선택 …

다카타 칸타　그 만든 해 영산강유역의 세력들도 전방후원분에 대한 필요성을 가졌기 때문에 …

임영진　하승철 선생님하고 비슷한 견해신데 그렇다면 왜 그걸 선택하고자 했을까? 그에 대해 납득할 만한 해명이 되어야만 모두가 수긍할 수 있을 터인데 여전히 의문이 남습니다. 이 문제는 많은 분들이 관심을 가지고 계시니까 차분히 얘기해보고 싶지만 시간관계상 더 계속할 수 없는 것이 무척 아쉽습니다. 시간이 다 되었지만 청중석에 계시는 분들께서도 궁금한 점들이 많으실 테니깐 한두 분 질문을 받고 싶습니다.

청중석   제가 한 말씀 드릴까요?

임영진   네, 짧게 부탁드리겠습니다.

청중석   항로 문제인데요. 나 목포 사는 사람인데. 항로 문제를 얘기를 하다 보니깐 얼른 듣고 보니깐 인도에서 건너오신 허황후가 생각나네요. 그분들이 과연 연안항해술만 가지고 인도에서 출발해서 동남아를 거쳐서 신라시대에, 그때 가야 때입니다. 가야왕으로 안 오셨습니까? 지금 김해에 가서보면 분명히 표시가 그렇게 되어 있어요. 그렇다면 그분들이 옛날에 오실 때의 항로가 연안항로술뿐이었겠는가? 이렇게 묻고 싶습니다.

임영진   답변하실 분을 지정하지 않으셨으니까 시간 관계상 제가 그냥 짧게 답변 드리겠습니다. 허황후가 인도에서 배를 타고 왔다는 설화에 대해 누구도 역사적 사실로 고증한 바는 없습니다. 그렇다고 설화 자체를 무시할 수는 없겠고, 왔다면 그 시기로 보아 연안 항로를 이용했을 가능성이 높다고 할 수밖에 없지 않겠는가 하는 정도로만 말씀을 드리고자 합니다. 부족한 점이 있더라도 시간 관계상 참아주시기 바라고요, 다른 의견 없으시면 종합토론을 마치도록 하겠습니다. 오늘 논의된 내용을 요약, 정리하고 싶지만 시간 관계상 생략하겠습니다. 마지막으로 오늘의 국제 학술회의를 개최한 전남문화예술재단 측의 말씀을 듣고자 하는데, 정광덕 사무처장님이나 문안식 소장님께 부탁드리겠습니다.

문안식   저 있습니다.

임영진   그럼, 마지막으로 전남문화재연구소 문안식 소장님께서 학술회의의 기획, 추진상의 어려움이라 할까요? 소회를 말씀해 주시기 바랍니다.

문안식   방청석에 계신 어른 선생님, 오랜 시간 동안 경청해 주셔서 감사합니다. 아침 10시에 시작했는데, 8시 반 무렵에 해남에서 향토사학자 선생님들이 오신 것 보고 죄송스럽고 감사한 마음 이루 금할 수 없었습니다. 저희 재단 연구소가 작년 준비해서 올해 1월 8일자로 개소가 됐습니다. 저희 연구소는 고고 조사와 발굴·향토사 연구, 문화재를 활용한 각종 문화사업 등의 일을 하고 있습니다. 이외에 시도지 편찬 사업, 향토사 관련 DB구축 등도 점진적으로 해가려 합니다. 오늘 보내주신 성원 끝까지 변치 마시고 늘 지도해주시고 격려해 주시면 더욱 열심히 해서 도민의 기대에 부응하는 연구소가 될 수 있도록 최선의 노력을 다하겠습니다. 어른 선생님들 대단히 감사합니다.

임영진   대단히 감사합니다. 그럼 오늘 학술대회를 모두 마치겠습니다. 멀리서 오신 발표, 토론, 통역해 주신 분들, 그리고 무엇보다 마지막까지 자리를 지켜주신 여러분들께 감사드립니다. 앞으로 전남문

화예술재단과 전남문화재연구소가 큰 역할을 할 수 있도록 격려의 박
수로 마무리 짓도록 하겠습니다.

전남 서남해지역의 해상교류와 고대문화

(재)전남문화예술재단 전남문화재연구소 엮음

초판 1쇄 발행 2014년 12월 10일

펴낸이 오일주
펴낸곳 도서출판 혜안

등록번호 제22-471호
등록일자 1993년 7월 30일

주소 121-836 서울시 마포구 서교동 326-26번지 102호
전화 3141-3711~2 / **팩시밀리** 3141-3710
E-Mail hyeanpub@hanmail.net

ISBN 978-89-8494-521-0 93910

값 28,000 원